サイバネティック・アバターの法律問題

VTuber時代の安心・安全な仮想空間(メタバース)にむけて

弁護士 ◆ 松尾剛行 Matsuo Takayuki

弘文堂

はじめに

　本書は、NTTグループのシンクタンクである情報通信総合研究所（ICR）の月刊誌 World Trend Report において、2023年から2024年にかけてご掲載いただいた筆者の「サイバネティック・アバター（CA）と法」連載（本書では以下「CA連載」という）をまとめたものである。

　サイバネティック・アバター（本書では以下「CA」という）とは、身代わりとしてのロボットや3D映像等を示すアバターに加えて、人の身体的能力、認知能力および知覚能力を拡張するICT技術やロボット技術を含む概念で、Society 5.0時代のサイバー・フィジカル空間で自由自在に活躍するものであり、VTuberをその典型例とする。

　筆者は2018年に、VTuberを代理して、東京地方裁判所において国際動画共有プラットフォームを訴える、最初期のアバター訴訟に関与した。このようなVTuberを含むアバターに関する実務経験を踏まえ、アバター法研究を行っていたところ（その一例として、松尾剛行「プラットフォーム事業者によるアカウント凍結等に対する私法上の救済について」情報法制研究10号（2021）66頁参照）。2023年1月からはムーンショット型研究開発事業へ従事し、慶應義塾大学特任准教授としてさらにアバター法研究を推し進めた。その成果がCA連載およびそれをもととする本書である。

　2021年にいわゆる「Web3・メタバースブーム」が到来した。しかし、その後、FTX破綻等を経て、少なくとも当時のような「ブーム」は去ってしまった。筆者はそのような状況において、あえてアバターに関する研究を行い、法律実務を明らかにすることには、少なくとも以下の5つの意義があると考える。

　1つ目は、人格について見つめ直す機会となることである。インターネット上の誹謗中傷が重大な社会問題となる中、筆者は『最新判例にみるインターネット上の名誉毀損の理論と実務〔第2版〕』（共著、勁草書房、2019）を含む、人格権に関する実務や研究を行っている。名誉毀損（第3章）やプライバシー、特に自己イメージコントロールの保持の問題（第5章）等、アバター法は人格権

に関し興味深い問題を提起しており、人格権法の深化に貢献する。そして、単なる人格権侵害の問題に限られず、VTuberはいかなる場合に「中の人」と一体化した人格となり、いかなる場合に独立した人格となるのか（第1章）、アバターをなりすまされない利益はどこまで保護されるのか（第8章）、アバターについて著作権等の知的財産権を持つ者による「中の人」のアバター利用に対する制約はどこまで正当化されるのか（第9章・第10章）等、アバターを通じて人格に関する様々な問題が提起されている。このような人格研究に関する示唆を得られるという意味でも、アバター法の研究は有意義と考える。

　2つ目は、VTuber等の2024年時点で現に実務で問題となっている点について示唆を得られることである。CA連載のうち、本書第3章に対応する、VTuberに対する名誉毀損・名誉感情侵害等の裁判例を挙げた記事は、インターネット上で大きな話題を呼び、2024年11月5日時点で、情報通信総合研究所の記事に対するアクセス「総合」ランキングのトップ10に入っている。これはあくまでも一例であるが、本書は、VTuberに対する誹謗中傷の問題等、現時点で重要な問題となっている論点を取り扱っており、これらについて検討することは実務上有意義であると考える。

　3つ目は、メタバースのインフラ化の動きと、それに伴う法実務が形成されつつあることである。確かにメタバース「ブーム」は去った。しかし、インターネットの歴史を考えると、いわゆる「仮想空間」がテキストサイト等「一次元」であったのが、現在は画像等が豊富な「二次元」になっているように、今後は奥行きを含む「三次元」のいわゆるメタバースの利用が一般化する可能性は高いと考える。もちろん、2021年のブームの際に予想されたよりは、一般化のタイミングは遅れると思われる。しかし、ブームが去ったことで、むしろ「熱い」人だけが残り、来たるメタバース時代に向けて技術開発等を進めている。筆者は、2021年の「ブーム」以降も引き続きそのような「熱い」依頼者の案件を経験させていただいており、安全なインフラを安心して利用できるための法律実務を明らかにしてほしいという強いニーズをひしひしと感じた。これらの真面目な人々の努力が結実する時代への準備として、現時点において法的検討を行うことに意味がある。

4つ目が、理論面や立法論へ与える影響である。これまでのアバターを少なくとも直接的には想定していない現行法は、アバター社会で生起する問題に十分に対応していない。そこから各法の解釈論が問い直されることになり、解釈で解決しないのであれば、立法論に至るかもしれない。例えば第13章で述べるように、製造物責任法は、使用者や周りを巻き込まずその製品のみに被害が発生した場合には適用されないが、ロボットが本人と人格的に同一の存在となったり、少なくとも本人にとって強い愛着をもつ存在となったりし得るアバター社会では、ロボット自体が壊れてもほかへの影響さえなければ製造物責任を負わないということの合理性が問われるだろう。これはあくまで一例であり、アバター社会の進展は広い分野の各法に影響がある。

　最後がAI・ロボット法との密接な関連性である。筆者は、『ChatGPTと法律実務』（弘文堂、2023）を著し、まもなく『生成AIの法律実務』（弘文堂、2025刊行予定）が出版されるように、この分野の実務経験および研究を積み重ねている。このような観点からは、本書の研究がロボットをも研究の対象としていることから、AI・ロボット法実務の理解や研究の深化につながると考える。

　本書は、CA連載をベースとして、CA連載の議論の枠組みに影響のない範囲で加筆修正を行ったものである。例えば、第3章に相当するCA連載の原稿は2023年6月に行った判例リサーチに基づく19判決を検討したものであった。その後1年以上経過した2024年10月14日に改めて判例リサーチを行い、WestlawJapan、D1-Law、LEX/DBおよび判例秘書の4データベースを確認し、本書においては28判決の検討に基づく分析となった。筆者にとって、本書は初の連載書籍化企画であり、とりわけ、状況が日々変化するアバター法について、部分的には1年半以上前に執筆した原稿に適切なアップデートを施すことの大変さを実感したところである。例えば、AITuberによる名誉毀損等の人格権侵害に関する検討は『生成AIと法律実務』において約7万字の紙幅を割いて検討しているが、これをすべて本書に反映することはできていない。また、連載時に参照していなかった書籍等は必ずしも全て盛り込むことができていない。そのような限界がある中、少しでも読者にとって便利になるよう、連載時に参照していなかった書籍の一部は凡例においてリストアップしてい

る。
　本書の読者の皆様にとって上記5点のいずれか、またはそれ以外の何らかの形で得るものがあれば幸いである。

目　次

はじめに　iii

凡　例　xvii

初出一覧　xx

第1編　総論 ……………………………………………………… 1

第1章　〈CAと法〉概観・その1──人格権を中心に ──────── 2

1. はじめに　2
2. 総論的問題　4
3. 人格権　5
   - ◆(1) はじめに　5
   - ◆(2) CAと「中の人」の関係─特定・同定　5
   - ◆(3) 名誉権　8
   - ◆(4) プライバシー　9
   - ◆(5) 肖像権　11
   - ◆(6) 氏名権　11
   - ◆(7) アイデンティティ権　11
   - ◆(8) パブリシティ権　12

第2章　〈CAと法〉概観・その2──知的財産権を中心に ─────── 14

1. 個人情報保護　14
2. 知的財産　14
   - ◆(1) はじめに　14
   - ◆(2) 著作権　15
   - ◆(3) 意匠権　17
   - ◆(4) 商標権　17
   - ◆(5) 不競法　18
   - ◆(6) その他　19
3. プラットフォーム　19
4. その他の公法　21
5. 契約・訴訟その他の民事法　22
6. 刑事法　24

vii

7. まとめ　25

第2編　人格権 ……………………………………………27

第3章　CA裁判例の総合的検討——名誉毀損・名誉感情侵害を中心に —— 28

1. はじめに　28
2. 名誉毀損・名誉感情侵害　28
   - ◆(1) 同定可能性が問題となった事案　29
   - ◆(2) 社会通念上許される限度を超える侮辱であるかが問題となった事案　33
   - ◆(3) 社会的評価の低下の有無が問題となった事案　38
   - ◆(4) その他　39
   - ◆(5) 小括　44
3. その他　44
4. 小括　46

第4章　CAと個人情報——ケースに基づく分析 ———— 49

1. はじめに　49
   - ◆(1) ケーススタディ　49
   - ◆(2) 定義等　49
   - ◆(3) 取得　50
   - ◆(4) 管理・保管・利活用　51
   - ◆(5) 第三者提供　51
2. 事例検討　51
3. X1における個人情報の取り扱い　52
   - ◆(1) はじめに　52
   - ◆(2) 個人情報に関する対応　53
   - ◆(3) 個人データに関する対応　54
   - ◆(4) 保有個人データに関する対応　55
4. X2がCAを利用してX1同様の国内販売を行うものの場合　55
   - ◆(1) はじめに　55
   - ◆(2) 利用目的　55
   - ◆(3) 取得対象データ　57
   - ◆(4) 第三者提供　61
   - ◆(5) 同意　61
5. X2で国際販売も行う場合　62

- ◆(1) はじめに　62
- ◆(2) X2において国際販売を行う場合　62
- ◆(3) Xが外国業者である場合　63
6. 改正のゆくえ　63

第5章　CAとプライバシー──三段階の展開・転回を踏まえて　65

1. CAとプライバシー　65
2. 私生活秘匿権　66
   - ◆(1)「宴のあと」基準　66
   - ◆(2) CAの活動の保護　68
3. 自己情報コントロール権　71
   - ◆(1) メタバースにおける情報漏えいに対するコントロールの必要性　71
   - ◆(2) CAと自己情報コントロール権　72
4. 構造論　72
5. CA活動の自由を守るために　73

第6章　CAと肖像権──利用パターンごとの分析　76

1. はじめに　76
2. 肖像権の一般論　77
   - ◆(1) 保護の対象　77
   - ◆(2) 保護の範囲　78
3. CAに自己の顔写真等を利用する場合　79
   - ◆(1) CAに当該肖像等を利用することが第三者の肖像権等を侵害するか　79
   - ◆(2) 当該CAが第三者等により撮影等されることが、CAユーザーの肖像権等を侵害するか　79
4. CAに自己の肖像をイラスト（I2I生成を含む）化したものを利用する場合　81
   - ◆(1) CAに自己の肖像等を利用することが第三者の肖像権等を侵害するか　81
   - ◆(2) 当該CAが第三者等により撮影等されることが、CAユーザーの肖像権等を侵害するか　81
5. CAに他人の顔写真または肖像をイラスト化したものを利用する場合　83
   - ◆(1) CAに当該肖像等を利用することが第三者の肖像権等を侵害するか　83
   - ◆(2) 当該CAが第三者等により撮影等されることが、CAユーザーの肖像権等を侵害するか　84
6. CAに架空の人の肖像（写真またはイラスト）を利用する場合　84
   - ◆(1) CAに当該肖像等を利用することが第三者の肖像権等を侵害するか　84
   - ◆(2) 当該CAが第三者等により撮影等されることが、CAユーザーの肖像権等を

侵害するか　85
　7．CAに人間以外の肖像を利用する場合　87
　　　◆(1)　CAに当該肖像等を利用することが第三者の肖像権等を侵害するか　87
　　　◆(2)　当該CAが第三者等により撮影等されることが、CAユーザーの肖像権等を侵害するか　87
　8．CAの容ぼう以外の部分（身体等の姿態）が問題となる場合　88

第7章　CAとパブリシティ権——場合分けによる整理 ── 89

　1．はじめに　89
　2．パブリシティ権の一般論の概観　89
　3．CAの文脈におけるパブリシティ権と肖像権の相違　90
　　　◆(1)　パブリシティ権の方が範囲が広いこと　90
　　　◆(2)　パブリシティ権の方が侵害態様が限定されること　91
　4．CAの肖像に係るパブリシティ権　91
　　　◆(1)　芸能人等の肖像をCAに利用する場合　91
　　　◆(2)　CAの肖像が顧客吸引力を有する場合　93
　5．CAの氏名に係るパブリシティ権　95
　　　◆(1)　芸能人等の氏名をCAに利用する場合　95
　　　◆(2)　CAの氏名（VTuberの芸名、ユーザーネーム等）が顧客吸引力を有する場合　96
　6．肖像といえない場合　97
　　　◆(1)　はじめに　97
　　　◆(2)　第三者の顧客吸引力を有する（肖像以外の）画像等を氏名を用いずにCAに利用する場合　97
　　　◆(3)　CAのアバター等が肖像といえないものの顧客吸引力を有する場合にそれを氏名を用いずに利用する場合　98
　7．CAに関するパブリシティ法をめぐる議論を深化させるために　100

第8章　CAとなりすまし——氏名権、アイデンティティ権等 ── 101

　1．CAのなりすましという重要問題　101
　2．なりすましの類型　102
　3．名誉権・名誉感情侵害の観点に基づく対応　103
　　　◆(1)　周囲の人が本人と信じる場合　103
　　　◆(2)　第三者による事実摘示や意見論評と理解される場合　104
　4．プライバシーの観点に基づく対応　105
　5．肖像権の観点に基づく対応　106

6. パブリシティ権の観点に基づく観点　106
7. 氏名権の観点に基づく対応　107
8. アイデンティティ権の観点に基づく対応　108
9. CA のなりすまし問題の解決のために　112

第3編　知的財産権　115

第9章　CA と著作権——著作権による保護と侵害の回避　116

1. はじめに　116
2. アバター（そのもの）と著作権　116
   - ◆(1) アバターに著作権が成立するか　116
   - ◆(2) アバターの著作権者は誰か　118
   - ◆(3) アバターを適法に作成するにはどうすればよいか　119
   - ◆(4) アバターを適法に利用するにはどうすればよいか　120
   - ◆(5) 第三者によるアバターの利用に対し、著作権でどのように対抗できるか　120
3. アバターの活動と著作権による保護　121
   - ◆(1) アバターの活動と映画の著作物該当性（特に VTuber 等）　121
   - ◆(2) アバターの活動と言語の著作物該当性　122
   - ◆(3) アバターの活動とその他の著作物　122
   - ◆(4) アバターの活動と著作者人格権　123
4. アバターの活動と著作隣接権による保護　123
   - ◆(1) 実演該当性　123
   - ◆(2) 実演家該当性　124
   - ◆(3) 実演として保護されるものの範囲　125
   - ◆(4) その他の論点　126
5. （アバターそのもの以外に関する）著作権を侵害せずにアバターの活動を行うために　126
   - ◆(1) 非営利上演等　126
   - ◆(2) 私的使用等　127
   - ◆(3) その他　127

第10章　CA と意匠権、商標権、不競法等　128

1. はじめに　128
2. 意匠権　128
   - ◆(1) 意匠権の保護範囲　128

- ◆(2) CAに対する意匠権による保護　132
- ◆(3) CAの活動が意匠権を侵害する場合　133
3．商標権　133
- ◆(1) 商標権による保護の範囲　133
- ◆(2) CAと商標　135
4．不競法　136
- ◆(1) 営業秘密　136
- ◆(2) 商品等表示　137
- ◆(3) 営業誹謗　137
- ◆(4) 形態模倣　138
- ◆(5) 不競法改正　138
5．特許・実用新案その他　139

第4編　その他の問題——民事・刑事・行政・プラットフォーム　141

第11章　民事・刑事上の問題　142

1．はじめに　142
2．権利能力・行為能力・代理人等　142
- ◆(1) アバターの（法）人格・行為能力等　142
- ◆(2) 法人によるアバター運営　142
- ◆(3) 権利能力なき社団　144
3．契約・取引　144
- ◆(1) CAと契約　144
- ◆(2) 事例1の検討　145
- ◆(3) 事例2の検討　147
- ◆(4) 事例3の検討　148
4．不法行為　154
5．民事その他　155
6．刑事　156
- ◆(1) 物理空間の刑法は少なくともそのままは適用されないこと　156
- ◆(2) 刑法総論　156
- ◆(3) 刑法各論　157
- ◆(4) 立法論　158
- ◆(5) 刑事手続　158

第12章　行政規制・プラットフォーム　159

| 第 1 節　行政規制 | 159 |

1. 金融規制　159
2. ヘルスケア　160
    - ◆(1) メタバースを通じたカンファレンス等　160
    - ◆(2) オンライン診療　160
3. 景表法　162
    - ◆(1) はじめに　162
    - ◆(2) 表示規制　162
    - ◆(3) 景品規制　163
4. 電気通信事業法　163
5. その他　164

| 第 2 節　プラットフォーム | 164 |

1. プラットフォームの果たす役割　164
2. トラブル対応の必要性　166
3. プラットフォームによるサービス改変・終了　167
    - ◆(1) エコシステムに悪影響を与える行為　167
    - ◆(2) サービス終了　167
4. プラットフォームによるアカウント凍結　168
    - ◆(1) はじめに　168
    - ◆(2) 対抗策　168
    - ◆(3) 国際裁判管轄　169
    - ◆(4) 準拠法　169
    - ◆(5) 同定可能性（人格権構成）　170
    - ◆(6) 利用規約違反の有無≒真実性（共通）　170
    - ◆(7) 契約上利用させる義務を負うか（契約構成）　170
    - ◆(8) 社会的評価低下の有無（人格権構成）　171
    - ◆(9) 保全の必要　171
    - ◆(10) 小括　172
5. プラットフォームの責任　172
    - ◆(1) 法的責任　172
    - ◆(2) デフォルト、ナッジ、教育等　174

第 5 編　応用問題　177

第13章　CAと消費者法　178

| 第 1 節　消費者法が問題となる典型的な場面 | 178 |

1. はじめに　178

2. CAの利用に関する契約　179
3. プラットフォームとの契約　180
4. CAを利用したオンラインショッピング等　180

第2節　消費者契約法　180

1. 勧誘規制　180
   - (1) 勧誘を記録化しやすいこと　180
   - (2) 重要事項　181
   - (3) 退去　181
   - (4) 連絡妨害　182
   - (5) デート商法　182
   - (6) 過量販売　183
   - (7) その他　183
2. 不当条項規制　184
   - (1) 8条1項　184
   - (2) 8条3項　185
   - (3) 9条1項　186
   - (4) 10条　186

第3節　特商法　187

1. VRにおける最終確認画面　187
2. 訪問販売該当性　190

第4節　景表法・広告規制　191

1. 表示規制　191
   - (1) はじめに　191
   - (2) メタバースでの広告と消費者の認識　192
   - (3) 打ち消し表示　192
2. CAと広告に関するその他の問題　193
   - (1) はじめに　193
   - (2) 物理空間の商品・サービスに関する広告　193
   - (3) メタバース上の商品・サービスの広告　193

第5節　その他　194

1. 製造物責任法　194
2. 消費者DPF法　194
3. スマホ法　194
4. 消費者裁判手続特例法を含む消費者団体による訴訟　195

第 14 章　AI と CA —— AITuber を中心に ———————— 196

1. はじめに　196
2. アバターにおける AI の利用　197
   - ◆(1) 様々な AI の利用　197
   - ◆(2) アバターを画像生成 AI により生成する　197
   - ◆(3) アバターの言動を AI で制御する　197
   - ◆(4) 人間を再現する　197
3. 画像生成 AI とアバター　198
4. AITuber その他の AI によるアバターの言動の制御　199
   - ◆(1) AITuber とは　199
   - ◆(2) AITuber 等の AI 制御アバターに関する法的権利義務の帰属主体　200
   - ◆(3) AITuber の AI 制御アバターが加害者になる場合　201
   - ◆(4) AITuber が被害者になる場合　206
   - ◆(5) AI で音声を合成することについて　208
5. AI アバターによる人間の再現？　210

第 15 章　CA と労働法 ———————————————— 212

1. はじめに　212
2. 採用　213
3. 監視　215
   - ◆(1) はじめに　215
   - ◆(2) プライバシー侵害をせずモニタリングを行うために　215
   - ◆(3) 適法かどうかを超えた労働意欲（モラール）を減退させないための対応　218
   - ◆(4) メタバースの特性を踏まえた対応　218
4. 業務におけるアバターの利用　219
   - ◆(1) はじめに　219
   - ◆(2) 教育・研修とアバター　219
   - ◆(3) 配転の必要性　220
   - ◆(4) アバターワークを求める権利　220
   - ◆(5) 身だしなみ、アバターネーム　220
   - ◆(6) 技術コピー　221
5. 労働時間　221
   - ◆(1) はじめに　221
   - ◆(2) 事業場外みなし労働時間制　222
   - ◆(3) 労働時間がより濃厚になる可能性　223
6. 国際テレワーク　223
   - ◆(1) はじめに　223
   - ◆(2) 準拠法　223

- ◆ (3) 管轄　224
7. ハラスメント　225
8. 健康管理・労災防止　225
    - ◆ (1) 健康管理　225
    - ◆ (2) CA と労災防止　226
9. 働き方の多様化と労働者性、非労働者の保護　226
10. 懲戒・解雇　227
11. 自主ガイドライン　227
12. おわりに　229

終章　──アバター法（CA 法）の成立可能性と残課題　230

1. はじめに　230
2. アバター法は「馬の法」か　230
    - ◆ (1) 新保教授の見解　232
    - ◆ (2) 小塚教授の見解　233
    - ◆ (3) 成原准教授の見解　233
    - ◆ (4) 私見　234
3. 残課題　237
    - ◆ (1) ロボット CA　237
    - ◆ (2) ユーザー死後の CA　240
    - ◆ (3) 宗教　241
    - ◆ (4) 政治　242
    - ◆ (5) その他の問題　242

おわりに　243

事項索引　245
判例索引　249

凡　例

【法令】

　法令については、原則として2024（令和6）年11月1日を基準とした。なお、本文中で特に定義するもののほか、以下のように略称、通称を用いている。

金商法	金融商品取引法
景表法	不当景品類及び不当表示防止法
個人情報保護法	個人情報の保護に関する法律
通則法	法の適用に関する通則法
特商法	特定商取引に関する法律
独占禁止法	私的独占の禁止及び公正取引の確保に関する法律
犯収法	犯罪による収益の移転防止に関する法律
不競法	不正競争防止法
プロ責法	特定電気通信役務提供者の損害賠償責任の制限及び発信者情報の開示に関する法律（令和6年改正で「情報流通プラットフォーム対処法」に題名変更）

【判例】

最大判（決）	最高裁判所大法廷判決（決定）	民集	最高裁判所民事判例集
最判（決）	最高裁判所小法廷判決（決定）	刑集	最高裁判所刑事判例集
高判（決）	高等裁判所判決（決定）	判時	判例時報
地判（決）	地方裁判所判決（決定）	判タ	判例タイムズ
知財高判	知的財産高等裁判所判決	労判	労働判例

【文献等】

Web3研究会報告書　　Web3時代に向けたメタバース等の利活用に関する研究会「Web3時代に向けたメタバース等の利活用に関する研究会報告書」（2023年7月18日）<https://www.soumu.go.jp/main_content/000892205.pdf>

ガイドライン通則編　　個人情報保護委員会「個人情報の保護に関する法律に

　　　　　ついてのガイドライン（通則編）」（平成 28 年 11 月、令和 5 年 12 月一部改正）<https://www.ppc.go.jp/files/pdf/240401_guidelines01.pdf>

斉藤・法的保護　　斉藤邦史『プライバシーと氏名・肖像の法的保護』（日本評論社、2023）

清水＝荒巻・スマートコントラクト　　清水音輝＝荒巻陽佑『スマートコントラクトの仕組みと法律』（中央経済グループパブリッシング、2023）

菅野＝山川・労働法　　菅野和夫＝山川隆一『労働法〔第 13 版〕』（弘文堂、2024）

関・メタバース　　関真也『XR・メタバースの知財法務』（中央経済グループパブリッシング、2022）

佃・プライバシー　　佃克彦『プライバシー権・肖像権の法律実務〔第 3 版〕』（弘文堂、2020）

中山・著作権法　　中山信宏『著作権法〔第 4 版〕』（有斐閣、2023）

松尾・ChatGPT　　松尾剛行『ChatGPT と法律実務── AI とリーガルテックがひらく弁護士／法務の未来』（弘文堂、2023）

松尾・HR テック　　松尾剛行『AI・HR テック対応　人事労務情報管理の法律実務』（弘文堂、2019）

松尾・学習院　　松尾剛行「仮名・匿名で活動する主体に関する名誉権等の人格権法上の保護──サイバネティック・アバター時代を背景として」学習院法務研究 18 号（2024）1 頁以下

松尾・クラウド　　松尾剛行『クラウド情報管理の法律実務〔第 2 版〕』（弘文堂、2023）

松尾・生成 AI　　松尾剛行『生成 AI の法律実務』（弘文堂、2025 刊行予定）

松尾・プライバシー　　松尾剛行『最新判例にみるインターネット上のプライバシー・個人情報保護の理論と実務』（勁草書房、2017）

松尾＝山田・インターネット名誉毀損　　松尾剛行＝山田悠一郎『最新判例にみるインターネット上の名誉毀損の理論と実務〔第 2 版〕』（勁草書房、2019）

※論文等収載雑誌・紀要については、「ジュリ」（ジュリスト）、「法セ」（法学セミナー）等、適宜慣例にならって略称を用いている。

※ウェブサイトやウェブ上の文献等に係る URL については、原則として 2024 年 11 月 13 日最終確認。

【CA 連載執筆後に触れた書籍】

　以下の書籍については、（CA 連載中に刊行されたものも含まれているものの）筆者においてCA 連載執筆後に触れており、本書において取り込むことができなかった。今後は、これらの書籍も参照しながら研究を深化させていきたい。

・青木博通『インターネット・メタバースと商標の保護──権利形成から商標権侵害まで』（勁草書房、2024）
・天羽健介＝増田雅史編『新 NFT の教科書── web3 時代のビジネスモデルと法律・会計・税務』（朝日新聞出版、2024）
・アンダーソン・毛利・友常法律事務所メタバース法務研究会編『メタバースと法』（金融財政事情研究会、2024）
・熊谷直弥＝山地洋平編『Web3 ビジネスの法務』（技術評論社、2023）
・グリー株式会社コーポレート本部法務知財部編『ビジネスのためのメタバース入門──メタバース・リアル・オンラインの選択と法実務』（商事法務、2023）
・関真也＝青木大也＝久保田瞬編『バーチャル空間のビジネスと知財法務の教科書』（日本法令、2024）
・殿村桂司＝松尾博憲編集代表『詳解 web3・メタバースビジネスの法律と実務』（商事法務、2024）
・福岡真之介＝本柳祐介『DAO の仕組みと法律』（商事法務、2024）

初出一覧

- 「サイバネティックアバターをめぐる法律問題の鳥瞰（上）〜人格権を中心に〜」『サイバネティック・アバターの法律問題』連載1回：InfoCom T&S World Trend Report 2023年5月号24頁（本書第1章）
- 「サイバネティックアバターをめぐる法律問題の鳥瞰（下）〜個人情報保護、知的財産、プラットフォーム等〜」『サイバネティック・アバターの法律問題』連載2回：InfoCom T&S World Trend Report 2023年6月号36頁（本書第2章）
- 「サイバネティック・アバター（CA）と人格権に関する裁判例〜名誉毀損・名誉感情侵害を中心に」『サイバネティック・アバターの法律問題』連載3回：InfoCom T&S World Trend Report 2023年7月号38頁（本書第3章）
- 「サイバネティックアバターと個人情報保護法〜ケーススタディによる分析〜」『サイバネティック・アバターの法律問題』連載4回：InfoCom T&S World Trend Report 2023年8月号30頁（本書第4章）
- 「サイバネティック・アバターとプライバシー〜3段階の展開・転回を踏まえて〜」『サイバネティック・アバターの法律問題』連載5回：InfoCom T&S World Trend Report 2023年9月号38頁（本書第5章）
- 「サイバネティック・アバターと肖像権〜CAの利用パターンごとの分析〜」『サイバネティック・アバターの法律問題』連載6回：InfoCom T&S World Trend Report 2023年10月号24頁（本書第6章）
- 「サイバネティック・アバターとパブリシティ権〜場合分けによる分析〜」『サイバネティック・アバターの法律問題』連載7回：InfoCom T&S World Trend Report 2023年11月号32頁（本書第7章）
- 「サイバネティック・アバターとなりすまし〜アイデンティティ権、氏名権等を踏まえて〜」『サイバネティック・アバターの法律問題』連載8回：InfoCom T&S World Trend Report 2023年12月号32頁（本書第8章）
- 「著作権」『サイバネティック・アバターの法律問題』連載9回：InfoCom T&S World Trend Report 2023年1月号30頁（本書第9章）
- 「意匠権・商標権・不競法その他」『サイバネティック・アバターの法律問題』連載10回：InfoCom T&S World Trend Report 2024年2月号24頁（本書第10章）
- 「民事・刑事上の法的課題」『サイバネティック・アバターの法律問題』連載11回：InfoCom T&S World Trend Report 2024年3月号20頁（本書第11章）
- 「行政規制・プラットフォーム」『サイバネティック・アバターの法律問題』連載12回：InfoCom T&S World Trend Report 2024年4月号30頁（本書第12章）
- 「アバター法は『馬の法』か」『サイバネティック・アバターの法律問題』第13回（完）：InfoCom T&S World Trend Report 2024年5月号26頁（本書終章）
- 「AI・ロボットとサイバネティック・アバターにおける新たな課題」『季刊連載第1回』：InfoCom T&S World Trend Report 2024年6月号22頁（本書第14章）
- 「CAと消費者法」：InfoCom T&S World Trend Report 2024年9月号16頁（本書第13章）
- 「CAと労働法」：InfoCom T&S World Trend Report 2024年12月号（本書第15章）

第 1 編

総論

....

　サイバネティック・アバター（CA）といっても、ピンとこない方も多いだろう。CA とは、身代わりとしてのロボットや 3D 映像等を示すアバターに加えて、人の身体的能力、認知能力および知覚能力を拡張する ICT 技術やロボット技術を含む概念で、Society 5.0 時代のサイバー・フィジカル空間で自由自在に活躍することが想定されているものである。

　この CA についてピンとこなければ、〈CA と法〉といってもなおさらピンとこないだろう。そこで、まずは大雑把に CA と法の関係について概観していきたい。第 1 章においては人格権との関係を中心に、第 2 章では知的財産権との関係を中心に概観する。

第1章

〈CAと法〉概観・その1
―― 人格権を中心に ――

1. はじめに

　メタバース（仮想空間）が「ブーム」だった時代は終わった。しかし、それは決して、メタバースやアバターの問題を論じる必要がなくなったことを意味しない。政府が推進するムーンショット研究開発目標1（「2050年までに、人が身体、脳、空間、時間の制約から解放された社会を実現」）においては、人々が物理空間におけるロボットやメタバース上のアバターを利用し、その身体的能力、認知能力および知覚能力を拡張し、身体、空間や時間等の制約から解放される社会を目指す研究が行われている。

　このような未来において、いかにロボットやアバターを安全かつ信頼して利用できるようにするか、という問題は、単なる技術上の課題ではなく、倫理、法律そして社会への影響（ELSI）の重要な課題である。慶應義塾大学の新保史生教授は、メタバースと物理空間双方で自分の分身であるCAを利用して活動するにあたって遵守すべき社会規範や法的問題を扱う法分野である「アバター法」を提唱する見解を示し[*1]、上記ムーンショット研究開発における「アバターを安全かつ信頼して利用できる社会の実現」という研究開発プロジェクトを立ち上げて研究開発に着手している[*2]。

[*1] 新保史生「サイバネティック・アバターの認証と制度的課題」日本ロボット学会誌41巻1号（2023）18-19頁。なお、この点については、**終章**を参照のこと。
[*2] 国立研究開発法人科学技術振興機構「ムーンショット型研究開発事業目標1研究開発プロジェクト　アバターを安全かつ信頼して利用できる社会の実現プロジェクト紹介」<https://www.jst.go.jp/moonshot/program/goal1/15_shimpo.html>

ここで議論の対象となっているCAとは、身代わりとしてのロボットや3D映像等を示すアバターに加えて、人の身体的能力、認知能力および知覚能力を拡張するICT技術やロボット技術を含む概念で、Society 5.0時代のサイバー・フィジカル空間で自由自在に活躍するものとされている。[*3] 上記で述べた2050年に期待される将来像を実現する上では、我々が、物理空間かメタバースかを問わず、その分身や能力拡張技術を自由自在に操ることができる必要があるところ、CAはまさにそのような分身や能力拡張技術を指している。CAはロボットなど物理的アバターからなる有体物CAとバーチャルな世界で完結するコンピューターグラフィックス・アバターやソフトウェア・エージェント等の無体物CAに区分されている。[*4]

　新保教授は、上記プロジェクトにおいて、社会においてCAを安全かつ安心して利用するためのCA安全・安心確保基盤の実現を目指して包括的なELSI研究（E³LSI研究）に着手しているところ、筆者も、同プロジェクトに従事し、慶應義塾大学特任准教授として、CAと法実務、とりわけ、CA社会において出現し得る諸問題が現行法および実務上どのように評価され、それがどのような課題を生むのかについて研究を進めていることから、本書のもととなった連載（CA連載）を開始することとなったという経緯である。

　CAと法の関係について研究するといっても、実際にどのような問題が検討の対象になるか、イメージがしにくいだろう。そこで、本書の冒頭である本章と**第2章**では、新保教授が「ロボット法をめぐる法領域別課題の鳥瞰」[*5] においてロボット法に関する課題を鳥瞰していることに倣って、CAをめぐる法律問題を鳥瞰したい。

　なお、CAはメタバース上のアバターを含む以上、本章で取り上げる問題はメタバースやWeb3の法律問題とも一定程度共通している。しかし、ロボット

＊3　内閣府「ムーンショット目標1―2050年までに、人が身体、脳、空間、時間の制約から解放された社会を実現―」<https://www8.cao.go.jp/cstp/moonshot/sub1.html>

＊4　新保史生「サイバネティック・アバターの存在証明―ロボット・AI・サイバーフィジカル社会に向けたアバター法の幕開け」人工知能36巻5号（2021）570-571頁

＊5　新保史生「ロボット法をめぐる法領域別課題の鳥瞰」情報法制研究1号（2017）<https://www.jstage.jst.go.jp/article/alis/1/0/1_64/_pdf/-char/ja> 64頁

の論点や、一人が多数の（自律的）アバターを操る場合の問題等を含む点で、いわゆるメタバースよりも広い範囲を問題とする。逆に、いわゆるブロックチェーン、スマートコントラクト、DAO の問題等、CA とは直接関係のないメタバースや Web3 の問題を対象としないという意味で、それよりも狭い。[7]

2. 総論的問題

CA においても、メタバースに関して提示された「現実世界優先の原則」、すなわち、仮想空間に閉じていない以上は、現実世界（物理空間）の政策判断（ないしは価値判断）が、仮想空間の規律に際しても優先して適用されるという原則は、重要な総論的問題である。特に、CA においては、ロボット等の物理空間における問題が加わることから、現実との関わりがより深まり、その結果として法律の介入の必要も高まる。[9] しかし、物理空間の法律を適用するとしても、CA のような新たな技術を想定していない現行法とその解釈をそのまま適用するのではなく、解釈論や立法論を展開していく必要性がむしろ高い。また、CA が何らかの問題を発生させるとしても、例えば技術的対処によって対応することができれば、[10]法律による介入という手法は必ずしも唯一の解決策ではないだろう。加えて、将来的な技術発展に伴い、仮想空間上の体験を物理空間上の体験と混同するような事態も生じ得るところ、このような場合にも備えた

---

*6 中川裕志「レクチャーシリーズ：『AI と社会と人間〜ぶつかる・なじむ・とけこむ〜』〔第1回〕サイバネティックアバターのトラスト」人工知能38巻1号（2023）65頁参照。

*7 なお、ブロックチェーンや Web3 については、筆者も関与させていただいた清水音輝＝荒巻陽佑『スマートコントラクトの仕組みと法律』（中央経済社、2023）（清水＝荒巻・スマートコントラクト）が参考になる。

*8 小塚荘一郎「仮想空間の法律問題に対する基本的な視点」情報通信政策研究6巻1号（2022）<https://www.jstage.jst.go.jp/article/jicp/6/1/6_75/_pdf/-char/ja> 81頁以下、特に86-87頁

*9 新保史生「サイバー・フィジカル社会の到来とアバター法」ビジネス法務2022年4月号7頁。なお、「我々の日常生活を仮想空間と現実空間の融合により拡張する『現実世界』として機能させることを目指すものであるため、そこで生ずる問題は現実の被害として私たちの社会生活に様々な影響を及ぼすことになる」ものの「実社会の法や倫理規範がそのまま適用できない場面が増える」ともする新保史生「ロボット法── AI・ロボット・サイバネティックアバターと法」新保史生＝和田龍麿『公共政策と変わる法制度（シリーズ総合政策学をひらく）』（慶應義塾大学出版会、2023）346頁も参照。

*10 円谷竜悟ほか「新春座談会 Web3・メタバースと企業法務」NBL1233号（2023）13頁〔上田発言〕参照。

*11 飯村重樹ほか「NFT およびメタバースについての調査・研究」パテント75巻13号（2022）<https://jpaa-patent.info/patent/viewPdf/4109> 5-15頁

解釈論・立法論を準備しておくべきだろう。[12][13]

3. 人格権

◆(1) はじめに　CAと関連する人格権としては、名誉権（名誉感情侵害を含む。第3章）、プライバシー（第5章）、肖像権（第6章）、氏名権（第8章）、アイデンティティ権（第8章）等が問題となる。

◆(2) CAと「中の人」の関係——特定・同定　ここで、例えば完全に架空の存在である「アニメのキャラクター」に対して誹謗中傷等を行っても、少なくとも従来の一般的議論から人格権侵害を認めることは難しい。[14]その意味で、CAというのがそのようなものであれば、人格権の問題は生じないとも思われる。だからこそ、そのCAを操作したり分身として利用したりする、いわゆる「中の人」とCAの関係が問題となる。

原田は「バーチャルYouTuberの人格権・著作者人格権・実演家人格権」[15]に

---

[12]　なお、関真也「メタバースにおけるオブジェクトのデザイン保護と創作活動への影響——意匠法及び不正競争防止法2条1項3号を中心に」特許研究75号（2023）32頁は、クリエイターに対する過度の萎縮をもたらすか、という観点を提示している。確かにクリエイターへの過度の萎縮も、権利者の保護の程度の過度の切り下げもいけない、という意味で「過度」を問題視すること（バランスを重視すること）は理解できるものの、必ずしもCA特有の問題意識とまではいえないのではなかろうか。

[13]　なお、「メタバースの原則（第1次案）」<https://www.soumu.go.jp/main_content/000931138.pdf> は、メタバースの自主・自律的な発展に関する原則としてオープン性・イノベーション、多様性・包摂性、リテラシーおよびコミュニティ、メタバースの信頼性向上に関する原則として透明性・説明性、アカウンタビリティ、プライバシーおよびセキュリティを挙げている。これらは直ちに法的な検討に直結はしないものの、安全・安心なアバター社会に向けたE^3LSI問題の検討の際に参考となる。また、本書が出版される頃には、「安心・安全なメタバースの実現に関する研究会報告書2024」<https://www.soumu.go.jp/menu_news/s-news/01iicp01_02000123.html> も正式版が公表されるだろう。メタバースに限られないものとして2024年9月の「デジタル空間における情報流通の健全性確保の在り方に関する検討会とりまとめ」<https://www.soumu.go.jp/menu_news/s-news/01ryutsu02_02000417.html> および「デジタル空間における情報流通の諸課題への対処に関する検討会」<https://www.soumu.go.jp/menu_news/s-news/01ryutsu02_02000418.html> が注目される。

[14]　前野孝太朗「VTuberの著作権法上の保護とその限界：肖像権・パブリシティ権・名誉感情等による補完」ひろば76巻2号（2023）44頁。なお、これと現実に存在する人物をモデルとしたアニメ等の作成は全く異なる話である。特殊な事例ではあるものの、東京地判平成24年9月6日判例秘書L06730607は、実在する参議院議員（当時）をモデルとしたアダルトアニメの無断作成について、名誉感情侵害を認めた。

[15]　原田伸一朗「バーチャルYouTuberの人格権・著作者人格権・実演家人格権」静岡大学情報学研究26号（2021）<https://shizuoka.repo.nii.ac.jp/?action=repository_uri&item_id=13178&file_id=31&file_no=1> 53-64頁

おいてVTuberと「中の人」の関係を①あくまで生身の人間（YouTuber）がキャラクター・アバターの表象（「ガワ」とも呼ばれる）をまとって／借りて動画配信を行っているタイプと、②キャラクターこそがVTuberの本体であって、生身の人間がその背後にいてキャラクターを操作しているわけではない（いわゆる「中の人」はいない）という設定を遵守するタイプに分類した上で、①をパーソン型、②をキャラクター型として整理している。

そして、異論はあるものの、判例上いわゆる伝播性の法理の応用として当該表現が被害者について述べていることを特定できるだけの背景知識をもっている読者が存在すれば、当該読者から不特定多数に伝播する可能性がある限り、被害者が特定されたとみなしている。[16]

そうすると、それが誰かは外部に対して秘匿されているが、特定の「中の人」が存在することを所属企業の関係者、収録スタジオスタッフ、協賛企業スタッフ等の関係者が（その本名はともかく）認識しているパーソン型VTuberについて、少なくとも関係者は「あの人」だと分かる以上、当該VTuberの名称を利用した誹謗中傷について「中の人」への名誉毀損等の人格権侵害を認定できる。[17] また、特に、VTuberについては、動画配信活動自体が社会活動であるとして、[18]「中の人」を公表していなくても、人格権侵害からの保護を認めるべきである。[19] 加えて、具体的な状況によってはキャラクター型でも「中の人」への権利侵害を認めるべきであり、例えば、生命身体への害悪の告知であれば「中の人」

---

[16] 松尾＝山田・インターネット名誉毀損170頁および松尾・学習院40頁。最高裁判決としては、犯罪報道に関するいわゆる長良川事件（最判平成15年3月14日民集57巻3号229頁）が「被上告人と面識があり、又は犯人情報あるいは被上告人の履歴情報を知る者は、その知識を手がかりに本件記事が被上告人に関する記事であると推知することが可能であり、本件記事の読者の中にこれらの者が存在した可能性を否定することはできない」として名誉毀損、プライバシー侵害等を認定していること参照。

[17] 東崎賢治＝近藤正篤「知的財産紛争実務の課題と展望（6）自らの存在を秘したままキャラクターを使用してインターネット上の活動を行う者の知的財産権等の権利保護に関する検討」JCAジャーナル68巻12号（2021）46-54頁参照。

[18] 例えば、匿名の小説家が「筆名」で書籍を執筆することはれっきとした社会活動であるから、その筆名を挙げて行う名誉毀損は当該小説家に対する名誉毀損である。なお、西貝吉晃『「メタバース刑法」の可能性』法セ2023年2月号46頁は、制裁としてのメタバースの利用停止という措置が、実質的に（物理空間ではなく）メタバースでのみ生活する人も出てくる可能性がある中で重要な意味をもつことを指摘する。これは刑法的視点に基づく議論ではあるものの、メタバースがますます人々が日常的に生活する「社会」となりつつあることを示す議論である。

に向けられたものだと考えるのが自然だという議論も存在する[20]。ただし、例えば複数人が関与し、誰の人格を示しているのかが不明な複数人関与アバター[22]の場合には、同定可能性が深刻な問題となり得るところである[23]。

　このような議論は参考にはなるものの、原田が指摘するパーソン型／キャラクター型という類型はあくまでも模式的なものであって、実際にはその中間的な存在も多く、また、いずれもその人が仮想空間で活動する上で生み出した〈分人〉、つまりその人の人格の一部であり、単にその分人が物理空間の本人とどこまで似ているかの相違の問題にすぎないという考え方も、あり得る[24]。

　このような議論との関係で、中崎は以下のように整理をする[25]。

---

[19] 松尾・学習院51頁以下（特に57頁）。ここで関・メタバース168頁は純粋に個人的な活動であればある程度継続的に行われることが必要かもしれないが、企業に所属して行う事業活動なのであれば直ちに社会的評価の対象となる場合があるかもしれないとする。なお、「例えばメタバース上のキャラクターが誹謗中傷にさらされたことによって絶望し、現実世界で死を選んでしまう人が絶対に現われないという証拠はあるだろうか。」とする大屋雄裕「メタバースの可能性と限界」法セ2023年2月号2頁も参照。

[20] 前野・前掲注14）46頁。なお、**第3章で【F】**として後述する東京地判令和4年12月14日も参照。

[21] なお、キャラクターの外観に対する投稿が「中の人」の名誉権や名誉感情は侵害しないかもしれないが、クリエイターの名誉権、名誉感情、著作権法上の名誉声望保持権を侵害する可能性があるとするものに関・メタバース170頁がある。

[22] 原田・前掲注15）のいう「キャラクターこそがVTuberの本体であって、生身の人間がその背後にいてキャラクターを操作しているわけではない（いわゆる『中の人』はいない）という設定（あくまで建前ではあろうが）を遵守するタイプ」が典型的である。

[23] 「現実世界だけではなく仮想空間内の存在も『本当の自分』であることを認めた上で、仮想空間内の『自分』に対する行為が現実世界の『自分』に対する行為として評価される場合があり得るのではないか」として、アバターに対する名誉やプライバシーの侵害についても、一定の限度を越えた場合には、現実のプレーヤーに対する名誉毀損やプライバシー侵害が成立するとする小塚・前掲注8）81頁および大島義則「メタバースにおける人格権と表現の自由」法セ2023年2月号36頁参照。この点、斉藤邦史「仮想空間におけるアバターのアイデンティティ」法セ2023年2月号26-27頁および松尾光舟＝斉藤邦史「アバターに対する法人格の付与」情報ネットワーク・ローレビュー22巻（2023）<https://www.jstage.jst.go.jp/article/inlaw/22/0/22_220001/_article/-char/ja/> が最判昭和31年7月20日民集10巻8号1059頁を引いて権利能力なき社団・権利能力なき財団の名誉権という構成を検討していることを踏まえ、松尾・学習院61頁以下において応答を行っている。

[24] 三上彩水「VTuberからみるバーチャル上の人格権侵害」情報ネットワーク法学会「ネット社会法務研究会」第9回（2023）報告

[25] 中崎尚「Web3時代に向けたメタバース等の利活用に関する研究会第8回『本人（中の人）とアバターの関係性』」（2023）<https://www.soumu.go.jp/main_content/000870336.pdf>。なお、関・メタバース149頁もアバターを2×3の6種類に分類しており参考になる。

> 本人(「中の人」)とアバターの対応関係の類型
> ・1人の本人が、1つのアバターをかぶる場合(単発、継続的)
> ・1人の本人が、同時に複数のアバターをかぶる場合
> ・複数の本人が、1つのアバターをかぶる場合(同時、交替制)
>
> アバターの成り立ちと本人(「中の人」)の容姿との関係の類型
> ・現実世界の本人の容姿をもとにアバターを作成するパターン
> ・現実世界の本人の容姿と切り離されたアバターを作成するパターン
>
> アバターに対する本人(「中の人」)の意識の類型
> ・アバターを現実世界の「中の人」自身を拡張した存在とする捉え方
> ・アバターを現実世界の「中の人」自身と切り離された存在とする捉え方
> ・メタバースと現実世界の距離感の影響

　このような整理は、特定・同定の議論をさらに精緻化する上で有益な枠組みといえるだろう。[26]

◆**(3) 名誉権**　　VTuberへの名誉毀損および名誉感情侵害に関しては現に多数の誹謗中傷事案が生じている。[27] 例えば、「にじさんじ」を展開するAnycolor社およびホロライブを展開するカバー社は2022年12月5日に共同声明文を発表し、誹謗中傷問題に警鐘を鳴らしている。[28]

　裁判例を踏まえると、同定可能性が認められるかという点が主要な問題となっている。名誉感情侵害に関し「アバターの表象をいわば衣装のようにまとって、動画配信などの活動を行っているといえる」と判示した裁判例は、原田前[29]

---

*26　松尾・学習院59頁では、ここで提示された類型を参照しながら類型別の考察を行った。
*27　例えば、原田・前掲注15)53頁、原田伸一郎「バーチャルYouTuberとして活動する者に対する名誉感情侵害を認めた事例」新・判例解説Watch民法(財産法)239号(2023)<http://lex.lawlibrary.jp/commentary/pdf/z18817009-00-032392286_tkc.pdf>、松尾剛行「Vtuberと名誉毀損—メタバースに関する法律問題の一部を考える」ウェブ連載版『最新判例にみるインターネット上の名誉毀損の理論と実務』第40回(2022) <https://keisobiblio.com/2022/01/25/matsuo40/> 等がある。
*28　ANYCLOR株式会社、カバー株式会社「共同声明文」(2022) <https://files.microcms-assets.io/assets/5694fd90407444338a64d654e407cc0e/60de641278e94221910d4a452fc10cd1/%E5%85%B1%E5%90%8C%E5%A3%B0%E6%98%8E%E6%96%87.pdf>
*29　大阪地判令和4年8月31日判タ1501号202頁

掲論文を参照したと思われるが[30]、VTuberへの誹謗中傷がアバターの後ろにいる「本人」への誹謗中傷とみることができる場合は十分にあり得る。

加えて、VTuberは自ら積極的に発信をしていることから、かかる発信に対する一定の批判・論評が生じることはあり得る。

このような点を踏まえながら、いかに表現の自由と名誉権のバランスを取るべきかが問題となる[31]。

以上はVTuberに限定した誹謗中傷の問題の鳥瞰であるが、この議論をCA全体に拡張する上では一定の共通点と相違点がある。共通点としては、例えば、ロボットに対するものでも、複数人の操作者が例えばカフェで働くロボットを一緒に操作する場合の同一性の問題等[32]はVTuberと共通するだろう。相違点としては、例えば専ら個人的チャット等のためにアバターを操作している人は、特に動画等作品を発表し、論評の対象に供しているVTuberとは同定可能性の点や、一定範囲の意見・論評を受忍すべきか等において異なる可能性があるだろう[33]。

◆ **(4) プライバシー**　　プライバシーについては、まずはCA以外でもいわゆる「匿名アカウント」全般で問題となる「中の人」を公開することによるプライバシー侵害が問題となる[34]。この点は、完全匿名の場合はもちろん、そうでなくても、自ら積極的に公開した「場」以外において公開することもプライバシー侵害になり得る[35]。石井は「サイバネティック・アバターとプライバシー保護を巡る法的課題」において、CAが用途に応じて使い分けられるのが自己のイ[36]

---

[30]　原田・前掲注27）評釈参照。
[31]　**第3章**で説明する各種裁判例参照。
[32]　Cyberneticbeing「[プレスリリース] 個性と技能の融合：分身ロボットカフェにて2人で1人⁉ 共創アバターロボット実験イベントを開催」（2022）<https://cybernetic-being.org/activities/202210_collaborative_avatar_experiment_release>
[33]　この点につき松尾・学習院59頁を参照のこと。
[34]　東京地判令和2年12月22日D1-Law29063032および東京地判令和3年6月8日D1-Law29065053参照。
[35]　例えば、VTuberの「中の人」が、VTuber同士の交流の際に自分の本名を告げたが、ファンに対しては秘密にしていたところ、交流の際に本名を知った人がファンに伝えた等が考えられる。
[36]　石井夏生利「サイバネティック・アバターとプライバシー保護を巡る法的課題」人工知能36巻5号（2021）<https://www.jstage.jst.go.jp/article/jjsai/36/5/36_578/_pdf/-char/ja> 581頁

メージコントロール権を行使する行為だとする[37]。

また、なりすましは重要な問題である。石井は「アバターのなりすましを巡る法的課題――プライバシー保護の観点から[38]」において、①他者の環境内で第三者に気付かれない方法を用いて本人のアバター表示を偽る行為、②改変した本人のアバター表示を第三者と共有する行為、③他者が本人を揶揄するためにその氏名と外見を用いて自己のアバターを作成し仮想空間上で利用する行為、の３類型に分けて論じている[39]。

加えて、「インターネット上の人格」のプライバシーも、特にアバター社会では重要な問題となる。例えば「お砂糖」とも呼ばれる恋愛関係等がメタバース上で成立することにより、例えば「その人がメタバース上で行う行為」の中にもいわゆる「宴のあと」事件のプライバシーの要件を満たすことが増えている[40]。そのような場合において、仮に個人的な行為しかメタバース上で行っていない匿名アカウントであっても、プライバシーの保護を認めるべき場合があるように思われる[41]。

CAとしての活動の様子を同意なくキャプチャー（撮影等）することが直ちにプライバシー侵害になるとはいえないが、その内容によっては問題が生じ得る。この点については、物理空間におけるカメラ画像に関するものであるが、「カメラ画像利活用ガイドブックver3.0」や「犯罪予防や安全確保のためのカメラ画像利用に関する有識者検討会報告書[43]」等の議論は一定程度以上参考になるだ

---

[37] 成原慧「メタバースのアーキテクチャと法：世界創造のプラットフォームとそのガバナンス―特集メタバースとガバナンス」Nextcom52号（2022）<https://rp.kddi-research.jp/nextcom/volume/52> 27頁も参照。

[38] 石井夏生利「アバターのなりすましを巡る法的課題―プライバシー保護の観点から」情報通信政策研究6巻1号（2022）10頁
<https://www.jstage.jst.go.jp/article/jicp/6/1/6_1/_pdf/-char/ja>

[39] 小塚荘一郎ほか「新技術と法の未来（1）仮想空間ビジネス」ジュリ1568号（2022）71-73頁〔石井発言〕等も参照。

[40] 東京地判昭和39年9月28日下民集15巻9号2317頁

[41] この点については第5章で論じる。

[42] IoT推進コンソーシアム＝総務省＝経済産業省「カメラ画像利活用ガイドブックver3.0」（2022）<https://www.meti.go.jp/press/2021/03/20220330001/20220330001-1.pdf>

[43] 個人情報保護委員会「犯罪予防や安全確保のためのカメラ画像利用に関する有識者検討会報告書」（2023）<https://www.ppc.go.jp/files/pdf/cameragazou_yushikisyakentoukai_houkokusyo.pdf>

ろう。[*44]

◆**(5) 肖像権**　写真撮影した肖像のみならず、イラスト化したアバターについても、それが本人の肖像を描写したものといえる限り、本人の人格権としての肖像権が及ぶものと解される。[*45]

では、実際の肖像に類似していなければ保護されないのだろうか。この点については「VTuberにとって、CGアバターは『服』のようなもので、アバターというファッションを全身にまとっているという感覚にも近い。本人の実際の姿を表しているか・似ているかではなく、本人を識別・特定するものが、その人の『肖像』であるという理解に立てば、VTuberが用いるCGアバターが、『中の人』の実際の姿、『肉』（体）の顔をまったく反映していなくても、彼女・彼の『肖像』と認めることに障害はないはず」とする原田の「バーチャルYouTuberの肖像権――CGアバターの『肖像』に対する権利――」が参考になる。[*46][*47]

◆**(6) 氏名権**　最高裁は「人は、その氏名を他人に冒用されない権利を有する」として氏名権を定める。[*48] 通称にも保護が及ぶとする裁判例からは、CAの利用者が特定の通称名（VTuberとしての名称やアカウント名）を利用している場合には、氏名権による保護を得ることができる可能性がある。[*49][*50]

◆**(7) アイデンティティ権**　CAのなりすましには大きく分けて2つの類型がある。1つは、物理空間上の特定の人物そっくりのアバターや名前を使う場

---

*44　前野・前掲注14）48頁が特定の情報についてプライバシー侵害を主張すると、当該情報が事実であると自認することになるというのは、「宴のあと」事件（前野・前掲注14）41頁）が「事実らしく受け取られる」場合に要件充足を認めていることから、疑問が残る。
*45　上野達弘「メタバースをめぐる知的財産法上の課題」Nextcom52号（2022）<https://rp.kddi-research.jp/nextcom/volume/52> 11頁
*46　原田伸一朗「バーチャルYouTuberの肖像権―CGアバターの『肖像』に対する権利―」情報通信学会誌39巻1号（2021）<https://www.jstage.jst.go.jp/article/jsicr/39/1/39_1/_pdf/-char/ja> 5頁
*47　この点については第6章参照。
*48　最判平成18年1月20日民集60巻1号137頁
*49　東京高判平成30年6月13日判時2418号3頁は「氏名でなく通称であっても、その個人の人格の象徴と認められる場合には、人は、これを他人に冒用されない権利を有し、これを違法に侵害された者は、加害者に対し、損害賠償を求めることができるというべき」とする。
*50　この点については第8章を参照のこと。

合、もう1つはメタバース上の特定のアバターとそっくりのアバターや名前を使う場合である。[51]

その場合には、他者から見た人格の同一性を侵害されない権利たるアイデンティティ権[52]も問題となる可能性がある。[53]

◆ **(8) パブリシティ権**　伝統的にはキャラクターに対するパブリシティ権が論じられてきたところ、ピンク・レディー事件判決はパブリシティ権が人格権に由来するとしており、ギャロップレーサー事件が物のパブリシティ権を否定[55]した。このことを踏まえ、キャラクターのパブリシティ権を認めるためにはキャラクターに法人格を認め、そこにパブリシティ権を認める必要がある等の立法論の範疇で議論されてきた。[56]

しかし、VTuber等のCAには「中の人」がいることが多いところ、「仮想空間におけるアバターの肖像等も、その背後の自然人を識別する情報と解し得る場合には、パブリシティ権による保護の対象となり得るように思われる」[57]というように、VTuberの肖像等が特定の人に帰属するといえる場合に、当該権利者のパブリシティ権を問題とする余地が議論されている。[58]

実際、調査官解説も、本人と似ている動物の図柄が需要者にとって本人を識別するものとして著名であればこれも肖像等に含まれるとする。[59]

ただし、パブリシティ権が問題となるのは、「専ら肖像等の有する顧客吸引力

---

* 51　ある人物が自分そっくりのアバターや名前を使う場合においてはこの2つが同時に当てはまるが、そうではない場合には一方しか当てはまらない場合もある。なお、CAの世界ではロボットなど物理空間におけるアバターになりすます事例も発生する可能性がある。
* 52　大阪地判平成29年8月30日判時2364号58頁参照。
* 53　リアルタイムに声・表情・身体の語気を反映するものは「中の人」との結びつきの度合いが高まるという意味での侵害成立可能性の高まりを指摘するとともに、複数の要素が総合されるメタバースでは本人であるとの誤解が生じにくいと指摘する関・メタバース173頁も参照。この点については**第8章**を参照のこと。
* 54　最判平成24年2月2日民集66巻2号89頁
* 55　最判平成16年2月13日民集58巻2号311頁
* 56　原田伸一朗「キャラクターの法的地位──『キャラクターのパブリシティ権』試論」情報ネットワーク・ローレビュー17号（2019）1頁
* 57　斉藤・前掲注23）29頁
* 58　同上は「複数の自然人が関与して運営するアバターについては、仮にそのような解釈が可能であるとしても、実態に即した構成と評価し得るか疑問が残る」とする。
* 59　中島基至「判批〔前掲注54〕最判〕」最高裁判所判例解説民事篇平成24年度（上）41頁

の利用を目的とするといえる場合」に限られる。*60 したがって、例えば、企業が芸能人の肖像を再現したアバターを無断で使用して、仮想空間内の店舗において宣伝活動をさせるような場合と個人が自己の趣味で"推し"の芸能人の肖像を再現したアバターを使用した場合を区別する必要性が提案されており、どの範囲の行為がパブリシティ権侵害となるかについては、さらに議論が必要であろう。*62

---

*60 　同上
*61 　上野・前掲注45) 12頁。なお AR 広告とパブリシティにつき関・メタバース228-233頁参照。
*62 　この点については、**第7章**を参照のこと。

第2章
〈CAと法〉概観・その2
──知的財産権を中心に──

　前章では、CAの法律問題の俯瞰として、まずは人格権を中心に鳥瞰した。本章では次に、知的財産権を中心に様々な問題を広く検討したい。

1. 個人情報保護

　CAに関する個人情報保護法の適用を概観しよう。例えば、メタバース上で商品を販売するにあたって、購入するCAの「中の人」の情報を取得する等、CAに関する個人情報保護の問題は重要である。個人情報保護法の問題については、取得、管理・利活用、(外国)第三者提供の3つの枠組みを問題とすることが多い。

　まず、取得については、利用目的を特定して(個人情報保護法17条1項)通知・公表(同法21条1項)する必要があるところ、メタバースにおいてどのように通知・公表すべきかが問題となる。

　次に、管理・利活用については、情報漏えい等を防ぐ安全管理(同法23条)や利用目的の範囲での利用(同法18条)が重要となる。

　さらに、第三者提供(同法27条)については、同意に基づくのかそれ以外の適法化スキームを利用するのかが問題となり、また、外国第三者提供(同法28条)については、さらに厳しい要件を踏まえて適法化スキームを選択することになる。[*1]

2. 知的財産

　◆(1) はじめに　　メタバースと知財については活発に議論が行われている。

---

*1　この点の詳細は**第4章**参照。

例えば、著作権についてメタバースと物理空間との対比として、著作物性が認められにくい応用美術であってもメタバース上のアイテムとして作られれば著作物性が認められやすくなるとか[*2]、建物が物理空間に存在するかメタバース上に存在するかによってそれが写る写真の権利処理が変わり得るとか[*3]、展示に関する例外の不適用[*4]、私的使用の適用の余地が狭くなること[*5]等も指摘される。また、デジタル消尽[*6]、非享受利用[*7]や写り込み[*8]等も論じられるが、CAとの関係の程度に鑑み、詳述しない[*9]。

以下、CAとの関係が深いものを素描したい[*10]。

◆**(2) 著作権**　メタバースにおける著作物の利用は公衆送信が中心となる[*11]。JASRACは既にメタバース上のコンサートにおいて使用料等を徴収する方針を公表している[*12]。

物理空間であれば、例えば、アマチュア合唱団の無料コンサートのように、非営利かつ無料で行われる限り、公衆に聴かせる目的で他人の音楽著作物を演奏しても著作権侵害にならないが（著作権法38条1項）、メタバースで同項は

---

*2　酒井麻千子「メタバース上でのコンテンツ流通と知的財産法」法セ2023年2月号50頁。ただし、関・メタバース179頁はアバターの体型に合わせたアバターファッションが応用美術となる可能性を指摘する。関真也「メタバースと著作権法（第2回）メタバース上のオブジェクト及びアバターの保護」コピライト738号（2022）25頁も参照。

*3　中崎尚「バーチャルワールド（仮想世界・仮想空間）における法的問題点（1）総論―アバターや3D空間がどう影響するか」NBL926号（2010）67頁。なお、その趣旨は、著作権法46条の「建築物」にメタバース上の建築物が該当しないという趣旨と思われるが、同論稿で主な問題とされていた写り込み事例は、既に著作権法の写り込み規定（著作権法30条の2）で解決している部分が多いと思われる。

*4　桑野雄一郎「メタバースと著作権（下）」特許ニュース15675号（2022）3-4頁

*5　中崎尚「バーチャルワールド（仮想世界・仮想空間）における法的問題点（2）各論Ⅰ 知的財産権―アバターや3D空間であるがゆえに生じる問題」NBL928号（2010）51頁

*6　関・メタバース208-212頁

*7　同上74-76頁

*8　同上92-99頁

*9　桑野・前掲注4）2-5頁、関真也「著作権法による建築デザインの保護とバーチャルリアリティ空間その他コンテンツ内利用―米国法の議論を参考に」日本知財学会誌17巻2号（2020）および青木大也「バーチャル空間における意匠保護の現状と今後」DESIGNPROTECT137号（2023年）2頁も参考になる。

*10　著作権について詳しくは**第9章**、それ以外の知的財産権については**第10章**を参照。

*11　関真也「メタバースと著作権法（第1回）課題の整理」コピライト737号（2022）32頁

*12　日本音楽著作権協会「メタバースでの音楽利用について」（2022）<https://www.jasrac.or.jp/smt/news/22/221226.html>

適用されず、結果として著作権侵害となる[13]。

ところで、メタバースにおいて利用されるアバターは著作物だろうか。ほぼ定型的なアバターを選ぶだけの場合もあるが[14]、顔のパーツ（例：目、鼻、髪型、肌色）や身体の形状、あるいは服装のデザインなどを詳細に調整して作成されるアバターは、ユーザーによる創作的な表現として著作物（著作権法2条1項1号）に該当する可能性がある[15]。

CAとの関係で、動画は映画の著作物[16]、配信中の発言は言語の著作物[17]、実演要素を含むものは一定範囲で実演に該当し得るともされる[18]。

実演に関し、アバターの性格、決め台詞、口調、ポーズ等に演出的キャラクター設定がなされており、操作者がその設定に沿って動作、発声等を行うような場合は、「実演」に該当する可能性があるのに対し、仮想空間内の店舗で行う接客動作に伴う動作、発声等は、通常は、著作物を演じるものでも芸能的な性質を有するものでもなく、「実演」に該当しない可能性がある[19]。

実演については、モーションキャプチャー型と操作型での相違や、人間の動きが実演であってもそれをモーションキャプチャーで抽出したデータが実演を「録画」したものかは別問題であるとも指摘される[21]。

---

[13] 上野達弘「メタバースをめぐる知的財産法上の課題」Nextcom冬号（2022）11頁、関・メタバース26-27頁も参照。公衆に聞かせないために入室制限を設ける場合でも、メタバースに利用されるサーバーを使う以上送信可能化に該当するとの指摘もある。桑野雄一郎「メタバースと著作権（下）」特許ニュース15675号（2022）2頁

[14] このような場合に著作物性が否定されやすいことにつき、東崎賢治＝近藤正篤「知的財産紛争実務の課題と展望（6）自らの存在を秘したままキャラクターを使用してインターネット上の活動を行う者の知的財産権等の権利保護に関する検討」JCAジャーナル68巻12号（2021）48頁

[15] 上野・前掲注13）11頁および論点整理38頁以下参照。同39頁は独占的ライセンスを受けたライセンシーとしての損害賠償請求および差止請求等についても議論する。選択の創作性による編集著作物の可能性も指摘される。桑野・前掲注4）5頁参照。

[16] プログラムにより想定される範囲だからゲームは映画の著作物だという最高裁判例からすれば、メタバース上の多数のアバターの活動に基づく表現がその射程内かは検討の余地があるとされる（令和3年度著作権委員会「NFTおよびメタバースについての調査・研究」パテント75巻13号（2022）13頁）。

[17] ただし、「配信中の発言は『言語の著作物』としての保護を受け得る」の趣旨にもよるが、単なる日常的な「ダベり」のようなものに著作物性があるかは問題であり、例えば国交省とのやり取りの結果を動画にまとめた際のキャプションの著作物性が問題となり、「いずれもごく短いもので、ありふれた表現であるといわざるを得ないから、創作性を有するとはいい難く、著作物性は認められない」とした東京地判令和4年12月14日裁判所HP（令和4年（ワ）第8410号）等も踏まえて検討すべきである。

[18] 東崎＝近藤・前掲注14）50-51頁

また、著作者人格権および実演家人格権も問題となり得る。[22]

◆**(3) 意匠権**　意匠法の「実施」、「製造」および「使用」（意匠法2条2項1号）の定義からは実存するグッズ等のデザインをメタバース上で再現し利用する場合、意匠権は及ばないと指摘される。[23] また意匠法令和元年改正により、機器の操作の用に供したり、機器がその機能を発揮した結果として表示されたりするものが対象とされるようになったが、デジタルオブジェクトのデザインは対象とされない。[24] むしろ CA のグラフィカル・ユーザ・インターフェイス（GUI）に対する意匠法に基づく保護の成否の問題として、特定の意匠が画像の意匠（同法2条1項）として、①当該意匠を機器の操作の用に供したり、②機器がその機能を発揮した結果として当該意匠が表示されるのであれば保護の可能性があることに加え、画像の意匠の間接侵害の可能性（同法38条7号～9号）等の論点が、CAとの関係で重要な問題となるだろう。[25]

◆**(4) 商標権**[26]　アバターの商標法による保護は、事業活動の一環であればあり得るが、個人的であれば商標の定義にある「業として」（商標法2条1項1

---

* 19　論点整理49頁、関真也「バーチャルファッションと法—バーチャル試着とアバター接客に関わる知的財産権・肖像権・広告規制」発明118巻10号（2021）49頁および栗原佑介「メタバースを中心とするバーチャルリアリティにおける著作権法の『実演』に関する一考察—『その実演』の意義を中心に」情報通信政策研究6巻2号（2023）34-35頁を参照。なお、栗原は、前章脚注23で紹介した斉藤のアバターと権利能力なき社団・財団に関する議論を知的財産権に応用すると、①著作権そのものと異なり、職務著作（著作権法15条）のような制度が実演について存在しないので、実演家の権利は自然人にしか帰属しない（なお、著作権法15条が権利能力なき社団・財団にも適用されることにつき小倉秀夫＝金井重彦編『著作権法コンメンタール I〔改訂版〕』（第一法規、2020）391頁参照）、②組合の構成員（自然人）の総有状態に実演家人格権が帰属すると共同実演の問題が生じるという問題点を指摘している。
* 20　桑野・前掲注4）5頁、令和3年度著作権委員会・前掲注16）13-14頁
* 21　関・メタバース160-161頁、論点整理49-50頁およびエンターテインメント・ロイヤーズ・ネットワーク『エンターテインメント法務Q＆A〔第3版〕—権利・契約・トラブル対応・関係法律・海外取引』（民事法研究会、2021）290頁を参照のこと。なお、論点整理50-51頁においては録画のほかに、点群データの記録媒体をコピーする行為が複製に該当するかなどの論点も指摘されている。
* 22　原田伸一朗「バーチャルYouTuberの人格権・著作者人格権・実演家人格権」静岡大学情報学研究26号（2021）58-59頁
* 23　酒井・前掲注2）50頁
* 24　関・メタバース21頁も参照。
* 25　ただし、建設機械トレーニングシミュレーターにつき、関・メタバース19頁および関・前掲注2）26頁も参照。
* 26　第10章参照。

号・2号）には当たらない。[*28]

　商標権については、既に有名なバッグをメタバース上で利用するMetaBirkins[*29]等が問題となっているが、解釈論上の課題が多く、「商品」「使用」「提供」「業として」といった基本的な概念についても、該当性の判断が自明ではないとされる。[*30]このような解釈の際には、リンゴとリンゴの玩具のような異なる事業者が取り扱う状況と異なり、衣服とバーチャル衣服を同じ事業者が扱う状況が生じていることに留意が必要であろう。[*31]

◆**（5）不競法**　不正競争防止法（不競法）との関係では、まず、営業秘密（不競法2条6項）が問題となる。[*32]例えば、東京地判令和3年9月9日D1-Law29066483は、VTuberに関する未公表の社内検証用URLがインターネット上の掲示板に投稿されたことにつき、不競法上の「営業秘密」に該当するかどうかは措くとしても、原告の社外秘の情報が流出し、業務を円滑に遂行するという法律上保護される利益が侵害されたとした。

　また、商品等表示（不競法2条1項1号）につき、仮想空間におけるアバターの名称や外観についても、その利用の態様が商品等表示に該当する場合は想定し得ると論じられている。[*33]特定の企業に所属する、いわゆる企業勢と呼ばれるVTuber等の場合、商品等表示が誰の営業に用いられているか、その営業の出所が誰であると認識されているかが問題となり得る。[*34]また、いわゆる「切

---

*27　AR広告と商標法の問題は詳述しない。関真也「AR領域における商標の使用―拡張現実技術を用いた新たな使用態様を巡る現行法上の課題」日本知財学会誌14巻3号（2018）＜https://www.ipaj.org/bulletin/pdfs/JIPAJ14-3PDF/14-3_p028-035.pdf＞、関・メタバース222-228頁参照。

*28　関・メタバース164頁

*29　酒井・前掲注2）50頁

*30　斉藤邦史「仮想空間におけるアバターのアイデンティティ」法セ2023年2月号30頁および小塚荘一郎ほか「新技術と法の未来（1）仮想空間ビジネス」ジュリ1568号（2022）69-70頁〔上野発言および中崎発言〕

*31　関・メタバース34頁参照。詳細は**第10章**参照。

*32　将来的には行為の数値化等による技能のコピー・再現に対する保護も問題となるところ、現行の営業秘密による保護だけでよいかは検討課題だろう（関・メタバース52-56頁、260頁、関真也「バーチャルリアリティその他人間の能力等を拡張する技術と著作権」知財管理71巻2号（2021）175-177頁参照）。

*33　斉藤・前掲注30）30頁および関・メタバース38頁、論点整理34頁および41頁を参照。なお、モデルガン事件（東京地判平成12年6月29日判時1728号101頁）も参照のこと。

*34　東崎＝近藤・前掲注14）48-49頁

り抜き」動画においては、サムネイルに表示されるアバターは単に動画における登場人物を説明しているだけで「使用」に該当しない可能性があるともされている。[35]

形態模倣については、電気通信回線を通じた提供が含まれていなかったが、[36]令和5年改正によりデジタル空間における他人の商品形態を模倣した商品の提供行為も不正競争行為の対象とし、差止請求権等を行使できるようになった。[37]

◆ **(6) その他**　特許法については、権利化時の留意点として仮想空間等を明細書中で明確に定義すべきとされる。[38]

3. プラットフォーム

メタバースは、プラットフォームが運営するある意味で閉じられた世界である。[39]成原は、メタバースという仮想世界が企業等の「創造者」により創造されるところ、多くの場合、これらの創造者はメタバースプラットフォーム事業者の提供するプラットフォーム上で仮想世界を創造することから、メタバースプラットフォーム事業者は、メタ仮想世界において各々の仮想世界を創造することのできる枠を決めることができるという意味で、世界創造のモデレーションを行っていると指摘する。[40]

プラットフォームの責任については、ネットオークションプラットフォーム上で詐欺の被害にあった原告らが、被告であるプラットフォーム運営事業者を訴えた事案において、名古屋地判平成20年3月28日判時2045号152頁が「本件利用契約における信義則上、被告は原告らを含む利用者に対して、欠陥の

---

* 35　東崎＝近藤・前掲注14) 49-50頁
* 36　関・メタバース41頁。関・前掲注2) 28頁も参照。
* 37　第10章参照。
* 38　後藤未来ほか「メタバースと法（第3回）メタバースと知的財産法」NBL1228号（2022）75頁
* 39　中崎・前掲注3) 67頁
* 40　成原慧「メタバースのアーキテクチャと法」Nextcom2022年冬号26頁。なお、論点整理42頁が指摘する、プラットフォームの利用規約で──空間内に持ち込まれるコンテンツが権利処理されているものであることを前提として──当該プラットフォーム内におけるスクリーンショット撮影やカメラ撮影を、相互に、許可なしに行えるとされていることは、モデレーションの例といえるだろう。同52頁以下（特に53-54頁の図）も参照。

ないシステムを構築して本件サービスを提供すべき義務を負っている」としている。すなわち、メタバースプラットフォームはアーキテクチャ、利用規約、そして違反者に対する措置等を通じて、CAの利用者を保護する責任を負う。[*41]

したがって、プラットフォーム上でCA利用者が行う違法行為にプラットフォームがどこまで責任を負うかが問題となる。著作権であれば音楽教室事件[*42]等を踏まえた侵害主体の法理が問題となる[*43]。なお、価値中立なメタバースを利用して違法行為が行われる場合につきWinny事件最決が参考になる。[*44]

なお、大島は、プライバシー侵害を念頭に被害者からのメタバースの提供事業者に対する侵害行為差止請求について、Google決定[*45]とTwitter決定[*46]を比較し、「Google的なものであれば『明らか』要件が課される一方で、ツイッター的なものであれば『明らか』要件は課されないことになろう。メタバース事業者が表現行為性や情報流通の基盤性を備えるような態様でメタバースを設計するか否かが、差止基準の設定の際には重要なポイントになる」とする。[*47]

Twitter（当時）が無料APIの提供を終了して話題となったが、このようにメタバースプラットフォームが特定のメタバースを終了することでCAの「居場所」が失われることは大きな問題である。CA利用者は友人関係や仮想世界内の保有資産を維持するためアカウントを維持し続ける必要性が高いとされている。[*48]既に「Vカツ」と呼ばれるアバター提供業者がサービスを終了したことでアバターが使えないという問題が生じている[*49]。現行法の下でこうした問題を解決するとすれば、定型約款中の自由なサービス終了条項を不当条項として契約に取り込まれないと解釈したり（民法548条の2第2項）、自由なサービス終了

---

* ＊41　ここで、CAに対するハラスメント等の側面でプラットフォームが提供するいわゆる「バブル」機能を重視する議論（関・メタバース176頁および同注48）があるが、実際にはバブルを外すよう誘われた上で被害にあっている部分をどう考えるかについて、さらなる考察が必要なように思われる。
* ＊42　最判令和4年10月24日判タ1505号37頁
* ＊43　上野・前掲注13）11頁参照。
* ＊44　最決平成23年12月19日刑集65巻9号1380頁
* ＊45　最決平成29年1月31日民集71巻1号63頁
* ＊46　最決令和4年6月24日民集76巻5号1170頁
* ＊47　大島義則「メタバースにおける人格権と表現の自由」法セ2023年2月号35頁
* ＊48　中崎・前掲注5）68頁
* ＊49　岡田有花『Vカツ』突然の終了発表アバターは利用不可に『体なくなる』ユーザー困惑」<https://www.itmedia.co.jp/news/spv/2201/13/news134.html>

条項を消費者契約法10条として無効としたりして、そのような条項に基づく終了が債務不履行となるといったロジックが考えられるが、実務上一定のハードルがある。この点に関する立法論としては、例えば一定の要件を満たすメタバースに対し、相当の通知期間を置いてからでなければサービス終了を認めないとか、データポータビリティを義務付ける等が考えられる。

なお、AI等の誤判定による不当なアカウント停止等については、既に拙稿「プラットフォーム事業者によるアカウント凍結等に対する私法上の救済について」[51]で詳述したところである。また、プラットフォームがアルゴリズムを悪用する行為については独占禁止法の適用も考えられる[52]。

4. その他の公法

その他、メタバースの具体的サービス内容次第では、電気通信事業法[53]（第12章）、医事法（第12章）、風営法（例：同法の2条1項5号のゲームセンター営業）該当性[54]、景表法[55]、出会い系サイト規制法等が問題となる。

メタバース上の金融取引について、金融規制一般はCAとの関係が薄いので触れないが、適合性原則[56]、犯収法[57]やその他金融業法等[58]の業法等が問題となり得る（第12章）[59]。税法[60]については触れないこととする。

＊50　黒根祥行「モバイルゲームにおける法的諸問題と今後の法的課題」甲南法務研究16号（2020）1頁参照。

＊51　松尾剛行「プラットフォームによるアカウント凍結等に対する私法上の救済について」情報法制研究10号（2021）<https://www.jstage.jst.go.jp/article/alis/10/0/10_66/_article/-char/ja>

＊52　食べログ事件（東京地判令和4年6月16日LEX/DB25593696）参照。

＊53　総務省「電気通信事業参入マニュアル（追補版）」（2023年1月30日改定）<https://www.soumu.go.jp/main_content/000477428.pdf>、総務省総合通信基盤局「電気通信事業参入マニュアル（追補版）ガイドブック」（2023年1月30日改定）<https://www.soumu.go.jp/main_content/000799137.pdf>参照。

＊54　一般社団法人日本デジタル空間経済連盟「デジタル空間の経済発展に向けた報告書」（2022年11月16日）<https://drive.google.com/file/d/1D5gDf3E8666fBjT-NfdkVY8AUxRV17eC/view?pli=1>42頁

＊55　中崎尚「バーチャルワールド（仮想世界・仮想空間）における法的問題点（3・完）各論II　経済取引機能・コミュニケーション機能が招く法的問題点」NBL930号（2010）40頁。**第12章第1節3.**も参照。

＊56　仮想空間上の自称銀行が仮想通貨を集めて破綻したGINKOFinancial事件参照。

＊57　AMTメタバース法務研究会「メタバースと法（第6回・完）メタバースと金融規制」NBL1233号（2023）99頁や一般社団法人日本デジタル空間経済連盟・前掲注54）30頁参照。

＊58　斉藤・前掲注30）30頁、一般社団法人日本デジタル空間経済連盟・前掲注54）29頁

5. 契約・訴訟その他の民事法

　アバターと民事法（第11章）について、VTuberの「中の人」が変更されたり、所属事務所との契約が解除されたりした後のいわゆる「中の人」が引き続き当該VTuber活動を継続したいと希望するといった事態が発生している。これは基本的には契約の問題であり、当該VTuberの性質（例えば、「中の人」がいわば服のようにアバターをまとうパーソン型なのか、「中の人」がいない設定のキャラクター型なのか等）は、関係者間の契約に基づき明確化される。事務所と「中の人」の契約において「中の人」が誰かの秘匿を約することもあるだろう[*61]。ただし、どのような契約でも有効だということではない[*62]。

　CAを通じて契約をすることも、それが双方の意思の反映であれば有効であり、そうでなければ契約は成立しない[*63]。とはいえ、CAを通じて契約することによって契約当事者が曖昧になったり、契約内容が不明確になったりする等という状況は生じ得るところである。このような問題は、スマートスピーカー等を通じた取引の問題と一定程度パラレルに考えられると思われる[*64]。未成年取引における詐術とアバターの外観の関係につき、成人風アバターを作出したことが詐術肯定要素となるとされる[*65]。かかるアバターを通じた取引においてAIを利用したアバターが関係する場合の法律問題も論じられているが[*66]、それを利用

[*59] 斎藤創＝浅野真平「多くの論点や留意点に直面するメタバース空間の法律適用—国境なきメタバース内の金融取引にどの国の金融規制が適用される？」金融財政事情73巻38号（2022）34-37頁、AMTメタバース法務研究会・前掲注57）95-100頁

[*60] 下尾裕＝中村美子「メタバースと法（第5回）メタバースと税務」NBL1231号（2022）76頁以下

[*61] 関・メタバース259頁

[*62] 東京地判令和4年12月8日裁判所HP（令和3年（ワ）第13043号）は、芸能人の芸名に関して契約終了後も無期限に使用許諾の権限を事務所に認めていることを公序良俗（民法90条）違反とした。知財高判令和4年12月26日裁判所HP（令和4年（ネ）第10059号）も事務所との契約を解除したロックグループに対し、事務所がバンド名の変更や契約解除後半年の活動禁止等を求めたことを違法としている。著作権に関する**第9章**参照。

[*63] 井上乾介ほか「メタバースと法（第2回）メタバースと電子商取引」NBL1227号（2022）58頁

[*64] 松尾剛行「対話型AI（チャットボット、スマートスピーカー（AIスピーカー）、AIアシスタント等を含む）に関する法律問題」Law&Practice14号（2020）<https://www.lawandpractice.net/app/download/9309137876/14-4.pdf?t=1655784417> 71頁参照。

[*65] 中崎尚「仮想空間（メタバース）での取引における法律問題」ひろば2022年7月号19頁。ただし、常にそのようになるのではなく、何らかの形で「アバターの外観が大人の外観であれば『中の人』も大人である」という関係性が確保される場合に限られるだろう。

する背後者がどのような意図でどのようなAIを利用しているかによると思われる。

　サイバーセキュリティとその侵害に対する契約違反や不法行為の問題もある。この点は既にCA以外の文脈で多く論じられている[66]が、特にCAでは、サイバーセキュリティの問題に起因する情報漏えいやなりすまし等が発生した場合の責任が問題となりやすい。

　なりすましによる契約に対しては、一回的取引においては原則として効果が帰属しないが、例外として表見代理の場合があるだろう。継続的取引の場合は、利用規約でIDパスワードの管理を本人の責任として効果が帰属すると定めれば基本的にそれに従うことになるだろう[68]。なりすまし対策として保険制度の利用も提唱されている[69]。

　不法行為としては、CAを利用した活動の妨害行為等が問題となるが、CAを利用した活動による利益そのものを法律上保護される利益と解すべきである[70]。

　製造物責任法は、物理的なものであるディスプレイ、スマートグラス、トラッカー等において生じ得るところ[71]、VR酔い等のリスクについて説明・警告することで一定程度対応できる可能性がある[72]。

　相続法の一種の問題として、本人死後のCAの問題があり、特に自律的なAIを利用したCAの場合には本人が既に死んでいることが容易に判明せず、周囲が従前どおりCAとインタラクションを行い、契約等を締結することが問題となる[73]。

---

*66　小塚ほか・前掲注30)71頁〔茂木発言〕参照。
*67　例えば、松尾剛行「日本における民事サイバーセキュリティに関する判例法を探る」Law&Practice15号（2021）<https://www.lawandpractice.net/app/download/9342638676/103-139.pdf?t=1662887731> 103頁参照。
*68　中崎・前掲注65)17-18頁
*69　中川裕志「AIエージェント、サイバネティック・アバター、自然人の間のトラスト」情報通信政策研究6巻1号（2022）54頁
*70　浜田治雄「メタバース文化と知的財産」日本大学法学部知財ジャーナル58巻1号（2008）31頁
*71　関・メタバース263頁
*72　同上263頁
*73　中川裕志「本人死後のサイバネティック・アバターに関する考察」日本ロボット学会誌41巻1号（2023）9頁参照。

民事訴訟手続の問題として、いかに「中の人」の秘匿性を保護しながら権利行使をするかも問題となる。[*74]

メタバースが国際プラットフォーム上で運営されたり、日本のプラットフォームの運営するメタバース上で外国居住者がCAを利用したりする場合もあることなど、国際管轄・準拠法の問題も論じられている。[*75]

6. 刑事法

アバターと刑事法（第11章）の関係について、物理空間の刑法をそのまま適用する考えと、それとは異なる考えを検討する論考が出ている。[*76]

刑法総論の問題としては、アバターを守るために行う犯罪行為の違法性が正当防衛（刑法36条）になるか、ロボットを遠隔操作する場合において、死角に入った人を傷害してしまう場合にどのような要件で過失が認められるか、どのような要件の下でユーザーとプラットフォームが共犯となるか等が問題となる（3.で述べたWinny事件最決（脚注44）も参照）。

刑法各論としてはなりすましと、詐欺や電磁的不正作出・供用、名誉毀損、または偽計業務妨害[*77]、乗っ取りと不正アクセス禁止法[*78]、賭博罪[*79]等が論じられている。

なお、立法論としてはアバターやロボットの保護が問題となる。例えば、ペットのようなロボットや身体の一部を構成するロボット等について、愛護動物や肉体と同様の保護を与えるべきではないかが問題となり得る。[*80]

---

*74　東崎＝近藤・前掲注14）46頁。令和4年改正により民事訴訟法133条以下に住所、氏名等の秘匿制度が導入されたことも参照。

*75　中崎・前掲注5）70-71頁および論点整理65頁以下。**第15章6.** も参照。

*76　西貝吉晃『メタバース刑法』の可能性」法セ2023年2月号40頁。例えばオンライン上のアバターを破壊する行為は器物損壊罪にはならず、また、具体的な内容次第で不正アクセス禁止法等の犯罪が成立しない可能性がある。

*77　論点整理43頁

*78　同上

*79　西貝・前掲注76）41頁

*80　なお、小名木明宏「科学技術時代と刑法のあり方──サイボーグ刑法の提唱」北法63巻5号（2013）524頁も参照。

7. まとめ

これら以外にも、消費者法（第13章）、AITuber（第14章）、労働法（第15章）等の重要な問題が存在する。

以上の鳥瞰を踏まえ、次章からは、いよいよ具体的な論点別の検討に入っていく。読者の皆様には、本書でCAの法律問題と称するものが単なる個別の法律問題の集合体に過ぎないのか、そうではなく「CA法」が存在するのか（終章）という問題についても頭に入れながら本書をお読みいただきたい。

第2編

人格権

....

　第1編第1章でCAと人格権について簡単に述べたものの、これはあくまでも概観に過ぎない。ここからの第2編では、主に人格権、すなわち名誉毀損（第3章）、プライバシー（第5章）、肖像権（第6章）およびなりすまし（第8章）を扱い、それに加えて、関連性が深い個人情報保護法（第4章）およびパブリシティ権（第7章）を扱うこととする。

第3章
CA 裁判例の総合的検討
——名誉毀損・名誉感情侵害を中心に——

1. はじめに

　本書第1編においては、〈CA と法〉の鳥瞰として、CA をめぐる法律問題を大雑把に挙げていった。本章からは、各論に入っていく。

　まず、CA についてこれまでの裁判例がどのような判断を下しているかを検討していきたい。ここで、広い意味における「メタバース」、例えば Web3 のような分野を含めて先例を探ると、例えば、暗号資産の流出関係の裁判例等が多数存在する[*1]。しかし、第1回でも述べたとおり、本書は、CA、つまりアバターにフォーカスするものである。よって、あえて暗号資産等の裁判例には触れず、主に CA と人格権に関する裁判例を検討したい。その結果、VTuber に関しては章末に列挙した 28 件の裁判例（章末の別表記載の【1】等の裁判例の番号と本文記載の番号は対応している）が存在するところ、その多くが名誉毀損・名誉感情侵害に関するものであることから[*2]、これらを中心に検討していきたい[*3]。

2. 名誉毀損・名誉感情侵害

　28 の裁判例の中では、名誉毀損および名誉感情侵害が争われたものが最も多かった。「にじさんじ」を運営する ANYCOLOR 株式会社およびホロライブ

[*1] 最も重要なのが最判令和6年7月16日裁判所 HP［NEM 判決］であろう。
[*2] なお別表1は 2023 年 6 月 13 日時点で、別表2は 2024 年 10 月 14 日時点で閲覧できた裁判例による。加えて、判決になっていない事案も、多数存在すると予想される。筆者が VTuber を代理して国際動画共有プラットフォームを名誉感情侵害で訴えた事案も、判決に行く前に円満に解決している。松尾剛行「プラットフォーム事業者によるアカウント凍結等に対する私法上の救済について」情報法制研究 10 号（2021）<https://www.jstage.jst.go.jp/article/alis/10/0/10_66/_article/-char/ja> 66 頁
[*3] なお、別表3において、当該28件以外の関連裁判例を列挙している。

を運営するカバー株式会社の連名で、VTuberに対する誹謗中傷に警鐘を鳴らす共同声明が公表されているところ、実際に多数のVTuberに対する名誉毀損・名誉感情侵害事件が発生している。このことが、この類型の裁判例が多数存在することの理由ともなっているものと思われる。

ここで、名誉毀損と名誉感情侵害について簡潔に説明すると、名誉毀損は、外部的名誉、すなわち、人に対して社会が与える評価（社会的評価）を問題とするもので、社会的評価が低下した場合に成立する。これに対し、名誉感情は自分が自分の価値について有している意識や感情を問題とするもので、社会通念上許される限度を超える侮辱行為であると認められる場合に不法行為等となるとされる。なお、事実摘示による名誉毀損における摘示内容が真実である場合の真実性の抗弁や、意見論評による名誉毀損における公正な論評の法理等の抗弁も存在する。[*5]

◆ (1) 同定可能性が問題となった事案　　まずは、同定可能性、すなわち、当該投稿が誰について述べているものかという点が問題となった事案について見ていこう。

ア　【17】大阪地判令和4年8月31日判タ1501号202頁　　裁判例のうち比較的有名なものが、本章で取り上げる28判決のうち唯一刊行物に掲載されている、【17】大阪地判令和4年8月31日である。この裁判例は、「宝鐘マリン」という名称を用い、VTuberとして活動する原告が、掲示板における投稿者の投稿によって名誉感情を侵害された等として、投稿者にかかる発信者情報の開示を求め、プロバイダーである被告を訴えた発信者情報開示請求事件である。この事案では、「仕方ねぇよ　バカ女なんだから　母親がいないせいで精神が未熟なんだろ」という投稿が社会通念上許される限度を超える侮辱であるか、および、その投稿が原告つまりVTuberの「中の人」である個人に対して向けられたものであるか（同定可能性）が問題となった（前者の問題につき、後

[*4] <https://files.microcms-assets.io/assets/5694fd90407444338a64d654e407cc0e/60de641278e94221910d4a452fc10cd1/%E5%85%B1%E5%90%8C%E5%A3%B0%E6%98%8E%E6%96%87.pdf>

[*5] 松尾・学習院37頁

述(2)アを参照)。

　後者の、同定可能性の問題につき、裁判所は「『宝鐘マリン』としての言動に対する侮辱の矛先が、表面的には『宝鐘マリン』に向けられたものであったとしても、原告は、『宝鐘マリン』の名称を用いて、アバターの表象をいわば衣装のようにまとって、動画配信などの活動を行っているといえること、本件投稿は『宝鐘マリン』の名称で活動する者に向けられたものであると認められる」として同定可能性を肯定した。

　この判示のうちの「アバターの表象をいわば衣装のようにまと〔う〕」という部分は、あくまでも生身の人間がキャラクター・アバターの表象をまとって動画配信をしている、いわゆるパーソン型については人格権侵害を認めやすいとする原田論文の議論(第1章3.(2))を意識したものと理解される。[*7]
[*6]

　ここで、本判決における、アバターと「中の人」の関係を比喩的に衣装のようなものとした認定が、あくまでも本件の具体的なアバターとその「中の人」の間の関係を踏まえたものであることについては、十分に留意が必要である。すなわち、裁判所は、「原告は、配信活動等を行うに当たっては、原告の氏名(本名)を明らかにせず、『宝鐘マリン』の名称を用い、かつ、原告自身の容姿を明らかにせずに架空のキャラクターのアバターを使用して、YouTubeに動画を投稿したり、ツイッターにツイートしたりしている。そして、『宝鐘マリン』であるとする架空のキャラクターを使用し、宝鐘マリンにつき、宝鐘海賊団の船長であるなどのキャラクターを設定しているものの、『宝鐘マリン』の言動は、原告自身の個性を活かし、原告の体験や経験をも反映したものになっており、原告が『宝鐘マリン』という名称で表現行為を行っているといえる実態にある」(強調筆者)という事実を認定しており、上記の同定可能性の認定の際には、かかる事実認定が前提とされている。

[*6]　原田伸一朗「バーチャルYouTuberの人格権・著作者人格権・実演家人格権」静岡大学情報学研究26号(2021)53頁

[*7]　原田・前掲注6)の論文を「参照しているものと思われる」とする原田伸一朗「バーチャルYouTuberとして活動する者に対する名誉感情侵害を認めた事例」TKC新・判例解説Watch民法(財産法)239号(2023)<http://lex.lawlibrary.jp/commentary/pdf/z18817009-00-032392286_tkc.pdf>注3参照。

原田論文の議論（第1章3.(2)）において、原田が「パーソン型」「キャラクター型」というVTuberの分類軸を提起しているように、一口にVTuberといっても、アバターと「中の人」の関係は必ずしも一律ではない。そして、様々なVTuberのあり方の中の一例として、「中の人」が一定の設定を付した上で、仮想空間において芸能活動を行う（例：YouTube等で実演を公表し、多くの視聴者やファンを獲得する）という場合が存在する。そして、人間の芸能人の中に「前地獄副大魔王にして悪魔教教祖」や「〇〇星出身のアイドル」等の設定を付して芸能活動を実施する者が存在するところ、その場合に、当該芸能人に対する誹謗中傷がなされれば、本人への誹謗中傷として同定可能性が肯定される。これと同様に、VTuberのうち「中の人」が一定の設定を付した上で、仮想空間において芸能活動を行うような場合、すなわち、「中の人」がいわば、バーチャルな衣装類似の位置づけのアバターをまとって芸能活動を行う、と認められる活動実体を持っている場合においても、単に、VTuberだという一事をもって同定可能性を否定すべきではないだろう。そして本判決は、このようなVTuberと「中の人」の間の具体的な関係を前提に、同定可能性を肯定する判断をしたものといえるだろう。

　そのような具体的な事案に即した判断であるからこそ、本判決がすべてのVTuberに対して直ちに名誉毀損事案や名誉感情侵害事案における同定可能性を認める趣旨のものではないことには、十分に留意すべきである。

　イ　【14】東京地判令和4年7月1日（D1-Law29073480）　本判決でも、VTuberたる原告に対する投稿が原告に対する名誉感情侵害となるかが問題となった（名誉感情侵害の問題につき、後述(2)イ参照）。

　同定可能性に関し、裁判所は、「一般閲読者の普通の注意と読み方を基準にすれば、いずれも、キャラクター自体ではなくVtuber〔ママ〕としての『X'』を話題とする内容であるといえるから、『X'』として活動する原告に関する投稿であると認めるのが相当である。原告の氏名や住所等、原告の特定に資する情報が述べられていないことをもって、同定可能性が認められないとする被告の主張は採用できない」として、同定可能性を肯定している。

　ここで、本件において問題となった投稿の内容が、原告であるVTuberが、

かつて精神的に不調をきたしたところ、「もう一回心が壊れた方がいい」旨を述べるものであったことに注目すべきであろう。ここで、精神的不調をきたしたのはまさに「中の人」たる原告であった。すなわち、投稿の文脈から、それが「中の人」に対するものであることが判明する事案であったことから、比較的あっさりと同定可能性が認められている。

　ウ　【8】東京地判令和3年12月17日（D1-Law29068269）　本判決ではVTuber兼YouTuberである原告に対する投稿が名誉毀損や名誉感情侵害であるかが問題となった（名誉感情侵害の問題は後述(2)ウ、名誉毀損の問題は後述(3)アをそれぞれ参照）。

　同定可能性については、原告がVTuberとしてだけではなくYouTuberとしても活動していたことから、「『vtuber〔ママ〕』と対比する形で『X'さん』の言動に言及する内容であるところ、原告は『X'』の名義でユーチューバーとして活動するとともに、ホロライブプロダクションに所属して『X''』名義でバーチャルユーチューバーとして活動しており……、その事実がインターネット上で明らかにされていること……を踏まえると、本件記事2は、『X'』及び『X''』名義で活動している原告を対象とする表現であると認めるのが相当である」と認定して同定可能性を肯定している。

　このようにVTuberとしてだけではなく、YouTuberとしても活動していれば、同定可能性を比較的容易に肯定することができるだろう。

　エ　【2】東京地判令和3年4月26日（D1-Law29064372）　VTuberである原告に対する掲示板上の投稿の名誉感情侵害の有無が問題となった本件において、裁判所は、「『C』の動画配信における音声は原告の肉声であり、CGキャラクターの動きについてもモーションキャプチャーによる原告の動きを反映したものであること……、『C』としての動画配信やSNS上での発信は、キャラクターとしての設定を踏まえた架空の内容ではなく、キャラクターを演じている人間の現実の生活における出来事等を内容とするものであること……も考慮すると、VTuber『C』の活動は、単なるCGキャラクターではなく、**原告の人格を反映したものであるというべきである**」（強調筆者）として、同定可能性を認めた。

ここで当該判決は、「原告の人格を反映したもの」であるかどうかを問題としている。確かに、アニメキャラのような架空の人格であれば名誉感情侵害等の人格権侵害は認められないという当該判決の判断の背景にあるであろう一般論は支持することができる[*8]。しかし、常に一人の「中の人」の「人格」を反映しなければ同定可能性が否定されるべきかについては、さらに議論を深めることが必要であろう[*9]。

　オ　【D】東京地判令和5年5月25日　　本判決は、名誉感情侵害について、「B」として活動している原告の氏名が特定されていなくとも、「B」として活動している者として原告自体は特定されているといえるから、本件記事は原告に対して向けられたものと認められるとした。近年、少なくとも名誉感情侵害については、簡単に同定を認める見解が有力であり[*10]、この流れを汲む判決と評することができるだろう。

　カ　【F】東京地判令和4年12月14日　　本判決は脅迫事案の同定可能性を肯定した。すなわち、原告は、「C」というキャラクターを演じてVTuberとして活動していることが認められるところ、本件投稿は、対象者の生命または身体に対する危害を加える旨の内容であり、原告が「C」としてツイッターでした投稿に返信する方法により、「お前」などと呼びかけながら投稿をしていることからすると、「C」というCGで描かれたキャラクターに実在の身体はない以上、その背後の「C」として活動する実在の個人である原告を対象とするものというべきであるとした。これは脅迫という侵害の性質に即した判断といえるだろう。

◆(2)　社会通念上許される限度を超える侮辱であるかが問題となった事案

　ア　【17】大阪地判令和4年8月31日　　上記【17】大阪地判令和4年8月31日においては、社会通念上許される限度を超える侮辱であるかも問題となっ

[*8]　なお、「キャラクターの名誉権・同一性保持権……は……むしろキャラクターという存在に対する適切な取り扱いを求める倫理として機能し得る概念」とする原田伸一朗「キャラクターの名誉権・同一性保持権―キャラディス・キャラ改変からのキャラクターの保護」翻訳の文化／文化の翻訳18巻別冊（2023）<http://doi.org/10.14945/00029542>141頁も参照。

[*9]　この点については松尾・学習院57頁以降、特に58頁参照。

[*10]　松尾・学習院48-49頁

た。

　この点について、裁判所は、「『バカ女』『精神が未熟』というように分断して捉えるのではなく、本件投稿の内容を一体として捉えつつ、その表現が見下すようなものになっていることや、成育環境に問題があるかのような指摘までしていることをも踏まえれば、特段の事情のない限り、本件投稿による侮辱は、社会通念上許される限度を超えるものであると認められる」とした上で、特段の事情もないとして、社会通念上許される限度を超える侮辱であるとした。

　投稿に含まれる単語を分断するのではなく、文脈全体から、それが社会通念上許される限度を超えるか否かを検討するというアプローチは名誉感情侵害に関する一般的なアプローチである。

　イ　【14】東京地判令和4年7月1日　　上記【14】東京地判令和4年7月1日においては、2つの問題となった投稿のうち1つが社会通念上許容される限度を超える侮辱行為だとされ、もう1つが社会通念上許容される限度を超える侮辱行為ではないとされたことが興味深い。

　まず、「もう一回心が壊れた方がいい」旨を述べる投稿については、原告がかつて精神的に不調をきたし、活動を休止した期間があったこと、原告がその当時、「心が壊れた」旨を投稿したことを踏まえ、上記事実に関連づけて、当該VTuberが「もう一回心が壊れた方がいい」と述べるものであるといえるから、社会通念上許容される限度を超えて、原告の名誉感情を侵害するものであるというべきとした。

　次に、「気持ち悪い」という投稿は、原告や女性VTuberに対する嫌悪感を示すものであるといえるが、具体的な事実を摘示することなく単に抽象的に「気持ち悪い」と指摘するにとどまるもので、社会通念上許容される限度を超える侮辱行為であるとまでは認められないとした。

　最判平成22年4月13日民集64巻3号758頁は、（傍論ではあるものの）投稿が社会通念上許される限度を超える侮辱行為であると認められるかの判断において、「本件書き込み中、被上告人を侮辱する文言は上記の『気違い』という表現の一語のみであり、特段の根拠を示すこともなく、本件書き込みをした者の意見ないし感想としてこれが述べられていることも考慮すれば、本件書き

込みの文言それ自体から、これが社会通念上許される限度を超える侮辱行為であることが一見明白であるということはでき〔ない〕」としている。

　そして、上記のとおり、【14】も、抽象性や繰り返しの有無、そしてその前提や背景となる事実を踏まえて特定の名誉感情侵害投稿が社会通念上許容される限度を超えたものかを検討するというアプローチを採用しているところ、これは最高裁も採用するアプローチと同様のものといえるだろう。

　　ウ　【8】東京地判令和3年12月17日　　上記【8】東京地判令和3年12月17日では、VTuberである原告に関して、掲示板上で行われた投稿について、原告の容姿などを揶揄する、原告の発達障害を指摘し、原告の言動を揶揄する、原告が知的障害を有する者である旨指摘を行う等であって、原告の名誉感情を侵害することが明らかとした。

　確かに、それが揶揄であるというだけでは、必ずしも直ちに社会通念上許容される限度を超えるものではないだろう。しかし、本件では、その具体的内容が容姿、発達障害および知的障害等に関するものであることも勘案して、社会通念上許容される限度を超えたと判断されたのだろう。

　　エ　【4】東京地判令和3年9月8日（D1-Law29066422）　　本判決では、ゲーム実況等を行うVTuberである原告について、原告同様に本件事務所に所属するVTuberである「F」や「E」と比較して、「ゴミ」であるとか、「ただのうるさいババアじゃん」などというものであって、原告を、「かまってちゃん」であるといい、「E＞＞＞＞メンヘラおばさん」であるとして、原告がEよりも劣っているという感想を述べ、「かまってちゃん」、「メンヘラおばさん」などとして揶揄する投稿が問題となった。裁判所は、「穏当さを欠く表現であって原告が不快な感情を抱くことは否定できないものの、これが社会通念上許容される限度を超える侮辱行為であって原告の人格的利益を侵害することが明らかであるとまでいうことはできない」等として、いずれも違法な名誉感情侵害ではないとした。[*11]

　裁判所は、これらの投稿について、「結局、原告のゲームスタイルがうるさ

---

*11　なお、このように社会通念上許容される限度を超えて名誉感情侵害があることが明らかとはいえないと認めたため、同定可能性は議論されていない。

くて嫌いだということをいうものと解されるところであって、単なる好悪の情を示しているにすぎない」としている。このような判断の背景には、原告自身がVTuberとして実演を全世界に配信している以上、それを嫌う人は出てくるものであり、原告を嫌いである旨を述べる投稿がされただけで直ちに社会通念上許容される限度を超えるとはいえない、という考えがあるのだろう。[*12]

オ 【3】東京地判令和3年6月8日（D1-Law29065053）　このような【4】の裏にあると考えられる理解をより直截に述べたのが【3】東京地判令和3年6月8日である。

本判決では、VTuberに対する、掲示板上の「X'てまじで慢心すごいわ成金の品のなさ出てるな」という投稿が問題となった。

裁判所は、「慢心」、「成金」、「品がない」などの感想を一部の者が抱くことはあり得ることであって、その表現も、原告に対し否定的ではあるものの、原告個人の具体的なエピソードや家庭環境などをもとに人格攻撃しているものとも解されないから、表現者として作品を提供する原告として受忍すべき限度の範囲内にあるというべきであるとした。[*13]

ここで、裁判所は、そのような判断の前提となる一般論として、「配信動画に限らず、芸術・芸能作品に対する批評は最大限保障されるべきであることはいうまでもなく、かつ、不特定又は多数である社会一般に作品を提供する者は、その帰結として肯定的・否定的な批評を受けること自体は当然甘受すべきものであるから、その批評が人身攻撃に及ぶなど批評（意見ないし論評）の域を逸脱しているなどの場合を除き、不法行為を構成するとはいえないというべき」としている。

VTuber自らが実演を公表し、世の中に自らの実演を問うている以上、それに対する批評自体はあり得るものである。そこで、単にネガティブな意見・感想だからといってそれが直ちに社会通念上許容される限度を超えるものではな

[*12] そのような考え方そのものは理論的には十分に理解できるが、具体的当てはめとして、既に人格非難の域に達しているのではないか、という点は留意が必要なように思われる。

[*13] 少なくともこの侮辱が問題となった投稿については同定可能性は検討されていない。なお、別の投稿によるプライバシー侵害に関する判断については、その他の【3】に関する説明を参照のこと。

い。そこで、このような理を述べる限りで、本判決は支持できるだろう。

　カ　【2】東京地判令和3年4月26日　　それでは、いかなる場合に、その批評が人身攻撃に及ぶなど批評（意見ないし論評）の域を逸脱しているなどとして、社会通念上許される限度を超えたといえるのだろうか。この点については、上記【2】東京地判令和3年4月26日が参考になる。

　本件は、VTuberに関する掲示板上の投稿が原告の名誉感情を侵害するものであったとして、発信者情報の開示が請求された事案である。この事案において、問題となる投稿は、VTuberである原告自身の実演の中で、原告が食事を食べ残したことについて、スレッド内で批判的な投稿が続いている中で行われた。そして当該投稿は、単にそのようなエピソードを批判するのみならず、「片親だから」、「オヤナシだから」、「母親が居ないから」などとして、その行動を原告の生育環境と結びつける形で批判するものであった。

　裁判所は、「原告が父子家庭であることは事実である一方で、『C』について、母親がいないとのキャラクター設定は存在しないものと認められる……から、このような事情の下で、あえて生育環境と結びつけてまで原告を批判する本件各投稿は、単なるマナー違反等を批判する内容とは異なり、社会通念上許される限度を超えて原告を侮辱するものとして、その名誉感情を侵害することが明らか」とした。

　要するに、単なる実演の内容に対する批判（マナー違反という批判）を超え、生育環境と結びつけて批判するというのは、さすがに行き過ぎだ、というものであり、VTuberの実演に関連して行われた批判的言動について社会通念上許される限度を超えるとされるラインを理解する上で参考になるだろう。

　キ　【B】東京地判令和6年1月18日　　本判決は、不穏当な発言をVTuberが行ったことから、それを戒めるものとして「普通にキモいよ」や「自分の年齢考えて！」という意見を述べることが、社会通念上許される限度を超える侮辱行為であることが明らかであるということはできないとした。上記オと類似する判断といえよう。

　ク　【D】東京地判令和5年5月25日　　本判決は、本件記事は「生きてる意味ないって事だよ」というものであって、VTuberである原告の表現者とし

ての存在自体を全否定するものといえ、正当な論評の域を超えており、社会通念上許容される限度を超えて名誉感情を侵害するとした。名誉毀損のいわゆる公正な論評の法理の要件である「論評の域」の議論は必ずしも本判決で問題となった侮辱にそのままあてはまるものではないものの、他の裁判例に類似の判断をしたものもあることに留意が必要である。[*14]

ケ 【H】東京地判令和4年11月29日　本判決は、「Vアイドル相互の関係性や、人気の指標となるような類の数字ばかりに固執し、ゴリラのような知能と容姿の気色が悪い人物であるという個人の感想又は評価を記載した」ことは「対象者を一定程度蔑み、罵る類のものであるといえるものの、抽象的な一個人の感想に過ぎず、その表現行為の態様、程度が著しく侮辱的であって、社会通念上許される限度を超えるものとまで認めることはできない」とした。これも上記オと類似する判断である。

コ 【I】東京地判令和4年10月28日　本判決は、原告であるVTuberが「ヤバい」という記述と動画へのリンクが示された事案について、18分の動画の一部に係る原告に対する発言内容がこのリンクをもって摘示されたとはいえず、「ヤバい」等は社会通念上許容される限度を超えて原告の名誉感情を侵害するような表現ではないとした。動画の内容が摘示されていないと認定・判断された以上、この結論に至ると思われる。[*15]

◆(3) 社会的評価の低下の有無が問題となった事案

ア 【8】東京地判令和3年12月17日　上記の【8】東京地判令和3年12月17日では、原告が金銭の提供と引き換えに性的なサービスを提供している旨の事実を摘示した投稿について原告の名誉を毀損することが明らかとした。

これまでの裁判例の傾向からすればこのような摘示については、社会的評価の低下が認められやすいだろう。[*16]

[*14] 厳密にいうとこれとは逆の、意見ないし論評としての域を逸脱したとはいえないことにも照らすと、「クソ野郎」との表現が社会通念上許容される限度を超える侮辱行為に当たるとまではいえないとした東京高判令和6年3月13日Westlaw2024WLJPCA03136001および松尾剛行「判批」WestlawJapan判例コラム321号 <https://www.westlawjapan.com/column-law/2024/240618/> も参照。

[*15] いわゆるリンクについては松尾＝山田・インターネット名誉毀損346頁以下参照。

[*16] 松尾＝山田・インターネット名誉毀損125-126頁

イ 【I】東京地判令和4年10月28日　前述(2)のとおり、動画の内容を摘示していないという認定を前提に、「ヤバい」との表現のみでは、いかなる事実を摘示しているか判然とせず、肯定的であるか否定的であるかについても当該表現からは判断することができず、社会的評価を低下させないとした。

◆(4) その他　その他のVTuberに関係する名誉毀損・名誉感の裁判例を列挙する。ただし、以下の裁判例は必ずしもVTuberそのものの名誉毀損・名誉感情侵害の有無が直接問題となってはいないことに留意されたい。

ア 【19】知財高判令和5年3月9日裁判所HP（令和4年（ネ）第10100号）等
本判決は、VTuberの所属事務所が著作権を有しているVTuberのイラストやその動画について、侵害者が、それを素材に、キャラクターの両目の下にそれぞれ涙の絵柄を付し、また、キャラクターの顔の周りに首つり用の縄の絵柄を付し、さらに、「死ぬ」および「ぺこ」との文字を付したいわゆるコラージュ画像をTwitter（当時）のサーバーにアップロードして複製したことを複製権侵害とした。

そして、所属事務所が二次創作について当該キャラクターの名誉ないし品位を傷つける行為をしないことなどを条件として、非独占的に許諾するという規約を定めていたところ、当該二次創作ではキャラクターが自殺しようとしており、かつ、その様子を自ら配信しているというものであると認められることからキャラクターの名誉ないし品位を傷つけるものとした。

本判決は、少なくとも直接的には名誉毀損や名誉感情侵害が争われている事案ではないものの、自殺が名誉を傷つけるかが問題となり、「社会通念上、自殺が否定的な印象を持って受け止められていることは明らかであるから、控訴人〔引用者注：VTuberの所属事務所。以下同じ〕キャラクターが自殺しようとしている様子を描く本件画像の作成等を行うこと自体、控訴人キャラクターの名誉を傷つけるものといえるし、自殺の様子を自ら配信するという行為に至っては、控訴人キャラクターの品性が疑われるものであるといわざるを得ないから、控訴人キャラクターが自己の自殺の様子を配信している様子を描いているという点でも、本件画像の作成等を行うことが控訴人キャラクターの名誉ないし品位を傷つけるものであることは明らか」と認定した。

確かに、自殺を不名誉と理解すべきではない、というような考えもあり得るところである。この点、「部落出身者」「精神病者」「同性愛者」等に否定的評価を与えるという日本社会の風潮自体が不当な「差別」であって、このような事項を摘示したからといって、対象者の社会的評価が低下したというべきではないという見解も存在する。しかし、伝統的には、社会に偏見・差別が現に存在する以上、そのような事実を摘示されれば社会的評価が現実に低下するのであるから、なお名誉毀損に当たるとしており、裁判例もそのような傾向である。[*17] 本判決は、（生身の人間ではないVTuberであるという特徴はあるものの）「自殺」においてこれらと同様の判断を行ったものと理解される。

なお、【18】東京地判令和5年1月31日裁判所HP（令和4年（ワ）第21198号）も同様の事案であるが、「暴力的な表現」に該当するとされており、名誉ないし品位を傷つける行為については判断されていない。

イ 【15】東京地判令和4年7月19日（D1-Law29073241）等　本判決は、ゲーム制作活動をする原告がVTuberとトラブルになり、「うーんガイジ…」等という投稿がされたところ、これは原告のことを障害を持つ児童として、SNS上の原告に対する誹謗中傷に乗じて、原告を侮辱するものとみることができ、かかる表現態様に照らし、原告がゲーム公開等を行う者であることを前提としても、このような侮辱までも甘受すべきものとはいえないとし、原告の名誉感情を侵害する侮辱表現として権利侵害の明白性があるとした。

【10】東京地判令和4年3月18日（D1-Law29070168）も同様である。[*18] ここで、【G】東京地判令和4年12月14日（Westlaw2022WLJPCA12148009）は、同様の事案における「ガイジ」について、2投稿について開示を命じ、2投稿について開示を否定した。すなわち、「ガイジ」を見るに堪えない振る舞いをする非常識な者を指し、罵りや揶揄が込められた言葉と認定して、社会通念上許される限度を超える侮辱行為とした。しかし、同定可能性において個々の投稿を

---

*17　松尾＝山田・インターネット名誉毀損104頁
*18　加えて、「原告が『ゴミ』であるとするものであるところ、これは、汚い、不要などといった趣旨で侮蔑するものであるといえ、社会通念上許される限度を超える侮辱行為に該当し、原告の名誉感情を侵害することが明らかである」との判断もされている。

検討し、それが原告に関するものだと認められる2投稿について名誉感情侵害を理由に開示を命じ、そうではない2投稿について開示を否定した。

ウ 【13】東京地判令和4年4月7日（D1-Law29070571） 本判決ではVTuberとトラブルになったゲーム制作者である原告が、VTuberを讃える投稿と、VTuberを毛嫌いする投稿を行っており、その複数の投稿間に矛盾があった。そのことをもって投稿者が「精神分裂症」と表現した投稿をしたことが社会通念上許容できない名誉感情侵害かが問題となった。

裁判所は、「本件投稿を読んだ通常の読者は、……本件投稿の対象となっている者が、事実として、『精神分裂症』を患っているとは理解しないものといえ、そうであるとすると、本件投稿は、揶揄的な表現であることは否定はできないものの、意見として全く不適格なものとまではいえず、また、あくまでも比喩表現であることも考慮すると、社会通念上許容できない程度を超えた名誉感情の侵害が生じるものとはいえない」とした。

確かに原告は自ら元となる投稿をしており、その内容が矛盾していた。それに対し、その間の投稿が矛盾しているという趣旨の投稿がされること自体は、言論の自由市場に身を置いた以上は甘受すべきだろう。しかし、それを超えて「精神分裂症」といった人格攻撃ともいえる投稿についてまで甘受すべきかについては、やや疑問が残らなくもない。[*19]

エ 【12】大阪地判令和4年3月31日裁判所HP（令和3年（ワ）第5988号）等

本判決ではVTuber事務所公式の漫画家を務めていた原告が、VTuber事務所の対応に激怒してSNSや動画配信サイトでVTuber事務所を批判したところ、被告である電気通信事業者が管理するサイト上で、原告の一連の行為に関する投稿がなされ、発信者情報の開示の可否が争われる中、当該投稿が名誉毀損に当たるかが問題となった。当該投稿は、VTuber事務所に対して原告が激怒した原因が、VTuber事務所との契約締結後に、VTuber事務所に対し、当該事務所のVTuberを同人誌で描いてもよいかと尋ねたところ、なるべく控えて欲しいと言われたことであるという旨を摘示していた。また、漫

---

*19 ただし、当該表現が投稿された文脈が、通常の読者が「精神分裂症」を患っているとは理解しないという文脈であることはこの判決も前提としている。

画の反響の大きさやVTuber事務所のVTuberの市場の大きさを考慮すると、取り分が少ないように感じたため、原告がVTuber事務所に交渉したが応じてもらえなかったことや、原告が今後の漫画の取り分を何％か貰う権利があると思ったが聞き入れられなかったことなどを摘示していた。裁判所は、当該投稿が、閲覧者に対し、原告が、いったん成立した契約内容の条件変更を求め、それが聞き入れられないと激怒し、合理的な理由なく一方的に相手方を非難する理不尽な人物であるとの印象を与えるものである等として、名誉毀損を認めた。[20]

このような判決の認定の限りでは、名誉毀損を認めたこと自体は理解できるものの、本判決は同時にかかる投稿が「社会通念上許容される限度を超えて原告を侮辱するものと認められる」として名誉感情侵害をも認定している。この点は具体的投稿の表現方法に基づくと理解されるものの、判決文だけからはよく理解できないところである。

ここで、【9】東京地判令和4年2月15日（D1-Law29069354）も、【12】大阪地判令和4年3月31日と類似した背景事情の下で投稿された投稿に関し、【12】と真逆の判断を行っている。この判決で問題となった投稿は、VTuber事務所公式の漫画家を務めていた原告が、VTuber事務所から受託した業務について、予想以上に反響が大きかったことなどから、報酬の増額等についてVTuber事務所と交渉をしたものの、奏功しなかったという事実を摘示したにとどまり、原告がVTuber事務所との合意を反故にし、後になってから不平不満を述べて条件交渉をする人物であるという事実を摘示したものとは解されない、と裁判所は判断した。その結果として、原告の社会的評価を低下させる事実を摘示したものとまでは認められないという【12】と真逆の判断となった。[21]

なお、【7】東京地判令和3年11月30日（D1-Law29067949）も類似事案であ

---

[20] 「金でもめたってことやな。そういうの表にだすなよ。」という表現は判決文から読み取れるものの、それが直ちに社会通念上の許容限度を超える侮辱かは不明である。

[21] 参考まで、本判決においては、別の投稿も問題となった。この別の投稿では、原告を「地雷」または「ゴロ」と表現し、また、「ガイジゴロ」または「池沼」と表現していた。裁判所は、これらは障害者に対する蔑称として使われる言葉であり、これらの投稿は原告を無闇に侮蔑し、社会通念上の許容範囲を超える侮辱行為として、原告の名誉感情を侵害するものと認められるとした。

るものの、名誉毀損を肯定する判断をしている。【7】においては、「事後的な状況を踏まえて再交渉すること自体が不当なこととはいえないにせよ、合意が成立している以上その交渉がまとまらないことが相手方との関係を解消したり、激しい怒りを表明する合理的な理由にはならないと考えられる」とし、そのことからすれば、【7】の事案で問題となった投稿は、一般閲覧者に、原告が、VTuber 事務所に何ら非がないにもかかわらず、一方的に報酬の増額を要求し、その要求が通らないと分かると、激しく怒り、VTuber 事務所との関係を一切解消する旨を宣言するという理不尽な対応をしたとの印象を抱かせるものであり、原告の社会的評価を低下させるものとした。

　名誉毀損に関し、以上の 3 判決を検討するに、【12】と【7】は社会評価低下を肯定し、【9】は否定している。ここで、【12】はいったん成立した契約内容の条件変更を求め、それが聞き入れられないと激怒し、合理的な理由なく一方的に相手方を非難する理不尽な人物であるとの印象を与えるものとして、理不尽性を印象付ける事実摘示であったと認定され、また、【7】でも同様に理不尽性が認定されていることが重要であろう。反面、【9】は単に VTuber 事務所と交渉をしたものの、奏功しなかったという事実を摘示したものにとどまるとされた。背景事情は類似していても、どこまで踏み込んだ内容まで摘示しているかによって結論が分かれたものと理解すべきだろう。

　オ　【11】大阪地判令和 4 年 3 月 31 日裁判所 HP（令和 3 年（ワ）第 5989 号）
本判決は VTuber とトラブルになった同人誌作家の原告について、気持ち悪い、背が小さい、気持ち悪すぎる、女全員より小さいなどと、原告の身体的特徴や外見について揶揄するものであるところ、原告の名誉感情が侵害されたことが明らかとした。もし気持ちが悪いという投稿が単独でなされていたのであれば、上記【14】東京地判令和 4 年 7 月 1 日等を踏まえると、それだけの投稿をもって社会通念上の許容範囲を超えたと認めるべきか疑問があるものの、それ以外を含む総合的な判断であれば理解可能である（なお、【11】の判決文からは「気持ちが悪い」という投稿の前後の文脈は判然としない）。

　カ　【E】東京地判令和 5 年 5 月 24 日　　本判決では多数の投稿が問題となったが、原告のハンドル名である X を利用して、「いろんな Vtuber〔ママ〕さん

にXはブロック推奨であることが広まるといいな」という投稿に関する名誉毀損の問題を取り上げたい。

まず、社会的評価の低下につき、裁判所は、原告が問題のある人物であり、関わりを持たないほうがよいという印象を与えるものであり、原告の社会的評価を低下させるものであるといえるとした。

その上で、正当な論評の法理の抗弁の成否について、誹謗中傷する投稿を繰り返していたことからすると、原告を人格的に攻撃するために行われたものであるといえ、意見または論評としての域を逸脱したものであると評価することができ、他の要件について検討するまでもなく違法性は阻却されないとした。

真実性を問題とするまでもなく、繰り返される誹謗中傷から、意見・論評の域を逸脱したとするところ、通常主観要素は公益性で検討することからは、やや特異性がある判断といえよう。[22]

◆(5) 小括　　以上、VTuber 関連の名誉毀損・名誉感情侵害に関する判決を概観したところ、VTuber と「中の人」の同一性ないし同定可能性がまずは重要な論点となっている（前述 (1) 参照）。また、VTuber が YouTuber 等と同様に公に実演を行い、それを多くの視聴者が視聴することを前提に、そのような VTuber の性質から、一定範囲の実演に対する論評や批判は甘受すべきであるとされ、その観点からは単なる純粋な一般私人よりは名誉感情侵害等が成立しにくくなっている（前述 (2)、とりわけエ以下参照）。もっとも、それでも、いわゆる人格攻撃の域に達しているものについては名誉毀損・名誉感情侵害を成立させていることが重要であろう（前述 (2)、とりわけカ参照）。

3. その他

最後に、その他の VTuber 関連裁判例を概観したい。

【16】東京地判令和 4 年 8 月 18 日（LEX/DB25606979）は、VTuber と紛争が生じた同人誌作家である原告に対し、「今さら擦り寄ってもおせーよ」などと、やや乱暴な表現で原告を非難した上で、「こいつの息の根を止めてやる」とし

---

[22]　松尾 = 山田・インターネット名誉毀損 216 頁以下および 306 頁以下参照。

て、原告が今後活動することができない状態にするつもりである旨の意思を強い表現で表明したことをもって、原告に身体的または精神的な危害を加えることを示唆するものであって、社会通念上許される限度を超えて原告を畏怖させるものであり、原告の自由な意思決定を阻害するとした。[*23]

【6】東京地判令和3年10月21日（LEX/DB25602823）は（原告が）VTuberを誹謗中傷するのが趣味だという旨の投稿が問題となった発信者情報開示請求事件であるところ、プロ責法の論点のみについて判断され、原告の発信者情報開示請求が棄却された。

【5】東京地判令和3年9月9日（D1-Law29066483）は、VTuberの未公開動画を閲覧できるURLが掲示板に投稿されたことにつきVTuber事務所運営企業の営業権侵害が認められた。

上記【3】東京地判令和3年6月8日においては、侮辱について権利侵害が否定されているものの、VTuberである原告の顔写真が電子掲示板に投稿されたことにつき、原告のプライバシーを侵害するものであったとして、写真に関する発信者情報の開示が認められた。

【1】東京地判令和2年12月22日（D1-Law29063051）は、VTuberである原告の本名と年齢を明らかにする内容を電子掲示板に投稿したことにつき、原告のプライバシーを侵害するものであったとした。

【A】知財高判令和6年3月27日裁判所HP（令和5年（行ケ）第10131号）はホロライブを運営するカバー社が「hololive indonesia」商標を出願したところ、インドネシアで生産された等という商品または役務の質の誤認を生じさせるとして、商標法4条1項16号を理由として商標登録は拒絶されるべきものとした。

【B】東京地判令和6年1月18日（Westlaw2024WLJPCA01189002）は、上記2(2)の侮辱の論点以外にもプライバシー侵害、著作権侵害および氏名表示権侵害を検討した上で、いずれの権利侵害の主張も認められないとした。

【C】大阪地判令和5年9月25日裁判所HP（令和5年（ワ）第5818号）は、

[*23] 「息の根を止めてやる」という部分はホロライブのキャッチコピーである「とまらない」という言葉と掛けたものに過ぎない旨主張するが、そのような事情は上記結論を左右しないともされている。

VTuberのイラストを一部改変した画像の投稿が複製権および公衆送信権を侵害するとした。

4．小括

以上 28 判決を検討してきたが、VTuber に関する司法判断は既に名誉毀損・名誉感情侵害を中心に行われているところ、それらの判決の多くは、これまで作られてきた判例法理をいかに具体的事案に当てはめるか等の観点から、VTuber の同定可能性や、侮辱行為の社会通念上の許容範囲超過の有無、そして社会的評価低下性等を検討している。

もっとも、本章はあくまでも 2024 年 10 月 14 日時点において、D1-Law、WestlawJapan、LEX/DB および判例秘書（順不同）という 4 つの商用データベース上で検索可能な裁判例を検討したものに過ぎない。そして、上記の、VTuber に対して誹謗中傷をしないよう求める共同声明の後も、VTuber に対するインターネット上の誹謗中傷事案は引き続き散見されるところである。そのこと自体は大変遺憾ではあるものの、逆に CA 法の発展という意味では、今後も引き続き判断が蓄積されていくことが予想されるともいえるかもしれない。筆者も引き続きこれを注視し、研究を続けていきたい。

別表1：本書で扱う判決のうち、CA 連載において挙げたもの

- 【1】東京地判令和 2 年 12 月 22 日（D1-Law29063051、Westlaw2020WLJPCA12228030、LEX/DB25587058）
- 【2】東京地判令和 3 年 4 月 26 日（D1-Law29064372、Westlaw2021WLJPCA04268004、LEX/DB25589610、判例秘書 L07633036）
- 【3】東京地判令和 3 年 6 月 8 日（D1-Law29065053、Westlaw2021WLJPCA06088006、LEX/DB25601016、判例秘書 L07630831）
- 【4】東京地判令和 3 年 9 月 8 日（D1-Law29066422、LEX/DB25601713）
- 【5】東京地判令和 3 年 9 月 9 日（D1-Law29066483、Westlaw2021WLJPCA09098009、LEX/DB25602029）
- 【6】東京地判令和 3 年 10 月 21 日（LEX/DB25602823）
- 【7】東京地判令和 3 年 11 月 30 日（D1-Law29067949、Westlaw2021WLJPCA11308035、LEX/DB25602734、判例秘書 L07631820）

- 【8】 東京地判令和 3 年 12 月 17 日（D1-Law29068269、Westlaw2021WLJP CA12178011、LEX/DB2560250、判例秘書 L07632132）
- 【9】 東京地判令和 4 年 2 月 15 日（D1-Law29069354、LEX/DB25603566）
- 【10】 東京地判令和 4 年 3 月 18 日（D1-Law29070168、LEX/DB25604574、判例秘書 L07730982）
- 【11】 大阪地判令和 4 年 3 月 31 日裁判所 HP（令和 3 年（ワ）第 5989 号）
- 【12】 大阪地判令和 4 年 3 月 31 日裁判所 HP（令和 3 年（ワ）第 5988 号）
- 【13】 東京地判令和 4 年 4 月 7 日（D1-Law29070571、LEX/DB25605297）
- 【14】 東京地判令和 4 年 7 月 1 日（D1-Law29073480、Westlaw2022WLJP CA07018015、LEX/DB25606878）
- 【15】 東京地判令和 4 年 7 月 19 日（D1-Law29073241）
- 【16】 東京地判令和 4 年 8 月 18 日（LEX/DB25606979、Westlaw2022WLJP CA08188003、D1-Law2973948）
- 【17】 大阪地判令和 4 年 8 月 31 日判タ 1501 号 202 頁
- 【18】 東京地判令和 5 年 1 月 31 日裁判所 HP（令和 4 年（ワ）第 21198 号）
- 【19】 知財高判令和 5 年 3 月 9 日裁判所 HP（令和 4 年（ネ）第 10100 号）

別表 2：本章で取り上げる裁判例のうち、CA 連載掲載後に確認できたもの

- 【A】 知財高判令和 6 年 3 月 27 日裁判所 HP（令和 5 年（行ケ）第 10131 号）
- 【B】 東京地判令和 6 年 1 月 18 日（Westlaw2024WLJPCA01189002、LEX/DB25573323、D1-Law28320330）
- 【C】 大阪地判令和 5 年 9 月 25 日裁判所 HP（令和 5 年（ワ）第 5818 号）
- 【D】 東京地判令和 5 年 5 月 25 日（LEX/DB25599565、D1-Law29078986）
- 【E】 東京地判令和 5 年 5 月 24 日（LEX/DB25611477）
- 【F】 東京地判令和 4 年 12 月 14 日（LEX/DB25608239、判例秘書 L07733287、D1-Law129075194、松尾・学習院 55 頁参照）
- 【G】 東京地判令和 4 年 12 月 14 日（Westlaw2022WLJPCA12148009、LEX/DB256079322、D1-Law29075135）
- 【H】 東京地判令和 4 年 11 月 29 日（LEX/DB25607849、D1-Law29074922、松尾・学習院 55 頁参照）
- 【I】 東京地判令和 4 年 10 月 28 日（LEX/DB25598467、Westlaw2022WLJPCA10288034、D1-Law29076613）

別表3：その他本章で取り上げない裁判例

神戸地判令和6年1月11日（Westlaw2024WLJPCA01116003、判例秘書L07950047、D1-Law28320659）：犯人の防犯カメラと被告人の全身像写真から作成した三次元アバターを使用して、身長および体格・体型の異同識別を行った

知財高判令和4年11月29日裁判所HP（令和4年（ネ）第10008号）：アバターに関する特許権が無効として損害賠償請求を棄却（東京地判令和3年12月9日裁判所HP（令和元年（ワ）第25121号）の控訴審）

知財高判令和4年11月29日裁判所HP（令和3年（行ケ）第10027号）：アバターに関する特許の進歩性を肯定

東京地判令和4年9月2日（D1-Law29074605）：VTuberアンチスレッドにおける誹謗中傷に関する判断

東京地判令和4年8月10日（D1-Law29073832）：VTuberアンチスレッドにおける誹謗中傷に関する判断

東京地判令和4年2月3日（Westlaw2022WLJPCA02038015、LEX/DB25603702、判例秘書L07730567、D1-Law29069489）：MMORPGの迷惑行為への対応が一過性等として対応義務がないとした

東京地判令和3年5月19日裁判所HP（平成29年（ワ）第36506号）：アバターに関する特許権侵害を肯定し、損害賠償請求を認容

第4章
CAと個人情報
──ケースに基づく分析──

1.　はじめに

◆**(1)　ケーススタディ**　　本章では、CAとの関係で現実にありそうな事例を提示して個人情報保護法の観点から検討することを通じて、CAと個人情報についてより立体的に検討することを試みる。

　ここで、その前提となる個人情報保護法の規律について簡単に説明したい。

◆**(2)　定義等**　　CAに関する情報を取得する者としては、①プラットフォーム事業者と、②メタバース上で事業を行う事業者および③ゴーグルやモーションキャプチャー業者の3種類が典型的に想定される。これらの事業者はいずれも個人情報取扱事業者（個人情報保護法16条2項。以下、本章では「法」という）である。

　CAに関する情報のうち「特定の個人を識別することができる」（法2条1項1号・2号、同条2項）ものが個人情報となる[*1]。そこで、例えば法人に関する情報はこれに該当しないし、CAに関する統計情報等の特定の個人を識別できない情報はこれに該当しない。具体例を挙げれば、①プラットフォーム事業者が取り扱うアカウント情報、②メタバース上で事業を行う者が取り扱う取引情報等は個人情報となる。③ゴーグルやモーションキャプチャー業者の取り扱う情報については具体的な内容次第であるが、ユーザー氏名に紐づいた情報は全て個人情報となる[*2]。なお、ユーザーIDのみに紐づいている情報であっても、ユーザーデータベース等を通じてユーザーIDから氏名等を特定できれば「他の情

[*1]　フェイストラッキング技術と個人識別符号につき、関・メタバース262頁注3参照。
[*2]　中崎尚ほか「メタバースと法（第4回）：メタバースとデータおよびセキュリティ」NBL1229号（2022）74頁参照。

報と容易に照合することができ、それにより特定の個人を識別することができることとなるもの」（法2条1項1号括弧書）として個人情報となる可能性が高い。

また、例えばCAを通じた医療サービスの提供や、CAを通じた選挙運動等[*3]においてCAに関する情報が要配慮個人情報（法2条3項）[*4]に該当する場合にはその規律に従うことになる。個別具体的な利用方法によっては要配慮個人情報の定義に含まれる場合はあり得るだろう。

なお、個人データとは、個人情報データベース等を構成する個人情報（法16条3項）[*5]であり、保有個人データとは、個人情報取扱事業者が、開示、内容の訂正、追加または削除、利用の停止、消去および第三者への提供の停止を行うことのできる権限を有する個人データであって、その存否が明らかになることにより公益その他の利益が害されるものとして政令で定めるもの以外のもの（法16条4項）である。プラットフォーム事業者のユーザーデータベースのユーザー情報やその他の事業者の顧客名簿上の情報等は、個人データであり、かつ保有個人データである可能性が高い。

◆**（3）取得**　個人情報の取得に際し、利用目的の特定（法17条）、適正取得（法20条1項）、利用目的の通知等（法21条）が必要である。CAに関する情報が要配慮個人情報であれば事前の本人同意（法20条2項）が必要である。

①プラットフォーム事業者はプラットフォームサービス提供のため、②メタバース上で事業を行う事業者は取引のため、③ゴーグルやモーションキャプチャー業者は商品・サービスの提供のため等の利用目的を特定することになるだろう。実務上はプライバシーポリシー上で利用目的を公表することが多い。

CAとの関係でもプロファイリングのリスクが指摘されるところ、ガイドライ[*6]

---

*3　湯淺墾道「アバターを安全かつ信頼して利用できる社会の実現に向けた新次元領域法学（AI・ロボット・アバター法）の展開」情報ネットワーク法学会第22回研究大会第6分科会（ロボット法研究会）における報告（2022）や「選挙ポスターに『ガーシー』…立候補者が別人の顔写真掲載、アバター使用の例も」<https://www.yomiuri.co.jp/election/local/20230426-OYT1T50000/> 等を参照。

*4　「この法律において『要配慮個人情報』とは、本人の人種、信条、社会的身分、病歴、犯罪の経歴、犯罪により害を被った事実その他本人に対する不当な差別、偏見その他の不利益が生じないようにその取扱いに特に配慮を要するものとして政令で定める記述等が含まれる個人情報をいう。」

*5　個人情報データベース等につき法16条1項参照。

*6　石井夏生利「サイバネティック・アバターとプライバシー保護を巡る法的課題」人工知能36巻5号（2021）583頁

ン通則編3-1-1（※1）が、行動・関心等の情報を分析する場合に利用目的においてその旨を特定するよう求めている。

◆**(4) 管理・保管・利活用**　個人情報に関して利用目的による制限（法18条）、不適正利用禁止（法19条）、苦情処理（法40条）、個人データに関する正確性確保（法22条）、安全管理（法23〜25条）および漏えい等報告（法26条）等を実施することが個人情報取扱事業者の主な義務である。

CAに対するサイバーセキュリティ上の課題の多くは、関係各社の安全管理義務の履行（法23条）により対応されることが多いが、例えばユーザーIDとパスワードをユーザーが適切に管理していない場合等、ユーザーが責任を負うべき場合もあり、ユーザーと関係事業者の責任分界点が問題となる。[*7]

◆**(5) 第三者提供**　個人データに対し第三者提供規制（法27条）、外国第三者提供規制（法28条）、確認・記録義務（法29条・30条）等がかかる。[*8]

ガイドライン通則編3-6-1（※2）は、ブログやSNSに公開された情報について運営業者等が第三者提供しているものではないとする。誰でも自由にログインし、交流できるメタバース上のCAの場合においてはCAが発言・発信する情報をメタバース事業者が第三者提供しているとは解されないだろう。ただし、例えばメタバース上で事業を行う者が決済事業者に取引情報を提供する場合等にはなお第三者提供が問題となり、同意取得等が必要となる。[*9]

2. 事例検討

このような個人情報保護法の基本的な理解を前提に、以下、CAの文脈で具体的な仮想事例を作成したので、これら事例を検討することを通じて、CAに関する個人情報保護法の理解を深めていただきたい。

---

*7　例えば、乗っ取り、ウイルス等。なお、ランサム攻撃につき、松尾剛行「ランサム攻撃に関する個人情報保護法、会社法、及び民法に基づく法的検討——情報セキュリティと法の議論枠組みを踏まえて」情報ネットワーク・ローレビュー21巻（2022）68頁参照。
*8　松尾・クラウド89頁以下
*9　なお、保有個人データに関する開示請求権（法33条）について、本人が電磁的記録による提供を求めれば原則として電磁的記録による提供を求められる（法33条1項・2項、規則30条）。ただし、データポータビリティまでは認められておらず、例えばAメタバースプラットフォームで特定のアバターを利用して蓄積した情報をそのままBメタバースプラットフォームへ移転できるようにすること等は、必ずしも個人情報保護法上の義務ではない。

Xは、X1という名称のオンラインショッピングモール事業を営む。X1は、多数の出店者と消費者（ただし、X1においては国内の消費者のみ）を集め、売買契約は出店者と消費者の間で直接締結する。このたび、XはYというメタバースプラットフォーム事業者の提供するY1メタバース上に、X2バーチャルショッピングモール（以下「X2」という）を開設することにした。消費者WがX1やX2で買い物をする――。この事例を踏まえ、メタバースと個人情報保護法をめぐる検討をしていきたい[*10]（**図表4-1**参照）。以下では、X1における個人情報の取り扱いを論じた後、X2につき、CAを利用してX1と同じ国内販売を行う場合と、国際関係が生じる場合（外国の顧客に対しても販売する場合およびXが外国企業である場合）で場合分けをする。

　なお、出店者には個人事業主も含まれ得るが、個人事業主だとしても、現代社会において個人情報データベース等を利用していないことはおよそ考えられない。よって、XもYも出店者Zもいずれも個人情報取扱事業者として、個人情報保護法上の義務を負う[*11]。

【図表4-1】当事者関係図

出店者Z	出店者Z
X1モール（X提供）	X2モール（X提供）
	Y1メタバース（Y提供）

3. X1における個人情報の取り扱い

◆**(1) はじめに**　　まずは、CAが利用される場合との比較のため、CAが利用されない、単なるオンラインショッピングモール事業における個人情報の取り扱いを簡単にまとめよう。例えば消費者Wが「VRゴーグル」で検索した結果、出店者ZがX1ショッピングモール上で販売しているVRゴーグルが出[*12]

---

*10　なお、取引デジタルプラットフォームを利用する消費者の利益の保護に関する法律は本章の検討の対象ではない。
*11　なお、（個人としての）出店者の情報、または出店者の担当者の情報等は、個人情報となるところ、この点はCAの法律問題ではないと思われるので、詳論しない。
*12　消費者法につき**第13章**参照。

てきたので、クリックして X1 上の Z のページに飛び、吟味した結果、当該商品を購入するというシチュエーションを考えよう。

この場合、まずは W が X の会員に登録して住所等の情報を X に提供し、その上で、その情報を X が Z に W の同意を得て第三者提供し、かかる W の会員情報をもとに、Z は VR ゴーグルの発送等を行うといった形の経路をたどることになることが多そうである[*13]。

◆**(2) 個人情報に関する対応**　X および Z には、個人情報取扱事業者（法16条2項）として、W の個人情報に関し、利用目的規制（利用目的の特定（法17条）、プライバシーポリシー等を通じた公表・通知（法21条）、利用目的の範囲内での利用（法18条））、適正取得規制（法20条1項）、適正利用規制（法19条）、要配慮個人情報（法2条3項）の取得前同意規制（法20条2項）、苦情処理義務（法40条）等がかかる。このうち、利用目的規制につき、今回 X および Z が取得した情報を単に VR ゴーグルを送付するために利用するだけであれば、その旨を利用目的として特定すればよい。しかし、実務上、この情報（W がメタバース関係製品を購入したこと等）をマーケティングに利用したい場合もある（例：今後も W にメタバース関係の製品の広告・宣伝を行い、関連商品の売上げにつなげる等）。このような場合には、利用目的として、そのようなマーケティング目的を明記しなければならない[*14]。

また、最近は、ターゲティング広告等のより精緻かつ有効な広告施策のために AI で行動履歴等を分析する等の対応を行う可能性があり、ガイドライン通則編によれば、利用目的規制においてそのような分析をする旨を特定しなければならない[*15]。なお、個人情報を取得するタイミングがどの段階であるかが問題となるが、例えば、インターネット検索経由で X1 モールのサイトに W がアクセスした段階では、X として、（W の IP アドレス等は知っていても）W の個人を識

---

*13　もちろん、W が直接 Z にその個人情報を提供する仕組みとすることもできる。
*14　なお、個人情報取扱事業者が行う広告宣伝のための電子メールに関しては、個人情報保護法だけでなく、特定電子メールの送信の適正化等に関する法律における受信拒否の通知を受けた場合の対応や、当該事業者が通信販売等をする場合には特定商取引に関する法律における規制など、他の法令の規定も遵守する必要がある。
*15　ガイドライン通則編3-1-1（※1）。なお、個人関連情報を利用したターゲティング広告について法31条参照。

別することができない可能性は高い。むしろ、VRゴーグルを買いたい、として、X1モールに会員登録した時点において「特定の個人を識別することができる」（法2条1号）情報を取得したとして、この段階が個人情報の取得のタイミングとみなされることが多そうである。なお、（VRゴーグルの場合にはあまり考えられないものの）購買履歴の中には要配慮個人情報たる信条や病歴等を推知できるものも含まれるかもしれないが、「『個人情報の保護に関する法律についてのガイドライン』に関するQ&A」（以下、単にQ番号のみ示す）によれば、推知情報は要配慮個人情報ではない。[*16]

◆（3）個人データに関する対応　　また、個人データについては、第三者提供規制（法27条）、安全管理規制（法23条）、データ内容の正確性確保（法22条）等が問題となる。上記のとおり、本件では、XがWらをX1モールの会員として登録をさせ、その上でWらの会員情報をZを含む各店舗運営者にかかる会員情報として提供するというデータのやり取りを想定していた。Xとしての会員管理の目的を実現するため、データベース上で特定の個人に紐づく情報を検索できるようにして管理していると理解される。そこで、Wの情報は個人データ（法16条3項）である。よって、Wの情報をXがZに提供するにあたっては原則として本人の同意が必要である（法27条）。[*17] また、オンラインショップからの情報漏えい事案は後を絶たないところ、このような事態が起こらないよう、従業者や委託先に対する管理を含む安全管理を徹底しなければならない（法23条〜25条）。なお、製品のリコールのため、VRゴーグルを販売をしたZが当該ゴーグルの製造元にWの情報を提供する場合には、本人同意が不要となる（法27条1項2号）。[*18] また、VRゴーグル運送のための運送業者への委託に伴って個人データが提供されることは委託の例外（法27条5項1号）にあたり、

[*16]　個人情報保護委員会『個人情報の保護に関する法律についてのガイドライン』に関するQ＆A」平成29年2月16日（令和6年3月1日更新）Q1-27は「『○△教に関する本を購入した』という購買履歴の情報や、特定の政党が発行する新聞や機関誌等を購読しているという情報」について「当該情報だけでは、それが個人的な信条であるのか、単に情報の収集や教養を目的としたものであるのか判断することが困難であり、『信条』を推知させる情報にすぎないため、当該情報のみでは要配慮個人情報には該当しないと解されます。」とする。

[*17]　なお、Wの委託による提供とすることで、確認記録義務（法29条・30条）を不要とするかもしれない。

この場合も事前の本人同意が不要となるものの、[19] Z としては、委託先である運送業者の監督が必要である（法 25 条）。

◆(4) 保有個人データに関する対応　最後に、保有個人データについては本人の開示等の請求権（法 33 条以下）がある。X および Z は、W 本人よりその保有個人データ開示請求がなされた場合には、開示等に応じなければならない。

4. X2 が CA を利用して X1 同様の国内販売を行うものの場合

◆(1) はじめに　それでは、X2 が CA を利用して X1 と同じ国内販売を行うという場合、上記 3. で検討した通常のオンラインショッピングモールの例と比較して、個人情報の取り扱いにおいてどのような相違が発生するだろうか。

以下では利用目的、取得対象データ、第三者提供および同意について検討していきたい。[20]

◆(2) 利用目的　まず、利用目的の公表・通知との関係で、どのタイミングで個人情報を取得するのかが問題となる。例えば、Y1 の仮想空間中において X2 がシームレスにつながっているという場合、つまり、別途ログインしなくても、Y1 に一度ログインさえすれば、X2 に入って品物を検索したり、選択したりすることができ、そしていざ商品を購入するという段階ではじめて X が W から直接、または Y を通じて W の情報を得るという場合を考えよう。この場合は、上記の検索のアナロジーでいうと、X2 上で商品を選んでいる段階では、まだ X は W の個人情報を取得していないと評価される可能性がある。しかし、例えば W が自分の写真や自画像をもとにしたアバターを利用しているとか、W のユーザー ID が表示されまたは閲覧可能となっており、特に、その

---

[18]　Q7-19「製品の不具合が重大な事故を引き起こす危険性がある場合で、購入者に緊急に連絡を取る必要があるが、購入者が膨大で、購入者全員から同意を得るための時間的余裕もないときは、販売会社から購入者の情報を提供することは、法第27条第1項第2号で規定する『人の生命、身体又は財産の保護のために必要がある場合であって、本人の同意を得ることが困難であるとき』に該当すると考えられるため、購入者本人の同意を得る必要はないと解されます。」

[19]　Q7-35「一般的に、外部事業者を利用して、個人情報データベース等に含まれる相手の氏名、住所等宛に荷物等を送付する行為は、委託に該当すると解されます。」

[20]　なお、安全管理については、Q10-8にカメラ画像を取り扱う場合における具体的な安全管理措置が説明されており、参考になる。

際に W がユーザー ID として実名を利用している[*21]等であれば、W が商品を選んでいる段階で既に X として W の個人情報を取得しているとみなされる可能性がある。

　取得の時期がどの段階であるかという問題は、どのようにプライバシーポリシーにおいて利用目的を公表するかに関係してくる。例えば、一般的なホームページ（HP）の利用形態を想定して、個人情報保護委員会は「自社のホームページのトップページから 1 回程度の操作で到達できる場所への掲載」をすべきとする。[*22]このような議論は、ユーザーとして、HP に容易にアクセスできるということが前提となっている。しかし、メタバースにおいては、X2 モール（仮想空間上の拠点）こそが、まさに従来型の HP のような役割を果たしている。そうすると、もし、従来どおり X がその（メタバース外の）HP 上にプライバシーポリシーを掲載するだけでよい、とすれば、もしユーザー W として利用目的を知りたいと考えた際、わざわざ X の HP を検索してプライバシーポリシーを確認する必要がある。このような追加的なユーザーの負担をどのように考えるべきだろうか。

　ここで、個人情報の取得が会員登録時であれば、多くのサイトは会員登録時に、プライバシーポリシーと規約を確認して同意をさせる UI を採用しており、そのような方法で個人情報取得前にユーザーはプライバシーポリシーを確認することができる。そこで、もしこの事例でも、個人情報の取得時が会員登録時であれば、これによって適切な公表通知対応がされていると評価することができる可能性がある。しかし、上記のように個人情報をより早期に取得しているとすると、その段階では遅いかもしれない。[*23]

---

*21　実名を利用していない場合について、Q1-9（「オンラインゲームにおける『ニックネーム』及び『ID』が公開されていても、通常は特定の個人を識別することはできないため、個人情報には該当しません。ただし、『ニックネーム』又は『ID』を自ら保有する他の情報と容易に照合することにより特定の個人を識別できる可能性があり、そのような場合には個人情報に該当し得ます。また、例外的にニックネームや ID から特定の個人が識別できる場合（有名なニックネーム等）には、個人情報に該当します。）参照。
*22　ガイドライン通則編 2-15 事例 1
*23　法 21 条 1 項が「個人情報取扱事業者は、個人情報を取得した場合は、あらかじめその利用目的を公表している場合を除き、速やかに、その利用目的を、本人に通知し、または公表しなければならない」としていることを参照。

ここで、Q1-59が「『公表』とは、広く一般に自己の意思を知らせることであり、公表に当たっては、事業の性質および個人情報の取扱状況に応じ、合理的かつ適切な方法による必要があります。ホームページで公表することも可能と解されますが、当該店舗に来訪した者にとってそのホームページが合理的に把握可能であることを含め、分かりやすい場所への掲載が求められるものと解されます。」としていることは、公表方法において参考になると思われる。すなわち、個人情報保護委員会は、具体的場面において合理的に把握可能な方法で利用目的を公表せよとしている。本件でも、いかに合理的にCAを利用するユーザーに当該情報を知らせるか、という側面から工夫を凝らすべきだ、ということになるだろう。

　例えば、Y1メタバース上のX2のショッピングモールに入る際に、ポップアップを出して、「ここからはX2の管理するショッピングモールです。プライバシーポリシーはこちら」として、プライバシーポリシーをクリックできるようにするとか、ショッピングモールの入場口でプライバシーポリシーを見られるようにするとか、X2ショッピングモールにいる間は常に隅に自動で表示される「？」といったアイコンをクリックすると利用規約等のX2ショッピングモールに関する資料を閲覧でき、その中でプライバシーポリシーを選択できるようにする等、具体的実装には色々な方法がある。また、それらを組み合わせることも考えられるだろう。メタバースという事業の性質およびそこにおける個人情報の取扱状況に応じた合理的かつ適切な方法を模索すべきである。

　なお、上記と異なり、Y1メタバースからX2に入るに際して何らかの認証や登録が必要な（いわば、シームレスではない）場合には、X2に入る際の手続の1つとして、プライバシーポリシーを示して同意をしてもらうというメカニズムを組み込むことが考えられるだろう。

◆ **(3) 取得対象データ**　　メタバースにおける個人情報の取り扱いにおいて他と特に異なる点としては、ユーザーの行動データ、会話データ、ユーザーの身体の動き、視線、表情などの情報を収集できるため、取得されるデータが大量かつ、より詳細であるという点が指摘されている。[*24]

　ここで、GDPR（EU一般データ保護規則）はデータ最小化原則を定めていると

ころ、日本においては、法22条が必要のないデータの遅滞なき消去を定めており、また法18条1項はあらかじめ本人の同意を得ないで、特定された利用目的の達成に必要な範囲を超えて、個人情報を取り扱ってはならないとしているものの、それら以上に明文でデータ最小化原則を定めるものはない。もっとも、一度個人情報を取得してしまえば、XやZ等の個人情報取扱事業者は、例えばそれが個人データであれば安全管理（法23条）を行う必要がある。

特に、物理空間の店舗にカメラを設置して顧客の顔画像等を取得するのであれば、顔画像のみを時系列に並べるといったことだけである限り、単なる個人情報に過ぎない。[25]そこで個人データに関する義務がかからないと解する余地があった。これに対し、メタバースでは、個人IDに紐づけてユーザーの情報を取得することが容易である。そこで、そのような情報を取得すれば、それは個人を対象に検索できるとして個人データ（および原則として保有個人データ）となる可能性が高まることが指摘できるだろう。つまり、取得した情報につき、個人情報に関する義務のみならず、個人データや保有個人データに対する義務もすべてかかってきてしまうのである。

そのような観点からは、「データの量が多いことが正義（more data）」という考えに少し歯止めをかけ、そもそもその情報は（仮に取得しようと思えば取得できるとしても）本当に取得が必要なのか、という観点で再考するべきである。

例えば、X2ショッピングモールにおいて、ある顧客WがWの（中の人）の顔写真をアバターとして、また、アバターの周囲にWという本名がIDとして表示される状況において、どのような商品があるかX2ショッピングモールの中を見回って、例えばZのブースに来たとしよう。そのタイミングで、XやZとしては、個人情報を（IDに紐づけた個人データの形で）取得しようと思えば、いつでも取得できるだろう。しかし、それをあえて取得しないということが望ましい場合があるということである。

問題は、このように、情報を少なくとも積極的には取得しないこととしても、

---

[24] 増田雅史＝北山昇「メタバースで取得される個人情報の取扱い」ビジネス法務22巻12号（2022）51頁

[25] 単なるカメラデータが個人情報に過ぎないとするQ1-41参照。

既にWがZのブースに来訪し、XやZの従業員が、表示されるWというID[*26]を閲覧した段階で、もはや個人情報を取得済みとみなされるのではないか、という点である。

しかし、Q4-4では、「個人情報を含む情報がインターネット等により公にされている場合、①当該情報を単に画面上で閲覧する場合、②当該情報を転記の上、検索可能な状態にしている場合、③当該情報が含まれるファイルをダウンロードしてデータベース化する場合は、それぞれ『個人情報を取得』していると解されますか。」という問いに対し、個人情報保護委員会が、「個人情報を含む情報がインターネット等により公にされている場合、それらの情報を①のように単に閲覧するにすぎない場合には『個人情報を取得』したとは解されません。一方、②や③のようなケースは、『個人情報を取得』したと解し得るものと考えられます。」と回答している[*27]。そうすると、本事例でも、単に「見た」というだけでそれを記録しないのであれば、取得が否定される余地はあり得ると思われる。

とはいえ、Q1-16は「個人情報取扱事業者が、一連の取扱いにおいて、特定の個人を識別することができる顔画像を取得した後、顔画像から属性情報を抽出した上で、当該属性情報に基づき当該本人向けに直接カスタマイズした広告を配信する場合、当該顔画像を直ちに削除したとしても、個人情報を取り扱って広告配信を行っていると解されます。」としている。例えば取得直後に削除したとしても、一瞬でも（個人情報となる）アバター画像を取得して「どのようなリコメンドをすべきか」といったことについて分析等をするのであれば、それは個人情報の取得となる。

なお、ある個人情報を取得しているとみなされる行為を行った場合において、取得の方法がどのようなものかを伝えることについては必ずしも個人情報保護法上明確に義務づけられるものではない[*28]。[*29]

[*26] Bot等AIが接客することもあるが、例えばZの従業員がメタバース上でCAを利用して接客すると仮定しよう。

[*27] また、要配慮個人情報につき、同様に、Q4-8も「要配慮個人情報を含む情報がインターネット等により公にされている場合であって、単にこれを閲覧するにすぎず、転記等を行わない場合は、要配慮個人情報を取得しているとは解釈されません」とする。

もっとも、そもそも本人として個人情報が取得されていることが分からない場合もあるだろう。この場合については、カメラでの取得に関するものであるがQ1-13は「個人情報取扱事業者は、偽りその他不正の手段により個人情報を取得してはならないため、カメラの設置状況等から、カメラにより自らの個人情報が取得されていることを本人において容易に認識可能といえない場合には、容易に認識可能とするための措置を講じなければなりません（法第20条第1項）。例えば、防犯カメラが作動中であることを店舗や駅・空港等の入口や、カメラの設置場所等に掲示する等の措置を講じることが考えられます。また、外観上、カメラであることが明らかである等、カメラにより自らの個人情報が取得されていることを本人において容易に認識可能であったとしても、上記例で示した掲示等の措置を講じることにより、より容易に認識可能とすることが望ましいと考えられます。」としている[30]。要するに、消費者WとしてXやZに情報を取得されたと思われる段階以前において、XやZが取得に該当するような行為を行うのであれば、その旨を本人において容易に認識可能となるような措置を講じるべきである。

　この点は、上記（2）で述べたように、適切にプライバシーポリシーを表示する際に、取得をする旨が認識可能になるようにするということが考えられる[31]。

　なお、トラッキングによりアバター上も足を引きずっている様子等が映り、身体障害という要配慮個人情報が明らかになることはあるが、政令9条1号は「本人を目視し、又は撮影することにより、その外形上明らかな要配慮個人情報を取得する場合」は本人の同意なく取得可能としており、少なくとも法的に

---

*28　例えば、X2ショッピングモールを回遊するユーザーについて表示されるIDを取得して当該IDに係るユーザーがどの商品に興味を持ったかを取得し、AIで分析し、商品リコメンドに利用するという場合において、「AIで分析し、商品リコメンドに利用する」という部分は利用目的として特定および通知公表をする必要がある（前注15参照）。しかしそれ以外にいつどこでどのように取得しているかを伝えるべきことが明確に法において求められているものではない。
*29　Q1-10（「個人情報取扱事業者は、個人情報保護法上、利用目的を通知又は公表する義務を負いますが、録音していることについて伝える義務までは負いません。」）参照。
*30　<https://www.ppc.go.jp/personalinfo/camera_utilize/> も参照。
*31　プライバシーポリシーに関する利用目的の公表（法21条1項参照）とここで問題となる不適正取得禁止（法20条1項）は異なる。よって、1つの対応で2つの条項に関する規制を遵守することができる可能性があるものの、具体的な対応によっては、法21条1項は遵守しているが、法20条1項は遵守していないとされる可能性がある。

は本人同意が不要な可能性がある。*32

◆**(4) 第三者提供**　CA同士がX2上でやり取りをする中でどこまでが第三者提供となるかについては、SNSに関する議論が参考になる。

ガイドライン通則編3-6-1（※2）は「ブログやその他のSNSに書き込まれた個人データを含む情報については、当該情報を書き込んだ者の明確な意思で不特定多数又は限定された対象に対して公開されている情報であり、その内容を誰が閲覧できるかについて当該情報を書き込んだ者が指定していることから、その公開範囲について、インターネット回線への接続サービスを提供するプロバイダやブログその他のSNSの運営事業者等に裁量の余地はないため、このような場合は、当該事業者が個人データを第三者に提供しているとは解されない」としている。

これをメタバースに応用すれば、メタバースの公開の場において不特定多数の人に公開されることを前提に何らかの言動を行った場合、その言動を他のメタバースユーザー等が知ることは、本人が自ら公開しているものであって、Y1メタバースを運営するYや、そのプラットフォーム上でX2ショッピングモールを運営するXが（仮にY1上やX2上での行為であっても）個人データを（例えば当該公開された言動を視聴・鑑賞等する第三者に対して）第三者提供しているわけではない、となるだろう。

しかし、例えばX2ショッピングモール上（またはZのスペース上）において商談ブースのようなものを作成し、一度非公開で情報を取得した上で、その上でかかる取得情報を第三者に提供するのであれば、このような情報は本人が公開したとはみなすことはできないだろう。

なお、本事例においては、Yの提供するY1メタバース上にX2オンラインショッピングモールが構築されているところ、その関係でYがXに対して、または、XがYに対して個人データを提供するのであれば、その点についても第三者提供として原則として本人同意が必要である（法27条）。

◆**(5) 同意**　なお、第三者提供に関する同意等については、メタバースの

---

*32　Q4-9「本人の素振りから外形上、障害や疾患が明らかであれば、要配慮個人情報の取得の例外に該当する場合があるものと考えられます。」も参照。

第4章　CAと個人情報——ケースに基づく分析——

アバターであれば、例えば子どもが大人のアバターを利用する等して、外見だけからは年齢が分からないという性質がある。この点において、物理空間とは相違がある。基本的には、12〜15歳まで以下の子どもについての第三者提供では法定代理人等からの同意が必要とされているところ、ショッピングを行うというX2の性質からすれば、（想定される商品の販売価格如何にもよるが）利用規約で利用者を16歳以上や18歳以上に限定する等した上で、本人名義のカード以外を用いようとしている等の疑問があれば年齢確認をする等の対応が望ましい。

5．X2で国際販売も行う場合

◆（1）はじめに　以上に加え、X2において国際販売を行う場合およびXが外国業者である場合について検討しよう。すなわち、メタバースは国境を越えることから比較的容易に外国向けの販売や外国からの販売が可能であるものの、その場合には、前述4．と個人情報の取り扱いに関し、どのような相違があるのだろうか。[*34]

◆（2）X2において国際販売を行う場合　この点、外国居住者であっても、個人情報保護法上の本人である以上、Xらは4．の場合と同様の義務を負うことになる。[*35]

加えて、外国にある第三者に対する個人データの提供の問題が生じる（法28条）。例えばVRゴーグルを販売するのであれば、その配送を現地の配送業者に委託する場合があり、そのために、Wの住所氏名等を配送業者に提供する必要がある。これは外国にある第三者への個人データの提供（以下「外国第三者提供」という）にあたる。

ここで、外国第三者提供についても、原則として本人同意を得る必要がある

---

*33　Q1-62（「法定代理人等から同意を得る必要がある子どもの具体的な年齢は、対象となる個人情報の項目や事業の性質等によって、個別具体的に判断されるべきですが、一般的には12歳から15歳までの年齢以下の子どもについて、法定代理人等から同意を得る必要があると考えられます。」）参照。
*34　なお、例えばGDPRの標的基準等に基づき、Xらが外国法の適用対象となる可能性はあるが、この点は詳論しない。
*35　Q1-6「居住地や国籍を問わず、日本にある個人情報取扱事業者及び行政機関等が取り扱う個人情報は、個人情報保護法による保護の対象となり得ます。」を参照。

ところ、その本人同意取得の際には、当該外国における個人情報の保護に関する制度、当該第三者が講ずる個人情報の保護のための措置その他参考となるべき情報を当該本人に提供しなければならない（法28条2項）。

　また、委託に伴う外国第三者提供であれば、相当措置を講じることで同意不要とすることができる（法28条1項括弧書き）[*36]。なお、委託であれば、安全管理のために、外的環境の把握（ガイドライン通則編10-7）を行い、それに応じた措置を講じた上でそれを本人が知り得る状態に置く（法32条）必要がある。

　なお上記にもかかわらず、EUまたは英国であれば、国内と同様に取り扱うことができる[*37]。

◆**（3）Xが外国業者である場合**　　Xが外国の業者の場合、個人情報取扱事業者が、国内にある者に対する物品または役務の提供に関連して、国内にある者を本人とする個人情報を外国において取り扱う場合についても、個人情報保護法を適用するとされている（法171条）。

　そこで、Xが商品販売や役務提供過程で得た日本居住者の個人情報の取り扱いには日本の個人情報保護法が適用される。また、日本語でのプライバシーポリシー提供なども必要である[*38]。

6．改正のゆくえ

　個人情報保護法は改正を検討中であり、既に2024年6月に中間整理が公表されている[*39]。また、「個人情報保護法のいわゆる3年ごと見直しに関する検討会」[*40]において検討中である。例えば、子どもの個人情報保護等、本章で取り

---

*36　法28条1項「個人データの取扱いについてこの節の規定により個人情報取扱事業者が講ずべきこととされている措置に相当する措置」

*37　「個人の権利利益を保護する上で我が国と同等の水準にあると認められる個人情報の保護に関する制度を有している外国等」（平成31年個人情報保護委員会告示第1号）

*38　「利用者及び利用者以外の者を本人とする個人情報の利用目的について、日本語を用いて、利用者及び利用者以外の個人の双方に対して通知し又は公表すること。」個人情報保護委員会「生成AIサービスの利用に関する注意喚起等について」（令和5年6月2日）<https://www.ppc.go.jp/files/pdf/230602_kouhou_houdou.pdf> 参照。

*39　個人情報保護委員会「個人情報保護法いわゆる3年ごと見直しに係る検討の中間整理」2024年6月27日 <https://www.ppc.go.jp/files/pdf/chukanseiri_honbun_r6.pdf>

*40　<https://www.ppc.go.jp/personalinfo/kentohkai/>

上げた内容についても改正がなされる可能性がある。引き続き注視が必要である。[*41]

---

*41 なお、校正中の2024年10月16日に「個人情報保護法のいわゆる3年ごと見直しの検討の充実に向けた視点」<https://www.ppc.go.jp/files/pdf/minaoshi_jyujitsunimuketashiten_r6.pdf> が公表された。

第5章
CAとプライバシー
――三段階の展開・転回を踏まえて――

1. CAとプライバシー

　CA分野においては、とりわけプライバシーが重要な法律問題として指摘されている[*1]。例えば第3章において検討したVTuber裁判例の中にも、（秘匿されていた）VTuberの「中の人」が誰であるかを暴露したことがプライバシー侵害とされた事例等が含まれている[*2]。

　ここで、プライバシーについて山本龍彦は、三段階の展開／転回を指摘する。すなわち、プライバシー論は、歴史的に見て、「宴のあと」事件における古典的な私生活秘匿権から自己情報コントロール権、そして構造論へと展開／転回しているという[*4][*5]。本章は、このような三段階にわたる展開・転回を踏まえ、CAとプライバシーの問題を私生活秘匿権（2.）、自己情報コントロール権（3.）、

[*1] 誠子夜火猫（金子敏哉）「知的財産権の対象としてのアバターの名前・肖像（あるいは私自身）」法教2023年8月号を参照。なお、メタバースにおいても参照の可能性の高いプライバシーに関する書籍として、斉藤邦史『プライバシーと氏名・肖像の法的保護』（日本評論社、2023）（斉藤・法的保護）は必読である。

[*2] 東京地判令和2年12月22日D1-Law29063032および東京地判令和3年6月8日D1-Law29065053参照。

[*3] 東京地判昭和39年9月28日下民集15巻9号2317頁

[*4] 山本龍彦『プライバシーの権利を考える』（信山社、2017）3頁以下

[*5] なお、近時、いわゆる四段階目として、曽我部説（例えば曽我部真裕「憲法上のプライバシー権の構造について」毛利透編『講座立憲主義と憲法学第3巻　人権II』（信山社、2022）や音無説（音無知展『プライバシー権の再構成――自己情報コントロール権から適正な自己情報の取扱いを受ける権利へ』（有斐閣、2021））等が論じられることがある（その批判的検討につき、斉藤・法的保護28頁以下）が、ここでは言及しない。なお、斉藤は、最高裁がプライバシーに「属する」情報（プライバシー固有情報）と「係る」情報（プライバシー外延情報）を区別（斉藤・法的保護84頁以下）するとした上で、人格的自律権説では自己情報コントロール権の枠外とされるプライバシー外延情報について、私人間における手段的・予防的保護法益を補完的に提供するものとして信頼としてのプライバシーの意義を論じる（斉藤・法的保護101頁）。

そして構造論（4.）という3類型に分けて検討する。

　なお、CAとプライバシーに関する重要論文として、石井夏生利「サイバネティック・アバターとプライバシー保護を巡る法的課題」[*6]や同「アバターのなりすましを巡る法的課題——プライバシー保護の観点から」[*7]等、CAのプライバシーを「なりすまし」の観点から検討する論文がある。たしかにCAの「なりすまし」は重要な問題である[*8]。しかし、なりすましという問題に関連する権利利益は、プライバシー以外にも肖像権、名誉権、氏名権、アイデンティティ権等多岐にわたる。よって、**第8章**において「なりすまし」について別途総合的に検討したい[*9]。

　また、いわゆる自己決定権や自律権としてのプライバシーも重要であるものの、本章はいわゆる情報プライバシーに限定して検討し、この点は**第8章**に譲る[*10]。

2. 私生活秘匿権

◆**(1)「宴のあと」基準**　「宴のあと」事件においては、いかなる場合に私生活の公開が違法となるかという文脈において、「公開された内容が（イ）私生活上の事実または私生活上の事実らしく受け取られるおそれのあることがらであること、（ロ）一般人の感受性を基準にして当該私人の立場に立つた場合公開を欲しないであろうと認められることがらであること、換言すれば一般人の感覚を基準として公開されることによつて心理的な負担、不安を覚えるであろう

[*6]　石井夏生利「サイバネティック・アバターとプライバシー保護を巡る法的課題」人工知能36巻5号（2021）578頁以下

[*7]　石井夏生利「アバターのなりすましを巡る法的課題—プライバシー保護の観点から」情報通信政策研究6巻1号（2022）1頁以下

[*8]　論点整理33頁も参照。

[*9]　なお、複数名の「中の人」がいたり会社が運営したりしているCAの場合に関連し、取締役会議事録等の会社関係の文書が公開された事案（大阪高判平成17年10月25日裁判所HP（平成17年（ネ）第1300号））では、任意開示等した取締役会議事録をみだりに公表されることがないという会社の期待ないし利益は法的保護に値するとされており、法人が問題となっているにもかかわらず、一種のプライバシー的な利益の保護を認めている（佃・プライバシー181-183頁は反対）ところ、本章ではこの点をこれ以上深くは検討しない。

[*10]　この点については、新保史生『プライバシーの権利の生成と展開』（成文堂、2001）96頁以下（特に135頁以下）および410頁以下を参照。

と認められることがらであること、(ハ) 一般の人々に未だ知られていないことがらであることを必要とし、このような公開によつて当該私人が実際に不快、不安の念を覚えたことを必要とする」と判示されている。すなわち、私生活の公開事案で、①私事性、②秘匿性および③非公知性の要件を充足した場合にプライバシー侵害となることが示されたものである。現時点でも様々な裁判例において、この「宴のあと」基準が適用されている[*11]。この基準が適用される典型例はVTuberの「中の人」を晒す行為によるプライバシー侵害の事案である[*12]。

　ここで、「宴のあと」の3要件さえ満たされれば、どのような公開の必要性がある場合でも公開が違法になるかは問題である。一般には比較衡量による判断の結果として、違法性の有無や受忍限度の範囲内か否かが判断される。例えば最高裁は、前科に関し、ノンフィクション「逆転」事件では「ある者の前科等にかかわる事実を実名を使用して著作物で公表したことが不法行為を構成するか否かは、その者のその後の生活状況のみならず、事件それ自体の歴史的又は社会的な意義、その当事者の重要性、その者の社会的活動及びその影響力について、その著作物の目的、性格等に照らした実名使用の意義及び必要性をも併せて判断すべきもので、その結果、前科等にかかわる事実を公表されない法的利益が優越するとされる場合には、その公表によって被った精神的苦痛の賠償を求めることができるものといわなければならない」とした[*13]。長良川事件[*14]においても最高裁は、上記ノンフィクション「逆転」事件を引用して「プライバシーの侵害については、その事実を公表されない法的利益とこれを公表する理由とを比較衡量し、前者が後者に優越する場合に不法行為が成立する」とした上で「本件記事が週刊誌に掲載された当時の被上告人の年齢や社会的地位、当該犯罪行為の内容、これらが公表されることによって被上告人のプライバシーに属する情報が伝達される範囲と被上告人が被る具体的被害の程度、本件記事の目的や意義、公表時の社会的状況、本件記事におい

[*11]　松尾・プライバシー91頁
[*12]　前掲東京地判令和2年12月22日および東京地判令和3年6月8日参照。
[*13]　最判平成6年2月8日民集48巻2号149頁
[*14]　最判平成15年3月14日民集57巻3号229頁

て当該情報を公表する必要性など、その事実を公表されない法的利益とこれを公表する理由に関する諸事情を個別具体的に審理し、これらを比較衡量して判断することが必要」としている。長良川判決の後、家庭裁判所調査官論文事件（最判令和2年10月9日民集74巻7号1807頁）の調査官解説は、諸事情の総合考慮によって請求原因としての違法性を考える枠組みを示唆する。[15]この点につき斉藤は「優越的利益の主張立証を抗弁ではなく請求原因と位置付けていると読むのが自然」[16]としている。

◆ **(2) CAの活動の保護**

ア　秘匿性が認められるCAの活動　CAは様々な活動を行っているところ、CAの活動の中には例えばVTuberがその配信する動画内で実施する活動のように、基本的にプライバシーの問題がないようなものはあるだろう。[17]

しかし、CAの活動内容によっては秘匿性を有することもあり、それがますます増加していることを指摘しておきたい。例えば「お砂糖」とも呼ばれる恋愛関係等がメタバース上で成立するところ、そのような関係にあるCA同士のメタバース上における活動に秘匿性が認められることはあるだろう。また、メタバース上で「睡眠をとる」[18]人も増えているところ、寝言など睡眠中の言動にも秘匿性が認められることはあるだろう。

そして、悪意あるストーカーや監視者等が自分のアバターを透明化して他人（この場合はプライバシー侵害の被害者）に見えないようにすることで、密かにこのような様子を覗き見たり、メタバース上のワールドの設計の際に、当該ワールドにおいて発生しているCA同士のやり取りをすべて密かに録画したりすること等は、技術的には可能である。

このような秘匿性が認められるCAの活動が、例えば2人だけのプライベートな空間で行われていれば、非公知性があり、それを密かに公開する等の行

---

*15　村田一広「判解」法曹時報74巻12号（2022）317-320頁、特に320頁注18を参照のこと。
*16　斉藤・法的保護121頁
*17　なお、上記のとおり、そのVTuberの活動について「このVTuberの『中の人』は〇〇だ」と投稿することはプライバシー侵害になり得る。
*18　例えば、ユーザーによっては、メタバースにログインしたまま、メタバース上においては近くに友人のアバターがいるところであえて就寝することがある。

為は受忍限度を超えると判断されるだろう。[*19]

　イ　メタバースのオープンスペースでの活動に関する議論　　しかし、公道等のいわゆるパブリックスペースにおける行為については、一定範囲で撮影等を受忍すべきだとされ、少なくとも、違法性を比較衡量に基づき判断する際において本人にとって不利に解される可能性がある。そして、CAについても「プライベート性のないメタバース上の空間について、公道などと同じく撮影等を受忍すべきパブリックスペースと捉えるべきかは、引き続き議論すべき課題との見解も示されている[*20]」とされる。

　ここで、メタバースでは特定少人数のみに限定した交流が可能な空間が構築され、その中において秘匿性の高い内容も含む情報のやり取りがされているという場合がある。このような空間であれば、パブリックスペースという理解は及ばないだろう。

　問題は、一応オープンワールドであって、誰でも自由に入ることができるものの、時間帯であるとかそのワールド全体における位置関係等を踏まえ、（本人たちが既に想定している一部の人を除く）他人に見られることはないだろう、と考えて行った活動である。このような、潜在的には誰でも見ることができるものの、実際上は見られないという状況をどのように評価すべきか、以下、非公知性と違法性について検討しよう。

　ウ　非公知性　　一般には、一部で公開し／されているだけでは、直ちに非公知性は否定されないとされている。

　例えば、「石に泳ぐ魚」事件控訴審[*21]は、「被控訴人の顔に大きな腫瘍があること」も含めた事実関係を「いずれも被控訴人がみだりに公開されることを欲せず、それが公開されると被控訴人に精神的苦痛を与える性質の事実というべきであるから、本件小説の公表はプライバシーの侵害に当たるというべきである」としている。[*22]そして、普段の生活で顔を晒しているからといって、その

---

*19　スワッピングパーティーにおいて全裸で立っている写真の掲載について東京地判平成2年3月14日判時1357号85頁は写真をみだりに公表されないという利益の要保護性を認める。佃・プライバシー134頁はこれをプライバシーとするところ、これと同様に考えることができそうである。
*20　Web3研究会報告書33頁
*21　東京高判平成13年2月15日判時1741号68頁

外貌に関わる事実を本人の意思と関係なく公刊物で公表してよいことにはならないとも指摘されているところである[23]。

また、インターネットに関し、既に一部掲示板やSNSで同種の投稿がされていても、それだけをもって非公知性は否定されないとする裁判例が多い[24]。

そこで、いわばメタバースの片隅で潜在的には誰でも見ることができるものの、実際上はほとんど誰にも見られないという状況において行った行為というのは、それが単に見ようと思えば見ることができたというだけで、直ちに非公知性は否定されないだろう。

エ　違法性　そして違法性についても、その具体的な状況において問題となる事実を公表されない法的利益がどのようなものかに基づき、判断されるだろう。

例えば、メタバースの規約がどのようになっているか、そのメタバースを利用するCAユーザーの間においてそのような行為が公開されることを予期しているか（CA同士の撮影を含む交流においてどのような慣習があるか）、何らかの予期がされていたとして、具体的な撮影や公開の態様等がそのような予期の内容と合致しているか等が判断要素とされるのではなかろうか。

なお、「カメラ画像利活用ガイドブックver3.0」[25]や「犯罪予防や安全確保のためのカメラ画像利用に関する有識者検討会報告書」[26]等の議論は一定程度参考になるものの、その状況において撮影されていることが予見される／予見

---

*22　なお、上告審である最判平成14年9月24日集民207号243頁は「原審の確定した事実関係によれば、公共の利益に係わらない被上告人のプライバシーにわたる事項を表現内容に含む本件小説の公表により公的立場にない被上告人の名誉、プライバシー、名誉感情が侵害された」としている。

*23　佃・プライバシー136頁

*24　松尾・プライバシー113-114頁。大阪地判平成24年7月17日裁判所HP（平成23年（ワ）第4576号）、東京地判平成26年7月17日（Westlaw2014WLJPCA07178001）、大阪地判平成20年6月26日判タ1289号294頁等を参照。なお、例えば東京地判平成9年12月22日判時1637号66頁は公開チャットの内容に対して直ちにプライバシーにあたらないとせず、事実認定の問題として処理（佃・プライバシー196頁参照）しているところ、一度公表されても態様は様々で、現実にどのように公開利用されているかにより個々の結論が異なるとされる（佃・プライバシー197頁）。

*25　IoT推進コンソーシアム＝総務省＝経済産業省「カメラ画像利活用ガイドブックver3.0」（2022年3月）<https://www.meti.go.jp/press/2021/03/20220330001/20220330001-1.pdf>

*26　個人情報保護委員会「犯罪予防や安全確保のためのカメラ画像利用に関する有識者検討会報告書」（2023年3月）<https://www.ppc.go.jp/files/pdf/cameragazou_yushikisyakentoukai_houkokusyo.pdf>

できるようにしているか、という点において、物理空間とメタバースでは相違がある場合も多いように思われる。だからこそオープンメタバースにおいては運営事業者がガイドライン等を公表して、そのような予見を可能とすることが重要である。

3. 自己情報コントロール権

◆(1) メタバースにおける情報漏えいに対するコントロールの必要性　　物理空間でも情報漏えいは発生しているところ[27]、メタバースにおいても、情報漏えいが発生している。例えば、企業の開設したメタバースで情報が漏えいしている等とする報道がある[28]。また、漏えい事故に備えたメタバース情報漏えい保険も売り出されている[29]。

そして、江沢民事件[30]において、最高裁は学籍番号、氏名、住所および電話番号につき、「このような個人情報についても、本人が、自己が欲しない他者にはみだりにこれを開示されたくないと考えることは自然なことであり、そのことへの期待は保護されるべきものであるから、本件個人情報は、上告人らのプライバシーに係る情報として法的保護の対象となるというべきである」として本人に無断での警察への提供を違法とした。また、ベネッセ事件[31]においても最高裁は、氏名、性別、生年月日、郵便番号、住所および電話番号等について「上告人のプライバシーに係る情報として法的保護の対象となるというべきである」とした上で、かかる情報が漏えいしたことでプライバシーを侵害されたとする。

上記のようなメタバースの情報漏えいに対しては、そこで漏えいした内容が住所氏名等いわゆる「宴のあと」基準を満たすものでなくとも、プライバシー侵害が認められる可能性がある。

---

*27　筆者の最近の関与案件に、NTT西日本子会社の大規模漏えい事件 <https://www.ntt-west.co.jp/corporate/security/verify.html> がある。

*28　Jurgita Lapienytė, "Siemens Metaverse exposes sensitive corporate data"（April 17, 2023）, available at <https://cybernews.com/security/siemens-metaverse-data-leak/>.

*29　<https://www.nikkei.com/article/DGXZQOUB2666 A0W3A120C2000000/>

*30　最判平成15年9月12日民集57巻8号973頁

*31　最判平成29年10月23日判時2351号7頁

◆(2) CAと自己情報コントロール権　　ここで、自己コントロール権説の一部である自己のイメージコントロール説[*32]がCAにおいて脚光を浴びている。石井は前掲「サイバネティック・アバターとプライバシー保護を巡る法的課題」[*33]において、CAを用途に応じて使い分けられるのが自己のイメージコントロール権を行使する行為だとする。[*34]

　ペンネームで小説を書くこと等を通じて、どのようなイメージを誰にどのような範囲で見せるかのコントロールをすることは元々可能であった。その後、SNSの匿名アカウント等によってその可能性が増大した。そして、CAはまさに外見（年齢、性別）、声（ボイスチェンジャー）、空間等の物理空間において存在する多様な制約を突破して、自由に、そのなりたい自己を、（多くの場合には、空間を選択し、場合によっては空間そのものを独自に作り上げることにより）存在したい空間において実現することができる可能性があるところにその特徴がある。[*35]

　このように、自己情報コントロール（自己のイメージコントロール）を実現するためにCAを利用するという側面があることからは、CAにおいてはその自己情報コントロールを尊重するべきであり、かかる側面は具体的な事案におけるプライバシーの法解釈論においても反映されるべきであろう。

4．構造論

　構造論は、情報システムやデータベースは、畏怖の対象でありながらも不可避、という両義性を有していることから、システム構築を前提に、その構造やアーキテクチャをどのように設計すべきか、どのように濫用の危険を防ぐかと

[*32]　棟居説および曽我部説、なお、この相違について石井・前掲注7) I-A6-7頁参照。

[*33]　石井・前掲注6) 581頁

[*34]　成原慧「メタバースのアーキテクチャと法──世界創造のプラットフォームとそのガバナンス」Nextcom52号（2022）27頁も参照。

[*35]　「メタバースと現実世界の大きな違いは、アバターを用いることで外見の制約から解放される点にある。ユーザーは、アバターを自由にカスタマイズし、メタバースの世界では、なりたい自分になることができる」（石井・前掲注7) I-A4頁）、「外見を自由にコントロールできることは、自己のイメージや自己像を自由に形成できることを意味し、自己の希望する態様でメタバースという新たな世界に参加することを可能にする」（石井・前掲注7) I-A5頁）等参照。なお、分人（平野啓一郎『私とは何か──「個人」から「分人」へ』（講談社、2012）の概念は、このようなアバターを利用した複数の自分とその自己実現を示す意味で重要な概念である（石井夏生利「自己イメージの形成とアイデンティティ権──メタバースのアバターを中心に」情報通信政策研究7巻1号（2023）I-B3頁）。

いう点について関心が高まり、いわば建造物の耐震構造検査にも似た構造審査が行われるべきとする。[36]

住基ネット最高裁判決[37]において、最高裁は、氏名、生年月日、性別および住所等の情報を住基ネットにおいて管理することがプライバシーを侵害して違憲ではないかを検討する上で、これらの情報の漏えいの危険性に対する技術上、法制度上の手当がされており、法令等に基づかずまたは正当な行政目的の範囲を逸脱し、開示または公表される具体的危険が生じていないことにも着目していた（結論において住基ネットでの情報管理を合憲とした）。[38]

これは憲法13条の解釈論ではあるものの、どのような構造（法制度やシステム技術上の構造等）が存在し、それによって法令等の根拠に基づかずにまたは正当な行政目的の範囲を逸脱して第三者に開示または公表される具体的な危険が生じているか否かを問題としたものと理解される。

メタバースにおける構造やアーキテクチャ[39]がCAのプライバシーを保護するようなものとなっているかという点は、この構造論から問題となるだろう。特に、プラットフォームが場合によっては国家以上に多くの情報を収集しているところ、Metaのように、元々巨大プラットフォームとして多数の情報を収集済みの事業者がメタバースを運営することもある。このような観点からは、CAのプライバシーやその活動の自由を守るため、利用規約や撮影に関する技術的禁止等を含むメタバースプラットフォームの努力が重要であり、また、それが不足した結果としてプライバシー侵害が発生した場合、プラットフォームはそのような利用規約等の制度や技術上の手当が不足していたこと等、構造に関する責任を問われる可能性があるだろう。

5．CA活動の自由を守るために

それでは、メタバースをどのように、プライバシーの観点からCAにとって

---

*36　山本・前掲注4) 9-11頁
*37　最判平成20年3月6日民集62巻3号665頁
*38　この点については、マイナンバー最高裁判決（最判令和5年3月9日裁判所HP（令和4年（オ）第39号））も参照。
*39　成原慧『表現の自由とアーキテクチャ』（勁草書房、2016）19頁等参照。

安全安心な場所とするべきだろうか。

　ここで、筆者としては、各メタバースがそれぞれのポリシーを持つこと自体は問題がないと考える。すなわち、一部のプラットフォームの利用規約では、空間内に持ち込まれるコンテンツが権利処理されているものであることを前提として、当該プラットフォーム内におけるスクリーンショット撮影やカメラ撮影を、相互に、許可なしに行えるルールとしているものがあるところ[*40]、筆者としてそのような相互の撮影を可能とするポリシーを持つこと自体が直ちに問題だとは考えていない。

　ただし、以下の4点には留意すべきだろう。

　まずはそのポリシーないしルールを周知し、執行することである[*41]。例えば、原則として当該プラットフォームでは相互に撮影可能であり、それが嫌であればプライベート空間を利用し、当該空間内に招待する相手に撮影をしないことを約束させる等、どのようにすればそのメタバース上でCAのプライバシーを確保することができるかをユーザーに丁寧に教示する等が、最低限必要だろう。また、ユーザーの利用方法が必ずしもルールに整合していない場合において、プラットフォーマーがモデレーションでルールに整合させようとしない場合（例：ルール上は撮影禁止であるにもかかわらず、通報されてもプラットフォームが対応しない場合）には、そのようなプラットフォーマーの行為が問題となることがあるだろう[*42]。

　また、ユーザーの利用によって慣習が成立することがある。例えば、ルール上は相互に撮影可能でも、「この範囲では撮影しない」という慣行が形成されることがあり、そのような慣行に対する期待を保護すべき場合もあるだろう。

　さらに、通常のSNSよりもCAの方が保護すべき情報の多様性があるという点も指摘できる。すなわち、CAであれば例えばモーショントラックにより身

[*40] 論点整理42頁

[*41] プラットフォームとは異なる文脈であるが、著作権者が、二次創作ガイドラインでやってよいこと、悪いことを定めたり、ゲームメーカーが配信ガイドラインで、ゲーム配信の条件（例：「配信禁止区間」の設定）等を明記したりしていることもこれに類似するだろう。

[*42] もちろん過剰なモデレーションには別の問題があることにつき、松尾剛行「プラットフォームによるアカウント凍結等に対する私法上の救済について」情報法制研究10号（2021）<https://www.jstage.jst.go.jp/article/alis/10/0/10_66/_article/-char/ja/> 66-78頁、および**第12章第2節1.**参照。

体全体の動きを反映させたり、表情をトラックさせたりする等、広範囲の情報を反映させることができる。このような観点からは、CAとの関係でも安易にSNSと同程度の構造（プライバシーの観点からの安全性）であれば大丈夫だ、と判断すべきではない。つまり、メタバースにおいては、いわゆる構造審査において要求されるプライバシー保護のレベルが上がるということが指摘できよう。

　加えて、ユーザーが必ずしもルールを詳細に確認しないこと等からは、プライバシーバイデフォルト、つまりデフォルトでプライバシーが守られるようにすることや、プライバシーバイデザインで事前の設計においてプライバシーが守られるようにすることは、直ちに義務であるとまではいえないものの、望ましいベストプラクティスではあろう。[*43]

[*43]　そして、このような考えは手続保障を重視する方向性といえるところ、結果的には新保説（新保・前掲注10））とも相通じるところがあるように思われる。

第6章
CAと肖像権
——利用パターンごとの分析——

1. はじめに

　本書においては、最初に第1編でCAの法律問題を鳥瞰した上で（第1章・第2章）、その後は第2編として様々な人格権等とCAの関係を論じてきた。そして前章では、プライバシーとの関係で、CAの無断撮影等について論じたところである。

　第5章でも言及したが、CAは容ぼうや姿態を有している[*1]。そこで、CAのアバターそのものが肖像として保護される可能性がある[*2]。また、CAのアバターとして第三者の写真・イラストを利用することも見られ、それが本人の許諾を得ている場合だけではなく、たとえばパロディ等の目的で無断で利用されることもある。

　ここで、CAがどのようなものか、つまり、ユーザーがメタバース（や物理空間）においてどのようなアバターを利用するかによって、肖像権に関する判断や結論が変わってくる可能性があることから、以下、場合分けをして論じる[*3]。なお、

---

*1　なお、「顔」部分が観念し難いアバターもいるが、「姿態」は存在する。また、透明アバターも、メタバースの一定の空間を透明なもので占めているという意味で、一種の「姿態」とも評し得る。ただし、例えばデフォルトアバターのように保護されない、または保護の範囲が狭いアバターもあるだろう。

*2　肖像権全般につき、中島基至「知的財産権訴訟における肖像権判例の最前線」別冊L&T9号（2023）76頁以下を参照。

*3　「中の人」との関係については、**第3章**の名誉毀損とも共通する同定可能性の問題であるので、ここでは詳論しない。「例えば、他のアバターの容姿を無断で（スクリーンショットなどの機能により）『撮影』する行為は、仮にアバターの容姿が肖像権の客体となりえないものとしたとき、撮影された肖像は『中の人』の肖像であることに変わりはないため、実在の人物の生身の容姿を直接撮影する場合と同様に肖像権侵害となり得るとしても、『中の人』が存在しないのであれば同様の評価にはならないと考えられる。」（Web3研究会報告書32頁）も参照のこと。

プライバシーと同様、なりすましのための肖像利用もCAにおいて問題となり得るが、この問題は**第8章**で検討する。[*4]

2. 肖像権の一般論

まず、前提として肖像権が一般にどの範囲で保護されると論じられているかについて説明しよう。

◆**(1) 保護の対象**　伝統的な学説は、肖像権を「自己の肖像を、他人が権限なくして絵画、彫刻、写真その他の方法により作成・公表することを禁止できる権利」としていた。[*5]リーディングケースである最大判昭和44年12月24日刑集23巻12号1625頁（京都府学連事件）は憲法上「みだりにその容ぼう・姿態……を撮影されない自由」があるとした。[*6]民事上の肖像権について、最判平成17年11月10日民集59巻9号2428頁（以下「平成17年最判」という）は「人は、みだりに自己の容ぼう等を撮影されないということについて法律上保護されるべき人格的利益を有する」「人は、自己の容ぼう等を撮影された写真をみだりに公表されない人格的利益も有すると解するのが相当」としている。[*7]

肖像権が問題となる典型的事例は、写真撮影や公開であるが、それ以外にも例えば、イラストの形態での侵害に対しても肖像権による保護の余地がある。

[*4]　なお、メタバース空間を作成するにあたり、実在の人物が写り込むことによる肖像権侵害も問題となるものの、本章はCAを念頭に検討しているのでこの問題を検討対象としない（この点は総務省「デジタルアーカイブの構築・連携のためのガイドライン」（2012年3月26日）<https://www.soumu.go.jp/main_content/000153595.pdf> およびメタバース上のコンテンツ等をめぐる新たな法的課題への対応に関する官民連携会議「メタバース上のコンテンツ等をめぐる新たな法的課題等に関する論点の整理」（2023年5月）（論点整理、特に36頁以下）が参考になる）。

[*5]　五十嵐清『人格権法概説』（有斐閣、2003）163頁

[*6]　ただし「少なくとも私人間の人格権侵害または不法行為に関する先例としての意義は乏しいと評価すべきであろう」とする斉藤・法的保護150頁参照。

[*7]　同判決は「人格的利益」と表記しており、太田晃詳「判解」最高裁判所判例解説平成17年度789頁は「肖像に関する法的利益には絶対的な権利性があるとはいえない」としていたが、その後ピンク・レディー事件（最判平成24年2月2日民集66巻2号89頁）が「人の氏名、肖像等……は、個人の人格の象徴であるから、当該個人は、人格権に由来するものとして、これをみだりに利用されない権利を有すると解される」としており、これを肖像権を絶対的権利として初めて承認したと評価するものもある（中島基至「判解」最高裁判所判例解説平成24年度27-28頁）。

平成17年最判も「人は、自己の容ぼう等を描写したイラスト画についても、これをみだりに公表されない人格的利益を有すると解するのが相当である」としている。他の侵害方法として、銅像化等も含まれる[*8]。[*9]

◆ (2) 保護の範囲　しかし肖像権に対する保護は絶対的ではない。平成17年最判は比較衡量アプローチを採用し、「ある者の容ぼう等をその承諾なく撮影することが不法行為法上違法となるかどうかは、被撮影者の社会的地位、撮影された被撮影者の活動内容、撮影の場所、撮影の目的、撮影の態様、撮影の必要性等を総合考慮して、被撮影者の上記人格的利益の侵害が社会生活上受忍の限度を超えるものといえるかどうかを判断して決すべきである」としている[*10]。

また、平成17年最判は、写真であればそれが「容ぼう等をありのままに示した」ことを前提とした受け取り方がされるとした。その上で、イラスト化については、写真との比較において、イラスト化について、その描写に作者の主観や技術が反映するものであり、それが公表された場合も、作者の主観や技術を反映したものであることを前提とした受け取り方をされる旨、写真との相違を指摘している。その上で、「人の容ぼう等を描写したイラスト画を公表する行為が社会生活上受忍の限度を超えて不法行為法上違法と評価されるか否かの判断に当たっては、写真とは異なるイラスト画の上記特質が参酌されなければならない」と結論づけた[*11]。

要するに、イラスト化の場合には、それが容ぼう等をそのまま写し取ったのではなく、作者の主観や技術が反映しており、その分を割り引いて読者も受け

[*8]　東京地判平成3年9月27日判時1411号90頁

[*9]　なお、文字による描写については争いがある（佃・プライバシー 393-394頁）ものの、CAとの関係性が薄いのでここでは詳論しない。

[*10]　斉藤・法的保護151頁が「肖像の仕様は、原則としては社会的にも認されている正当な行為であり、違法性を推定すべきではない」とした上で、同157頁が「肖像の使用をめぐって名誉感情とプライバシーに係る事情が併存する場合には、それらの類型を横断する総合考慮により違法性を判断することも許されると解すべきであろう」とすること、および同160-163頁が肖像の利用が本人の位格（ペルソナ）としての尊厳を害する類型において、背景事情として名誉感情・プライバシーが援用されると、それを講学上の自己情報コントロール権に対応する人格的利益として理解すべき場合があり、自己をどのような社会的ペルソナとして表現するかが人格にかかわる自律的選択の対象として認知されたことから、これまで個人情報の保護として考えられてきた情報の多くが名誉権の系列に属することが浮上している等とすることを参照。

取るため、受忍限度を超えるとは判断されにくくなるということである。

とはいえ、最近はリアルなCG等も作成可能であるところ、写真と区別がつかないほどにリアルに再現されたCGは、むしろ写真に類似するものとして扱うべきと論じられている。[*12]

3. CAに自己の顔写真等を利用する場合

まず、ユーザーが自分自身の顔写真等をCAとして利用する場合を考えよう。典型的には自分自身の顔写真をもとに3D化したものをメタバース上のアバターとして利用する場合である。

◆ **(1) CAに当該肖像等を利用することが第三者の肖像権等を侵害するか** この場合には、自己の肖像を自らの意思で利用しており、その段階で肖像権侵害は発生しない。

◆ **(2) 当該CAが第三者等により撮影等されることが、CAユーザーの肖像権等を侵害するか** では、メタバースのスクリーンショット機能等の利用によってメタバース空間におけるCAの活動状況を第三者に撮影されるとか、その写真を使って第三者に類似のアバターを作られてそれが利用されるといった場合に、CAのユーザーは肖像権等を主張できるのだろうか。

実在の人物の生身の容ぼうを直接撮影する場合と同様、実在の人物の容ぼうをリアルに再現したアバターの姿を撮影する場合にも、撮影された肖像が当該実在の人物の肖像であることに変わりはない。[*13] そこで、肖像権の侵害になり得ることを前提に、具体的な撮影や公表等の利用が受忍限度を超えるかが問

[*11] この事案では、特定の写真が手錠、腰縄により身体の拘束を受けている状態が撮影されたものであって名誉感情を侵害し、社会生活上受忍すべき限度を超えて、本人の人格的利益を侵害するものであって不法行為法上違法とした。なお、東京高判平成15年7月31日民集58巻5号1699頁〔ゴーマニズム宣言事件〕では、「肖像画のように写真と同程度に対象者の容貌ないし姿態を写実的に正確に描写する場合はともかく、少なくとも作者の技術により主観的に特徴を捉えて描く似顔絵については、これによってその人物の容貌ないし姿態の情報をありのまま取得させ、公表したとは言い難く、別途名誉権、プライバシー権等他の人格的利益の侵害による不法行為が成立することはあり得るとしても、肖像権侵害には当たらない」とされている。

[*12] 原田伸一朗「バーチャルYouTuberの肖像権─CGアバターの『肖像』に関する権利」情報通信学会誌39巻1号（2021）4頁

[*13] 論点整理40頁

題となるだろう。

　ただし、上記平成17年最判の示した考慮要素は、元来、写真撮影・公開のケースを想定したものであり、メタバースとの相違が指摘されている。メタバース官民連携会議の論点整理は、「例えば、被撮影者の活動内容や撮影の場所、撮影の態様（写り方等）の考慮など、アバター等のケースにおいて、そのままには当てはまらない要素も一部にある。すなわち、アバター等のケースでは、実在の人物の容ぼうが、当該人物の現実の活動場面から切り取られ、容ぼうのみをアバターに写し取られた上で、当該アバターが、仮想空間内の様々な場所に移動したり、様々な活動を行ったりすることとなる。このため、『活動内容』や『場所』は写真の場合のように固定的でなく、当該アバターがどのように使用されるかにより決まる（どのようにも使用され得る）こととなる」[*14]と指摘している。[*15]

　いわゆる街頭において撮影される場合においては、例えば撮影について黙示の承諾があるとされたり、そこまで言えなくてもそのような街頭における撮影であることが受忍限度の判断に影響する可能性があること等から、そのメタバースにおいてそのCAがどのような活動をする場面において撮影等が行われたかを考慮するという限りで、平成17年最判の示した考慮要素はなお有用であろう。

　ここで、平成17年最判の前に下されたものではあるが、東京地判平成17年9月27日判時1917号101頁はストリートファッションを紹介するサイト上で、路上を歩く原告の全身像を同意なく掲載したことを肖像権侵害であるとした上で、撮影についても公表についても違法性は阻却されないとした。

　このような観点からすると、いわゆるメタバースのオープンワールドでの撮影においても、具体的な態様等の他の考慮要素も踏まえた総合判断ではあるが、撮影された場所がオープンワールドだからといって直ちに大きなマイナス（受忍限度を超えないとの判断に傾く）と結論付けるべきではないだろう。

---

*14　論点整理32頁
*15　なお、「アバターの肖像を無断使用されることによる人格的利益の侵害が、一般人の感覚に照らし、社会生活上受忍の限度を超えるものとまでと認められるかについては、なおハードルがあるとする指摘もある。」（論点整理38頁）も参照。

4. CAに自己の肖像をイラスト（I2I 生成を含む）化したものを利用する場合

◆（1）CAに自己の肖像等を利用することが第三者の肖像権等を侵害するか

前述3.(1)と同様、自らの肖像をイラスト化している以上、第三者の肖像権等は問題とならない。[16]

◆（2）当該CAが第三者等により撮影等されることが、CAユーザーの肖像権等を侵害するか　上記平成17年判決のとおり、イラスト化の場合においても肖像権に対する一定の保護が及ぶ以上、イラスト化したアバターについても、それが本人の肖像を描写したものといえる限り、本人の人格権としての肖像権が及ぶ。[17]

　ここで、そのイラストが「実在の人物の容ぼうをありのまま写実的に写しとったもの」[18]であれば保護の方向に傾くが、ありのままに記録したものではないものについては、肖像権の対象として認められにくい傾向にある。[19]この点は、顔写真がモザイクや目線等で加工された場合でも、直ちに肖像権侵害は否定されないものの、その変更の程度が大きく、もはや特定ができなくなる等であれば侵害が否定される[20]といった議論が参考になるのではなかろうか。すなわち、イラスト化による改変が大規模で、もはや規範的に見て本人の容ぼうや姿態とはいえなくなれば、後は他人の肖像や人間以外の肖像に対する保護と同様の問題（後述5.以下）となるだろうが、一定程度薄まっていてもまだ本人の要素が残り、規範的に見て本人の容ぼうや姿態とはいえる限り、肖像権による保護自体は受けると解すべきではなかろうか。ただし、その要素の希薄化に従い受忍限度を超えないと判断される可能性は高まるだろう。

---

[16] なお、AがA自身をイラスト化したところ、結果的に第三者Bに似てしまう、ということはあり得る。その場合でも、あくまでもAの肖像といえるようなイラストであるということは、たまたま似てしまったBの肖像権を少なくとも受忍限度を超えて侵害するものではない、という方向に傾く要素であると考える。

[17] 上野達弘「メタバースをめぐる知的財産法上の課題」Nextcom52号（2022）11頁

[18] 論点整理42頁

[19] 同上37頁

[20] 佃・プライバシー402頁

そして、CA という性質上、物理空間における肖像をイラスト化される場合よりも肖像権侵害の可能性が高まる部分はあるだろう。例えば、A の肖像を描いたイラストが肖像権の保護の対象とされ、当該イラストを CA として A がいつも利用していたところ、それを第三者が撮影したという場合、平成 17 年最判が受忍限度についてイラストを写真より劣後させた理由である〈容ぼう等をそのまま写し取ったのではなく、作者の主観や技術が反映しており、その分を割り引いて読者も受け取る〉という部分が当てはまらない可能性がある。つまり、A の活動するメタバースにおいては、そのイラストこそが A のアバターだ（A の肖像だ）と周囲から受け止められているところ、当該肖像として受け止められているイラストを第三者が撮影してそのまま写しとる行為は、まさに物理空間において A の顔を写真で撮影するのと同様にこれを「ありのままに示した」ものと考えることができる可能性がある[*21]。もしこのように考えることができるとすれば、イラストが写真のように写実的である場合にはもちろん、（通常は受忍限度内（肖像権非侵害）とされやすい）デフォルメを入れたものであっても受忍限度外（肖像権侵害）とされやすくなる。

　なお、現在は画像生成 AI を利用し、image to image（I2I）[*22]の方法で写真からイラストを作成することができ、実際にアバターとしてこれを利用する人も増えているところ、イラストの肖像権については、著作権[*23]と異なり、それが人間のイラストレーターが作成したものか、それとも AI が作成したものかで取り扱いを変えるべき合理的理由はないだろう。

[*21] 物理空間において、A が特定の表情や特定のポーズ（姿態）をとっている場合、それを写真撮影をすれば、ある時点でその表情・ポーズそのままの A がいた、と受け止められるのに対し、イラストであれば、表情やポーズがデフォルメされる可能性があってそれを読者が割り引いて考える、というのが平成 17 年最判が受忍限度についてイラストを写真より劣後させた理由であろう。しかし、A がイラストのアバターを利用し、A 本人の表情やポーズをモーションキャプチャー等によって反映させているという場合、それを撮影すれば、まさに「その表情と特定のポーズ（姿態）をある瞬間において A が（メタバースにおいて）とっていた」のであり、表情やポーズがデフォルメされているわけではないことを受忍限度の解釈に反映すべき、ということである。

[*22] I2I については松尾・生成 AI を参照。

[*23] 生成 AI と著作権については、松尾・ChatGPT 82 頁以下および松尾・生成 AI を参照。

5. CAに他人の顔写真または肖像をイラスト化したものを利用する場合

具体的には、例えば、甲（本人）の顔写真を乙がメタバースにおける乙自身のアバターに利用するという場合が想定される。

◆(1) CAに当該肖像等を利用することが第三者の肖像権等を侵害するか　この点は、（上記における乙による）アバターとしての利用について本人（上記の甲）の承諾がない場合に典型的に問題となり得るだろう。すなわち、本人の承諾があれば具体的な利用が承諾の範囲なのかが問題となり、承諾の範囲内であれば承諾によって違法性が阻却される。

ここで、承諾がない場合において、「当該アバターがどのように使用されるかが固定的でなく、アバター操作者の操作によって、どのようにも使用され得ることが考慮要素となることも考えられる。肖像を使用された人物にとっては、当該人物とわかる容ぼうのアバター等が、他者の意図により操作され、その姿が公開されることとなり、そのこと自体が当該人物に与える心理的負担も考慮されるとすれば、一般的には、肖像権侵害に当たる場合が少なくないことが想定される」という議論がある。[24]

ただし、これはあくまでも一般的な議論に過ぎず、具体的状況によっても判断が変わり得るだろう。まず、著名人の場合においては、肖像の保護の程度が低くなる可能性がある。[25] しかし、著名人であっても、勝手に第三者によってなりすまされ、その（例えば不適切な）行動が自分のことだと誤解されることによる被害等の事案を考えれば、著名人だから直ちに自由に肖像を使ってよい、ということにはならないだろう（なお、本章冒頭に述べたとおり、なりすましについては**第8章**においてより詳細な検討を行う）。

---

[24] 論点整理32頁
[25] 論点整理33頁は「被撮影者の社会的地位を考慮したとき、著名人については、一般に、受忍すべき限度が通常より高いものと考えられ、その肖像の公開等について、肖像権侵害と認められない余地が大きくなることが指摘される。アバター・NPCへの肖像使用の場合も同様とすれば、著名人の容ぼうを模したアバター・NPCについて、本人承諾なしに作成してよいケース等が想定し得るか、どのようなケースであれば本人承諾が不要か等の議論が生じ得る」とする。

とはいえ、特に明らかにパロディであると分かるとか、いわゆる「ファンアカウント」[*26]のように、自分がその有名人のファンであることから当該有名人の写真をアバターとしている、といったことが外形上明らかな場合については、受忍限度の判断においても受忍限度内と解される方向に傾く要素ではあろう。ただし、パロディやファンアカウントだからといって常に受忍限度内と解されるものではない。例えば、下品なジョークを言う等、本人にとってマイナスの利用法がされている場合等を考えれば、少なくとも常に受忍限度内とはならないだろう。

◆(2) 当該 CA が第三者等により撮影等されることが、CA ユーザーの肖像権等を侵害するか　例えば、上記事例で、乙の利用する甲の顔写真の CA を、丙が撮影する場合等である。この場合には、肖像権が人格権の一種である以上、何らかの人格との関係（結びつき）が必要ではないかが問題となる。もし、乙の人格が結びつく対象は乙自身の物理空間における肖像に限られる、と解すれば、丙の行為は甲の肖像権侵害とされ得るとしても、乙の肖像権は侵害されないということになるだろう。ただし、6. 以下で述べるように、一定の場合には、乙の権利利益も侵害するとされる可能性はあると考える。

6. CA に架空の人の肖像（写真またはイラスト）を利用する場合

　例えば、X が X 自身の写真ではなく、AI で生成した架空の人物の顔写真様のものを CA とする場合が考えられる。[*27]

◆(1) CA に当該肖像等を利用することが第三者の肖像権等を侵害するか　この場合はあくまでも架空の人物の肖像等であるから、第三者の肖像権等を侵害することはないと思われる。

---

*26　「さらに、実在の人物の肖像が無断で使用される場合であっても、アバターや NPC の行動が、肖像に係る本人の行動と誤認されるおそれがないような場合には、当該本人に与える心理的負担等も異なってくる面があると想定される。例えば、当該肖像のアバターがパロディとして用いられていることや、決められた動作しかしない NPC に当該肖像が用いられていることが明白な場合に、肖像権の取扱いがどのようになるか等も、議論の対象となる」とする論点整理33頁参照。

*27　「写真と生成 AI 画像は、同じように見えてもまったく異なるものです。」とする <https://www.jps.gr.jp/about-generated-ai-images/> も参照。ただし「生成 AI で画像を作成することは、既存の著作物（原著作物）を元に新たな画像を作成する『翻案（二次的著作物の創作）』にあたります。」という記述が常にあてはまるか等には疑問がある。

◆ **(2) 当該 CA が第三者等により撮影等されることが、CA ユーザーの肖像権等を侵害するか**

ア　はじめに　　上記事例のような場合に、Y が X の CA を無断で撮影することが、X の肖像権を侵害するだろうか。

　上記のとおり、X の肖像と人格が何らかの形で結びつかなければならないという見解を前提に、当該結びつきは X の現実の容ぼうや姿態と問題となる肖像が同一か（またはイラスト化によって一定程度薄れていても規範的に見て容ぼうや姿態と評価できるものが残っているか）で判断する、という判断基準を適用すれば、本件のように架空の他人の肖像であれば、X の肖像権を侵害することはない。しかし、X の肖像権や類似の権利を侵害することは本当に一切あり得ないのだろうか。以下、場合分けをして考えてみたい。

イ　架空の人物の写真が X に似ている場合　　例えば、X の写真ではなく、あくまでも架空の写真類似の画像を AI で生成したものではあるが、結果的にそれが X に似ている、という場合がある。この場合、イラスト化によって元の容ぼうや姿態と同一ではなくなっても、一定以上類似しており、規範的に見て容ぼうや姿態と評価できる範囲で肖像権で保護されるという上記 4. (2) の議論が及ぶ可能性がある。

　加えて、肖像権に近接した人格利益に関する保護の可能性もある。この点については、お笑い芸人がアダルトビデオ販売店の防犯カメラに写った旨が週刊誌で公表されたところ、原告がその写真が自分自身かどうか分からないとした上であたかも自分であるかの如く他人の写真を掲載することが肖像権類似の人格権を侵害すると主張した事案において、肖像権に近接した人格的利益侵害を認めた東京地判平成 18 年 3 月 31 日判タ 1209 号 60 頁が参考になる。[28]

---

[28]　「掲載された写真自体からはその被写体である人物の容ぼう等が肖像権侵害を訴えている当該個人の容ぼう等であることが明らかでない場合であっても、写真の説明文と併せ読むことによって読者が当該個人である旨特定できると判断される場合や読者が当該個人であると考えるような場合には、撮影により直接肖像権が侵害されたとはいえないものの、当該個人が被写体である人物本人であったか否かにかかわらず、当該個人が公表されて羞恥、困惑などの不快な感情を強いられ、精神的平穏が害されることに変わりはないというべきであるから、やはり撮影により直接肖像権が侵害された場合と同様にその人格的利益を侵害するというべきである」と判示し、かかる人格的利益を「肖像権に近接した人格的利益」と呼んだ。

この判旨が、全く違う別人の顔だと明らかに分かる場合にまで及ぶかは不明である。やはり一定程度類似している、または、少なくともキャプション等の説明を踏まえて一般読者がそれを本人のものであると考えることを前提としていると思われるが、イラストと本人の肖像の関係のような類似性が本人の肖像と別人や架空の人物の写真との間で認められる限り、肖像権や肖像権に近接した人格的利益で保護する余地はあるように思われる。

　ウ　覆面レスラー等の肖像権保護の議論　覆面（プロ）レスラーのように、素顔を見せず、特殊なコスチュームやメイクを施した姿で社会的認知を受けている人物の、その姿についての肖像権等の判断がなされた例は、確認できないとされる[*29]。しかし、顔に美容整形をするとその顔が肖像権による保護の対象外となるという議論をする人はいないように、自然のままの顔であること自体は肖像権によって保護される要件ではないはずである。

　そして、そのようなコスチュームやメイクをしているものの、そこに「中の人」がいる、という場合に、アバターの表象をいわば衣装のようにまとって動画配信などの活動を行っているといえるとしてVTuberが名誉感情侵害から保護されるとした裁判例[*30]（第３章2.(1)ア参照）のように、覆面レスラー等についても肖像権の保護を認めるべきだという議論は十分あり得るだろう。

　実際に、操作者の人格と結びつくアバターの肖像については、自身の生身の顔や姿とは異なるものであっても、肖像権の対象と認めるべきではないかとする議論もある[*31]。すなわち、原田は、「VTuberにとって、CGアバターは『服』のようなもので、アバターというファッションを全身にまとっているという感覚にも近い。本人の実際の姿を表しているか・似ているかではなく、本人を識別・特定するものが、その人の『肖像』であるという理解に立てば、VTuberが用いるCGアバターが、『中の人』の実際の姿、『肉』（体）の顔をまったく反映していなくても、彼女・彼の『肖像』と認めることに障害はないはず」としている[*32]。

[*29]　論点整理37頁
[*30]　大阪地判令和4年8月31日判タ1501号202頁
[*31]　論点整理41頁

もちろん、反対の見解もあるものの、[*33]「中の人」の容ぼうと似ていないCAを利用した生活が、むしろその生活の中心となるような人も出てきている中、肖像権の保護を完全に否定するよりも、これを一定程度認める前提でその受忍限度等で合理的に制限する方が適切なようにも思われる。

7．CAに人間以外の肖像を利用する場合

例えば、ロボットや動物、アニメキャラクター等、CAに人間以外の肖像を利用する場合はよく見られるところ、この場合はどのように考えるべきか。例えば、Zが動物のCAを用いているといった場合が問題となる。

◆(1) CAに当該肖像等を利用することが第三者の肖像権等を侵害するか　その肖像は人間の肖像ではないので、基本的には、第三者の肖像権等を侵害することはないということになる。

◆(2) 当該CAが第三者等により撮影等されることが、CAユーザーの肖像権等を侵害するか　上記事例においてZのアバターをWが無断で撮影した場合に肖像権侵害が認められるか。

この点については前述6.の場合と同様の問題があるところ、前述6.の場合は何らかの「人物」であるところに、人格との結びつきを認める契機があった。しかし、ロボットや動物、アニメキャラクター等であれば、その点が欠ける。そして、物の肖像権は判例上認められていないことから[*34]、結局のところZの利用するアバターについて肖像権での保護は与えられないということになりかねない。

ここで、物理空間において、いわゆる着ぐるみに入って活動する人が存在するところ、その場合においては、①「アニメキャラクターの着ぐるみを着て、そのアニメキャラクターを演じている」といった形で、単に架空の人格を反映

---

*32　原田・前掲注12) 5頁
*33　関・メタバース173頁も本人と似ていないアバターの肖像権についてそれ自体に人格はないとして消極的に評価される傾向を指摘する。なお、斉藤邦史「肖像情報に関する権利利益の諸相」情報通信学会誌30巻3号（2012）456頁および斉藤邦史「仮想空間におけるアバターのアイデンティティ」法セ2023年2月号28頁は、肖像権よりも名誉感情侵害での解決を志向する。
*34　佃・プライバシー410頁

している場合もある。しかし、そうではなく②あくまでも「中の人」の本人の人格を反映しているという場合もある。[*35] その場合について、6.(2)ウで述べた覆面レスラー等の肖像権保護の議論をさらに拡張するべきか、という点はいまだに議論が成熟していないものと理解される。

ただし、CAの世界においては、既にそのような人間以外の肖像を利用する事例も積み重なっているところ、これが自己の肖像類似のものとして定着している場合について本当に一切保護する必要はないのか、この点をさらに議論することの重要性が高まっているといえるだろう。[*36]

8. CAの容ぼう以外の部分(身体等の姿態)が問題となる場合

最後に、CAの容ぼう以外の部分——例えば身体等——の姿態が問題となる場合がある。例えば、Cが顔は自分の容ぼうを使うものの、姿態はDの身体を撮影した写真を利用するといった場合である。

ここで、姿態もまた肖像権の範囲に入るところ、特に、姿態が水着姿や裸など通常人であれば公開を欲しない姿の場合については肖像権侵害となりやすいとされる。[*37]

ただし、現在のCAは、アバターのうち顔の部分はかなりポリゴン数も多く、高精度に反映するが、身体はポリゴン数が少なくデフォルメされたものも多い。そうすると、このようなCAの性質から、いまだに受忍限度を超えていないと判断されることもあるだろう。

[*35] 例えば、「ふなっしー」がこれに該当するのではないか。
[*36] そして、第三者の肖像類似のものとして定着している場合も増えてくると、前述(1)においても、第三者の肖像権等を侵害すると解釈すべきとされる可能性が出てくるだろう。
[*37] 佃・プライバシー398頁、東京地判平成6年1月31日判夕875号186頁、東京地判平成13年9月5日判時1773号104頁

第7章
CAとパブリシティ権
――場合分けによる整理――

1. はじめに

　CAが無断撮影をされるといった場面や、CAとして第三者の写真等を利用する場合については、**第5章**でプライバシー、**第6章**で肖像権をそれぞれ検討してきたが、これらに加えて、または関連して、パブリシティ権が問題となることもある。そこで、パブリシティ権は知的財産権に分類されることが多いが、人格権と関連付けて検討することとする。以下、パブリシティ権の一般論を概観した上で（2.）、パブリシティ権が肖像権と類似することから、CAの文脈におけるパブリシティ権と肖像権の相違（3.）を述べた上で、パブリシティと肖像（4.）、氏名（5.）およびアバターそのもの（6.）との関係をそれぞれ検討する。

2. パブリシティ権の一般論の概観

　パブリシティ権に関するリーディングケースであるピンク・レディー事件判決[1]は「肖像等は、商品の販売等を促進する顧客吸引力を有する場合があり、このような顧客吸引力を排他的に利用する権利(以下「パブリシティ権」という。)は、肖像等それ自体の商業的価値に基づくものであるから、上記の人格権に由来する権利の一内容を構成するものということができる」として、パブリシティ権を認めた。

　その上で、肖像等に顧客吸引力を有する者は、社会の耳目を集めるなどして、その肖像等を時事報道、論説、創作物等に使用されることもあるのであって、

---

[1] 最判平成24年2月2日民集66巻2号89頁

その使用を正当な表現行為等として受忍すべき場合もあるとして、「肖像等を無断で使用する行為は、〈1〉肖像等それ自体を独立して鑑賞の対象となる商品等として使用し、〈2〉商品等の差別化を図る目的で肖像等を商品等に付し、〈3〉肖像等を商品等の広告として使用するなど、専ら肖像等の有する顧客吸引力の利用を目的とするといえる場合に、パブリシティ権を侵害するものとして、不法行為法上違法となると解するのが相当である」と判示している。

なお、CA においては、架空のキャラクターをアバターとする場合があるところ、ピンク・レディー事件以前に、ギャロップレーサー事件[*3]は競争馬の名称が無断利用された事案で、既に物のパブリシティ権を否定していた[*4]。そこで、いわゆる架空のキャラクターや所有物等について、キャラクターの著作権者や競走馬等の所有者が少なくとも当然にパブリシティ権を持つものではないことには留意が必要である。

3. CA の文脈におけるパブリシティ権と肖像権の相違

◆ **(1) パブリシティ権の方が範囲が広いこと**　パブリシティ権においては、肖像に限らず、氏名等も含めて保護される。その意味で、パブリシティ権は肖像権と比べて保護の範囲が広い。

ピンク・レディー事件判決は前記のとおり、パブリシティ権の対象を「肖像」としているところ、同判決は、肖像等を「人の氏名、肖像等」と定義している。そして、同判決の調査官解説も、本人と似ている動物の図柄が需要者にとって本人を識別するものとして著名であればこれも肖像等に含まれるとする[*5]。

そして、CA には「中の人」が存在することが多いところ、「仮想空間にお

---

*2　なお、同判決の判決文中において「商品等」は定義されていない。ただ、中島基至「判解」最高裁判所判例解説民事篇平成24年度（上）40頁は『『商品等』とは、商品又はサービスとして『商品化』されたものをいい、肖像等の使用が私的なものにとどまれば違法性を欠くというべきであるから、業としての行為（商業的利用行為）に限られると解される」とする。

*3　最判平成16年2月13日民集58巻2号311頁

*4　そこで、純粋なキャラクターに対するパブリシティ権は、立法論の問題である。原田伸一朗「キャラクターの法的地位―『キャラクターのパブリシティ権』試論」情報ネットワーク・ローレビュー17巻（2019）1頁参照。創作されたキャラクターの肖像について、これを商業的に利用する権利に関しては、一般に、パブリシティ権でなく、知的財産法による保護の対象となっているとする論点整理38頁も参照。

けるアバターの肖像等も、その背後の自然人を識別する情報と解し得る場合には、パブリシティ権による保護の対象となり得るように思われる」[*6]と指摘されている。つまりAという有名人と似ているA'という動物の図柄がA本人を識別するものとして著名であるとしてパブリシティ権の対象となる場合と同様に、CAの「中の人」であるBと似ているB'というCAもまたB本人を識別するものとして著名であるとしてパブリシティ権の対象となる可能性があるということである。

◆**(2) パブリシティ権の方が侵害態様が限定されること**　もっとも、パブリシティ権は、その侵害態様が、顧客吸引力を違法に利用するというものに限定される[*7]。単にその肖像が写り込んでいるだけにとどまるとか[*8]、ファンが趣味で有名人の肖像をCAとして利用する行為等であれば、パブリシティ権侵害に該当しないだろう[*9]。

一方、肖像権についてはそのような態様に限定されず、より広い範囲において（第6章で述べたとおり、それが受忍限度を超える限り）侵害が認められる。

CAの局面においても、そのアバター等を使って商品の広告・宣伝を行うなど、専ら当該肖像の顧客誘引力を利用することを目的として、当該肖像の利用が行われる場合には、パブリシティ権の侵害に該当すると判断される可能性が高くなるだろう[*10]。

4. CAの肖像に係るパブリシティ権

権利者の許諾があれば第三者も適法に肖像等を利用することができる。以下では、権利者の許諾がないことを前提に検討する。

◆**(1) 芸能人等の肖像をCAに利用する場合**

ア　肖像等それ自体を独立して鑑賞の対象となる商品等として使用する場合

---

*5　中島・前掲注2) 41頁
*6　斉藤邦史「仮想空間におけるアバターのアイデンティティ」法セ2023年2月号29頁
*7　佃・プライバシー 447頁
*8　論点整理30頁
*9　上野達弘「メタバースをめぐる知的財産法上の課題」Nextcom 52号（2022）12頁参照。
*10　論点整理33-34頁参照。

芸能人等の肖像について高精度なアバター化をして、それ自体を商品とすることが可能である。例えば、Gateboxといわれる商品は、円筒形の装置内部に身長約15センチの3Dキャラクターを投影し、コミュニケーションを楽しむことができる。そのような「展示用ショーケース」においてアバター化された芸能人等の肖像が観賞されるのであれば、これは肖像等それ自体を独立して鑑賞の対象となる商品等として使用する場合に該当すると理解される。

また、CAには物理空間のロボットも含まれるところ、いわゆる芸能人を模したヒューマノイド・ロボット等を物理空間におけるCAとして利用する場合も、そのようなCA自体が、肖像等それ自体を独立して鑑賞の対象となる商品等として使用する場合となる可能性はあるだろう。

イ　商品等の差別化を図る目的で肖像等を商品等に付す場合　ユーザーが、自らのCAとしてアバター化された芸能人等の肖像を利用することができるよう、企業等がアバター化された芸能人等の肖像を提供するということがある。この意味は、多くの企業が提供する様々なアバターのうち、ユーザーに自分の企業のものを選んでもらうために当該芸能人等の肖像を付するということである。そうであれば、商品等の差別化を図る目的で肖像等を商品等に付す場合に該当するように思われる。[11]

ウ　肖像等を商品等の広告として使用する場合　例えば、メタバースにおいて、アバターを利用して何らかの商品やサービスの宣伝・販売をする場合において、そのような販売員や広告を行う主体たるCAが芸能人等の肖像を利用していれば、それが肖像等を商品等の広告として使用する場合に該当する可能性がある。

なお、メタバースにおけるインフルエンサーその他のユーザーが商品を宣伝する際において、そのような宣伝者がたまたま芸能人の肖像をアバターとしていた、というだけでは、直ちに、当該商品の販売者が肖像等を商品等の広告と

＊11　なお、この場合を肖像等それ自体を独立して鑑賞の対象となる商品等として使用する場合に分類することもできると思われるが、ユーザーがその「中」に入って操作をするためのアバターとして提供する際のユーザーによる利用は「鑑賞」の域を超える場合も多いと思われるので、実用品としての操作可能なアバターについて、その差別化のため芸能人等の肖像が付されているという本類型と理解することが適切であるように思われる。

して使用するとまでは言い切れないだろう。この点は、必ずしもパブリシティ権の判断と一致しないものの、「一般消費者が事業者の表示であることを判別することが困難である表示」という告示[*12]が「事業者が自己の供給する商品又は役務の取引について行う表示であって、一般消費者が当該表示であることを判別することが困難であると認められるもの」とした上で、同告示の運用基準[*13]が景表法の文脈において、どのようなインフルエンサー等の行為が事業者の表示とみなされるのかを議論しており、ここにおける議論が一定程度参考になると思われる[*14]。

エ　パブリシティ権は侵害しないと思われる場合　前述 3.(2)のとおり、パロディアカウントやファンアカウント等で、商品やサービスの販売等顧客吸引力と無関係に芸能人等の肖像を利用するだけであれば、パブリシティ権は侵害しないと思われる。ただし、その場合には、なりすまし（第8章参照）等の問題は別途生じ得ると思われる。

◆**(2) CAの肖像が顧客吸引力を有する場合**　CAの肖像の中には、VTuberの肖像のように、それ自体顧客吸引力を有するものがある。ここで、その顧客吸引力のある肖像が、「中の人」の顔写真そのものであれば、この点において、「肖像」として扱われるべきことに争いはないだろう。

問題は、典型的なVTuberのように一応ヒトの形はしているものの、その外観がいわばアニメキャラクターのようなイラスト調であって、かつ、その肖像が「中の人」本人をモデルにしたものではないという場合である[*15]。このような場合に関する1つの考え方は、まさにVTuberはそのようなアバターをまとって活動している芸能人である、というものである（ここでは、アバターは覆面レス

---

*12　内閣府「令和5年内閣府告示第19号」（2023年3月28日）<https://www.caa.go.jp/policies/policy/representation/fair_labeling/public_notice/assets/representation_cms216_230328_07.pdf>

*13　消費者庁『「一般消費者が事業者の表示であることを判別することが困難である表示」の運用基準』（2023年3月28日）<https://www.caa.go.jp/policies/policy/representation/fair_labeling/guideline/assets/representation_cms216_230328_03.pdf>

*14　この点については松尾剛行『実践編　広告法律相談125問』（日本加除出版、2023）115頁参照。

*15　実務上、肖像（アバター）が決まった後に「中の人」を募集することもあり、その選択の際に、肖像に「中の人」の顔が似ているという部分は通常重視されない。

ラー等の覆面と同様の役割を果たす）。このように考えれば、芸能人がその肖像について顧客吸引力を持つのと全く同一の意味で、そのアバターについて顧客吸引力を持つことになる。そこで、アバターは、そのような芸能活動を行う「中の人」の芸能活動上の「肖像」だと解することができる可能性がある。[16]

　もう1つの解釈は、それは「肖像」ではないものの、その芸能人（VTuber）と密接関連する図柄として、顧客吸引力を持つという解釈である。

　筆者としては、少なくとも（イラスト調であっても）人間のアバターの場合は、前者の解釈に親和性を持っているため、以下ではそれを前提として検討する。しかし、後者の解釈を採用する場合であっても結果として妥当な結論を導くことができるものであり、必ずしも、前者の解釈しか妥当な結論を導くことができないものではない。また、仮に前者の解釈をした場合でも、およそ「肖像」と言い難い——例えば動物の——アバターについては、やはり、その芸能人（VTuber）と密接関連する図柄として、顧客吸引力を持つという解釈を取らざるを得ない。よって、まずは以下でCAの顔や姿態が「肖像等」として保護される場合について論じる。その上で、後述6.において、上記の議論の結果として、やはり問題となる（顧客吸引力が利用されているところの）図柄等が「肖像」とは言い難い場合について別途検討することとする。

　　ア　肖像等それ自体を独立して鑑賞の対象となる商品等として使用する場合
VTuberのアクリルキーホルダー、アクリルスタンド等CAの肖像それ自体を独立して鑑賞の対象となる商品等として使用することが考えられる。なお、オンライン上でもオンライン写真集のような形で提供されることがあるだろう。その場合には、当該CA（の「中の人」）の有するパブリシティ権を侵害し得る。[17]

　　イ　商品等の差別化を図る目的で肖像等を商品等に付す場合　　VTuberとのコラボ商品等として、商品にVTuberの肖像を付す等、CAの肖像を商品等に

＊16　この点は、第3章で議論した、大阪地判令和4年8月31日判タ1501号202頁がアバターの表象をいわば衣装のようにまとって、動画配信などの活動を行っているといえるとしてVTuberが名誉感情侵害から保護されるとした事案が参考になるだろう。

＊17　なお、パブリシティ権は人格権に由来する権利とされているので、「中の人」が複数の場合においてどの人の人格に由来するのかという問題はあるものの、この点は第3章で論じた同定可能性とも通じるところがあり、ここでは詳論しない。

付してその差別化を図ることが考えられる。この場合にも当該 CA（の「中の人」）の有するパブリシティ権を侵害し得る。

　　ウ　**肖像等を商品等の広告として使用する場合**　　VTuber コラボ商品等として、VTuber 等の CA を商品等の広告に利用することは最近ではよく見られる。この場合にも当該 CA（の「中の人」）の有するパブリシティ権を侵害し得る。

　また、他人の CA の肖像を自らの CA に利用した上で、自らがその CA を利用して商品を販売・広告するということであれば、当該 CA（の「中の人」）の有するパブリシティ権を侵害し得る。

　　エ　**パブリシティ権は侵害しないと思われる場合**　　CA の肖像を利用していても、その顧客吸引力を利用していない場合、例えば、単にその CA が特定の活動をしていたことを伝えるだけのために肖像を撮影して SNS で投稿するだとか、友人やファンとして CA と交流をしたことを記念に残すため交流の姿を撮影する等は、仮にその CA の肖像がそれ自体顧客吸引力を有するに至っていてもパブリシティ権を侵害しないものと思われる。ただし、その態様によってはプライバシー侵害（第 5 章）や肖像権侵害（第 6 章）となる可能性がある。

　なお、単に他人の CA の肖像を自らの CA に利用するというだけで、その CA を利用して商品・サービス等の宣伝販売等を行わない、ということであれば、確かにパブリシティ権侵害にならない可能性が高いだろう。しかし、そのような肖像の利用がなりすまし（第 8 章参照）等の問題を生じさせる可能性はあることには留意が必要である。

5．CA の氏名に係るパブリシティ権

◆(1)　芸能人等の氏名を CA に利用する場合

　　ア　**肖像等それ自体を独立して鑑賞の対象となる商品等として使用する場合**
氏名だけを CA に利用する場合に、この類型に該当することはあまり考えられないように思われる。

　　イ　**商品等の差別化を図る目的で肖像等を商品等に付す場合**　　アバターに芸能人等の氏名を付すことで、当該アバターに付加価値を与えて差別化を図るということは一応考えられる。例えば、「芸能人 XX 御用達アバター」等である。

ただ、肖像と異なり、単に氏名が付されただけでどこまでその目的が達成できるかという観点から、あまり実務上は大きな問題とならないかもしれない。あるとすれば、前述4.(1)イの商品等の差別化を図る目的で肖像を商品等に付した場合において、同時に氏名をも付すといった態様ではないか。

　ウ　**肖像等を商品等の広告として使用する場合**　アバターを売り込む際の広告において芸能人等の氏名を付すこともあり得る。ただし、これも前述イと同様に、単に氏名が付されただけでどこまでその目的が達成できるかという観点から、あまり実務上は大きな問題とならないかもしれない。あるとすれば、前述4.(1)ウの肖像を商品等の広告として使用した場合に同時に氏名を付すといった態様ではないか。

　エ　**パブリシティ権は侵害しないと思われる場合**　単にメタバース上のアカウント名を有名人、芸能人と同じものとするだけでは、直ちにパブリシティ権を侵害することにはならないと考えられる。ただし、そのような行為が（アバターがどのようなものか等も踏まえた総合的判断であるとは思われるものの）なりすまし（第8章参照）の問題を生じさせる可能性はある。

◆**(2) CAの氏名（VTuberの芸名、ユーザーネーム等）が顧客吸引力を有する場合**　VTuberの芸名、ユーザーネーム等が顧客吸引力を有することがある。このような場合においては、芸能人の芸名についてそれが本名ではないというだけでパブリシティ権が否定されるものではないのと同様、CAの氏名が本名ではないというだけでパブリシティ権が否定されるものではない。

　ア　**肖像等それ自体を独立して鑑賞の対象となる商品等として使用する場合**
有名なVTuberの氏名ならこの類型に該当し得る。[*18]

　イ　**商品等の差別化を図る目的で肖像等を商品等に付す場合**　様々なグッズに、肖像と共に、または氏名単独でVTuberその他のCAの氏名が付されることがあり、それが商品等の差別化を図る目的の場合であることも多い。このような場合には、パブリシティ権を侵害し得る。

　ウ　**肖像等を商品等の広告として使用する場合**　VTuberの氏名を肖像と共

＊18　氏名を記載したアクリルキーホルダー、タオル、幟（のぼり）、Tシャツ等のグッズ等が想定される。

に、または氏名単独で広告に付すことはあり得るところ、このような場合にも、パブリシティ権を侵害し得る。

エ　パブリシティ権は侵害しないと思われる場合　　前述 (1) エの芸能人の場合と同様、単にメタバース上のアカウント名を有名な VTuber や有名な CA と同じものとするだけでは、パブリシティ権を侵害することにはならないと考えられる。ただし、そのような行為がなりすまし (第8章参照) の問題を生じさせる可能性はある。

6.　肖像といえない場合

◆ **(1) はじめに**　　上記のとおり肖像や氏名が利用される場合がパブリシティ権侵害の典型的な場合である。しかし、パブリシティ権の特徴はその幅の広さ (前述3.(1) 参照) である。すなわち、プライバシー (第5章参照)、肖像権 (第6章参照)、氏名権 (第8章参照) 等で別途保護の途もあるような肖像・氏名が保護されるだけではなく、それ以外の、(人間の) 肖像といえない場合であっても保護され得るところに特徴がある。

　上述のとおり、調査官解説は本人と似ている動物の図柄が需要者にとって本人を識別するものとして著名であればこれも「肖像等」に含まれるとするところ、このような需要者にとって本人を識別するものとして著名な、通常肖像とはいえない図柄*19について、それをその本人の氏名を利用せずに利用する場合についても、なおパブリシティ権侵害の成立を認めており、例えば動物のアバター等、なかなか「肖像」といえない場合には、このような議論が問題となるであろう。

◆ **(2) 第三者の顧客吸引力を有する (肖像以外の) 画像等を氏名を用いずに CA に利用する場合**　　ここでは、前述のピンク・レディー事件調査官解説でいう、本人と似ている動物の図柄が需要者にとって本人を識別するものとして著名である場合の当該図柄を CA に利用する場合が考えられる。

ア　肖像等それ自体を独立して鑑賞の対象となる商品等として使用する場合

＊19　なお、肖像の範囲の拡張可能性については**第6章**を参照のこと。

この場合も4.(1)アのとおり、そのような図柄が独立した観賞に堪えるようなものであれば、その3D化されたアバターそのものがそのような商品となることはあり得るだろう。

　　イ　**商品等の差別化を図る目的で肖像等を商品等に付す場合**　　この場合も、4.(1)イと同様に、アバターとして当該図柄をメタバース上で操作できるようにしたものを売り出すというような事態は、この商品等（アバター）の差別化のために当該図柄を利用するパブリシティ権侵害の一類型である。

　　ウ　**肖像等を商品等の広告として使用する場合**　　メタバースにおいて商品・サービス等を販売する際そのような図柄を利用したアバターをまとった販売員等が販売を実施するという形で、当該図柄を利用することはあり得る。それも4.(1)ウと同様にパブリシティ権侵害となるだろう。

　　エ　**パブリシティ権は侵害しないと思われる場合**　　これに対し、確かに利用方法によっては顧客吸引力を利用するような使い方ができる図柄であっても、その具体的な利用方法において、顧客吸引力を利用していないのであれば、パブリシティ権侵害にはならない。

　　例えば、ファンがその芸能人のシンボルとして顧客吸引力のある図柄を自らのアバターとしてメタバース上で利用しても、必ずしもそれだけではパブリシティ権侵害にはならないだろう。

◆**(3) CAのアバター等が肖像といえないものの顧客吸引力を有する場合にそれを氏名を用いずに利用する場合**　　これは、4.(2)でも述べたとおり、①VTuber等アバターの「肖像」の解釈として、人間らしい肖像であればそれが「中の人」の実際の顔を反映していなくても肖像として4.(2)の議論の対象とするという解釈を採用した場合における、動物やロボットのアバター等、およそ肖像といえないものについて、そのVTuberとの密接関連性から、なお需要者において顧客吸引力を持つことから問題となる場合と、②VTuberのアバターは「中の人」の写真の場合か、イラストであっても「中の人」の容ぼうを一定程度反映したものでなければそれを肖像とはいえないと解した上で、VTuberのアバターは当該VTuberと密接に関連するところ、その密接関連性の結果として当該アバターが需要者において顧客吸引力を持つことから問題と

なる場合という、2つのパターンがあるだろう。

　ア　肖像等それ自体を独立して鑑賞の対象となる商品等として使用する場合
例えば、そのようなアバターの内容次第で、独立して鑑賞の価値があり、それが、前述4.(2)アのとおり、アクリルキーホルダーやアクリルスタンド等の形で鑑賞のための商品等として利用されることがある。なお、オンライン上でもデジタル写真集のような形で提供されることがあるだろう。その場合には、当該CA（の「中の人」）の有するパブリシティ権を侵害することになる。

　イ　商品等の差別化を図る目的で肖像等を商品等に付す場合　　例えば、コラボ商品としてそのようなVTuberの（肖像とはいえない）アバターを商品に付すことで差別化を図る場合が考えられ、その場合にはパブリシティ権を侵害することになる。

　ウ　肖像等を商品等の広告として使用する場合　　VTuber等のアバターのうち、肖像とはいえないものを商品等の広告に利用する場合にも当該CA（の「中の人」）の有するパブリシティ権を侵害することになる。

　また、他人のCAのアバターのうち肖像といえないものを自らのCAに利用するということも、自らがそのCAを利用して商品を販売・広告するということであれば、この類型として当該CA（の「中の人」）の有するパブリシティ権を侵害することになるだろう。

　エ　パブリシティ権は侵害しないと思われる場合　　そもそも、肖像等として保護の対象となる「本人を識別するものとして著名」なものといえないのであれば、パブリシティ権の保護の対象とならない。また、有名ではないCA等、そもそも顧客吸引力がないとされる場合はあるだろう。

　また、VTuberのうち、そのアバターが肖像ではないとされるものやその他肖像ではないとされるアバターをファン等がその交流の姿を撮影し、共有したり、そのアバターを自分のCAに用いたりする行為は、そのアバターそのものが仮に顧客吸引力があるとしても、その顧客吸引力を利用していなければ少なくともパブリシティ権は侵害しない。[20]

7. CAに関するパブリシティ法をめぐる議論を深化させるために

　パブリシティ権に関する対象範囲の広さには、その顧客吸引力が商業的に利用される場合に広い範囲でCAが保護されるという意味がある。特に、プライバシーや肖像権では保護され得ないような、肖像とはいえないものについても保護されることから、現行法の比較的保守的な解釈でCA、とりわけ本人の肖像と似ても似つかないようなCAを人格権で保護しようとすると、パブリシティ権が最も「使いでがある」権利なのかもしれない。

　とはいえ、CAの場面でどこまでを「肖像」というか、また、肖像ではないがパブリシティ権で保護されるべき「図柄」の範囲はどうかという問題は、これまでは単に調査官解説で示唆される程度であったものが、まさにCAでは正面からの問題となる以上、この機会に現行法の解釈の精緻化を図るべきであろう。[21]

---

[20] なお、単に4.(2)で述べた芸能人と密接に関係する図柄をアバターとしただけでは、それを他人が「その芸能人だ！」と誤認することは通常ないので、なりすましが問題となる可能性は低いと思われる。これに対し、（例外的場合に限られるとは思われるものの）まさにその図柄をアバターとしている有名人がもし存在するのであれば、その図柄を他人が自分のアバターにすれば、なりすましの問題（第8章参照）は出てくるのだろう。

[21] また、これはCAに限らないが、パブリシティ権の譲渡可能性等をどう考えるべきかは別問題となる。東京地判令和4年12月8日判タ1510号229頁は一応これを肯定したものの、譲渡を肯定すべきか、また、仮に肯定すべき場合があるとしても、CAの具体的場面でどこまで肯定すべきかについて、議論の射程が問題となるだろう。この点につき、斉藤博『人格権法の発展』（弘文堂、2021）295-297頁（特に296頁）は、人格権とは切り離した財産権としてのパブリシティ権を認識することで十分なのではなかろうかと論じる。斉藤・法的保護216頁以下（特に218-219頁および223-224頁）は、「人格権に由来する権利」（強調筆者）として単なる人格権ではないとする最高裁の文言を重視し、不競法のような標識法としての保護を志向する。このように「単に人格権にすぎないのに譲渡できるのか」といった問題設定をすることが適切ではないことは強調しておきたい。

第8章
CAとなりすまし
──氏名権、アイデンティティ権等──

1. CAのなりすましという重要問題

　なりすましは、ある人物がまるで他者本人であるかのように振る舞う行為を指す[*1]。なりすましが発生することで、本人に様々な被害が生じ得る。もし、メタバースにおいてなりすまし被害が頻発するようであれば、これはCAやメタバースの信頼性さえも揺るがし得る事態である。だからこそ、なりすましについては、どのような法的根拠によってそれを違法として制限するかであるとか、それをアーキテクチャ等法律以外の方法を含むどのような方法で防止するか等が問題となるだろう。

　もちろん、正当な表現が禁圧されてはいけない。そのような正当な表現としては、例えば、デジタルアーカイブのためにアバターを複製するとか、批判のためにアバターの動画を引用する（このような行為と著作権に関し、第9章注18等を参照）といったものが考えられる。また、例えば有名人とたまたま同姓同名というだけで、自分の氏名をメタバース内で利用することが禁止されるというのも行き過ぎた解釈だろう。その意味ではCAのなりすましに関する解釈論においても、利害関係者の利益のバランスを取っていく必要がある。

　このような観点から、総合的に検討をしていきたい。まずはなりすましの類型を検討した上で（2.）、権利ごとに対応を考え（3.〜8.）、最後に問題解決に向けた提言を行う（9.）[*2]。

---

*1　石井夏生利「アバターのなりすましを巡る法的課題─プライバシー保護の観点から」情報通信政策研究6巻1号（2022）<https://www.jstage.jst.go.jp/article/jicp/6/1/6_1/_pdf/-char/ja> IA-3頁

2. なりすましの類型

　ここで、石井は「アバターのなりすましを巡る法的課題——プライバシー保護の観点から」[*3]において、なりすましを①他者の環境内で第三者に気付かれない方法を用いて、本人のアバター表示を偽る行為、②改変した本人のアバター表示を第三者と共有する行為、③他者が本人を揶揄するために、その氏名と外見を用いて自己のアバターを作成し、仮想空間上で利用する行為、という3類型に分けて論じている。

　このうち①としては、「自己のVR画面内で本人のアバターを無断で滑稽なものに表示した場合」、「本人の顔や仕草、動作を、本人の体格や肌色に合わせた汎用的なCGの裸体と合成させた場合」等が挙げられ、②は、例えば「他者が本人をファシストであると思い、そのアバター画像にヒトラーの小さな口ひげを描き、鉤十字の腕章を装着するなどして改変し、それを第三者と共有した場合等」とされ、③は揶揄のためのなりすましとされる。

　このような類型化以外にも、なりすましがなされる場所による類型化も可能であろう。まず、同一の仮想空間内のなりすまし、つまり、同一の仮想空間にいる特定のCAになりすますことが考えられる。ただし、その場合には発覚が比較的容易であろう[*4]。次に、物理空間とメタバース（仮想空間）の間におけるなりすまし、つまり、物理空間上の特定の人物そっくりのアバターや名前を使う場合が挙げられる[*5]。さらに、仮想空間を跨ぐなりすましということで、甲が仮想空間AワールドにいるＢワールドにいる乙が、Ｂワールドにおいて甲になりすます、という方法もあり得る。例えば、有名な

[*2] なお、不正アクセス禁止法等による対応もあり得るが、**第3章**から**第8章**は人格権（およびそれを背景とした個人情報保護）をテーマにしているので、人格権と関係しない問題は検討の対象から外している。

[*3] 石井・前掲注1）IA-10頁

[*4] とはいえ、いわゆる「CA認証」等が適切に行われなければ、複数のアバターが存在し、「どれかが本物」で「どれかがなりすまし」であることがわかっても、どれが本物かがわからないという状況が容易に生じ得ることに留意が必要である。この点は、後述9.も参照のこと。

[*5] なお、CAの世界では「ロボット」等の物理空間におけるアバターになりすます事例も発生する可能性があることに留意が必要である。

仮想空間の1つであるVRChatだけで活躍している有名なCAである甲が存在する場合において、別の有名な仮想空間の1つであるClusterにおいて、乙がまるで甲であるかのようなアバターとユーザー名を利用してなりすますということである。この場合には、甲がClusterの状況に注意していなければ、知らない間にCluster内で乙によるなりすましアバターが甲だと偽って多くの人と交流してしまい、被害が拡大する可能性がある。

さらに、アバターの利用パターンとして、例えば、「中の人」が1人の場合だけではなく、複数人が中にいることがあることにも留意が必要である。[*6]

それ以外にも、例えば営業秘密等の取得のためにメタバース上の仮想オフィスに従業員になりすまして不正侵入する場合も考えられる。[*7]

3. 名誉権・名誉感情侵害の観点に基づく対応

まず、名誉毀損・名誉感情侵害（第3章参照）を利用して以下の2つのなりすまし類型に対応することができる可能性がある。[*8] なお、名誉毀損は犯罪でもあるので、名誉毀損罪（刑法230条）や侮辱罪（同231条）等による刑事罰の対象となる。

◆(1) 周囲の人が本人と信じる場合　1つ目は、そのなりすましCAが行う行為を周囲の人（一般の利用者）が本人だと信じるため、そのなりすましCAの行う非違行為等を本人が行ったと信じる結果、その名誉が毀損される場合で

[*6] 「アバターの利用パターンとの関係では、1人が1つのアバターを利用する場合には同一性を肯定することに問題はなく、1人が複数のアバターを用いる場合であっても、当該アバターを通じて本人の人格が一部でも表出されていることから、同一性は肯定できると考えられる。問題は、複数名が1つのアバターを利用する場合である。この場合には、本人とアバターの結び付きが稀薄であり、当該アバターの活動が誰の人格を反映しているかを外形的に判別することは困難となる。そのため、アバター同士が社会関係を形成する文脈においては、無権限者が当該アバターを不正に利用したとしても、アイデンティティに関わる人格権等の侵害可能性は相対的に低下すると思われる」とする石井・前掲注1）IA-10頁を参照。

[*7] このような場合について「仮想オフィスへの侵入の場合、オフィス内での会話やリアルタイムで進行する会議の内容等、より機密性の高い情報が漏えいし得る点でリスクが高度」であるが、利用規約上の免責規定により損害賠償請求のハードルがあるため、当該サービスのセキュリティをチェックし、パスワード設定等の不正侵入対策をとることが重要とする稲垣紀穂「他社メタバース利用時の不正侵入リスクと各種法規制」ビジネス法務2023年8月号115頁参照。

[*8] 他者の名誉（社会的評価）を毀損することとなれば名誉権の侵害になるとする、論点整理44頁も参照。

ある^{*9}。例えば、東京地判平成18年4月21日Westlaw2006WLJPCA04210003［アイドルコラージュ事件］は、アイドルの顔写真と他人の身体の画像を合成し、アイドルがまるで裸体を露出しているかのようなコラージュ写真を作成した事案において、「極めて精巧な合成写真であって、画像を見るだけでは、これが合成写真であることを見抜くことはほとんど不可能であって、その生々しい臨場感の故に、アイコラ画像についての前提的な知識を有している者に対しても、対象とされたアイドルタレントがあるいは真実そのような姿態をさらしたのかもしれないと思わせかねない危険性をはらんだものであったことは否定できない」という事実認定の下、名誉毀損罪の成立を認めている。

これは、上記石井論文が挙げた類型のうちの②に該当するだろう。また、ディープフェイクのような、ますます巧妙にアバターを用いて他人を演じたり、そのような動画等を作成して頒布したりする行為も、この類型の名誉毀損による規制が可能だろう^{*10}。

◆**(2) 第三者による事実摘示や意見論評と理解される場合**　2つ目は、第三者による事実摘示と解される場合である。例えば、本人に似たアバターが「自分は犯罪者で、ひどいことをしてしまった」と述べる場合において、それがとても巧妙であれば1つ目の名誉毀損が成立する可能性がある。問題は、そこまで巧妙ではなく、周囲の人（一般の利用者）として、それが偽物だと理解する場合である。通常人が、実在の人物についての事実を主張すると認識するのではなく、架空のものとして認識する限りにおいて、名誉毀損、プライバシー侵害、または、パブリシティ権侵害のいずれも成立しないという見解もある^{*11}。

しかし、そのようななりすましと容易に分かるものでも、一般読者にとって、それは（なりすましを行う）第三者が、当該本人が犯罪者である旨を摘示していると理解される可能性もある。すなわち、なりすましにおいて、本人だと思わ

＊9　特に刑事の名誉毀損については、名誉概念について検討が進んでいる。嘉門優「名誉概念の『通説』」法セ821号（2023）12頁を参照。

＊10　なお、石井の類型①については、特に「本人の顔や仕草、動作を、本人の体格や肌色に合わせた汎用的なCGの裸体と合成させた場合」はこれに類似するものの、あくまでも「第三者に気付かれない方法を用い」る以上、公然性がなく、名誉毀損にはならない可能性が高い。しかし、本人がそれを何らかの方法で知ったのであれば、名誉感情侵害を肯定する余地はあるだろう。

＊11　石井・前掲注1) IA-15頁参照。

れること自体は本質的な問題ではなく、周囲がそれを他人だと気付くとしても、むしろ、そのような表現手法を通じて、第三者による事実摘示や意見論評として社会的評価が低下する場合には、それもまた名誉毀損として違法となり得る[*12]。

4. プライバシーの観点に基づく対応

なりすましを通じて、なりすました相手に関する事実、またはそれらしく受け取られるおそれのある情報を公表することとなれば、プライバシーの侵害になり得る[*13]。プライバシーにおいて重要なことは、私生活上の事実だけではなく、「私生活上の事実らしく受け取られるおそれのあることがら」であってもそれを公開すれば、「宴のあと」判決に基づく私生活秘匿に関するプライバシー侵害が成立し得るということである（第5章参照）。

例えば、実在の人物の容ぼうをリアルに再現したアバターが仮想空間上において活動した場合、当該アバターが第三者により作成され、操作されたものであったとしても、一般の人々は、その活動を当該実在の人物が行ったものと誤認するおそれが考えられ、このような場合について、プライバシー権侵害が成立する可能性もあり得るとされる[*14]。本人は、実際にそのような行動をしていないことから「私生活上の事実」ではないものの、それが「私生活上の事実らしく受け取られるおそれのあることがら」となり得る以上、プライバシー侵害になり得る。

とはいえ、単に「こんにちは」と挨拶するというだけでは秘匿性が否定されるだろう[*15]。例えば、本人の肖像を利用せず、いわゆるデフォルトアバターを利用する場合であって、かつ当該アカウントで行う活動が挨拶等の秘匿性のない内容にとどまる場合、プライバシー侵害の成立は難しいように思われる[*16]。

---

*12 松尾＝山田・インターネット名誉毀損165-166頁
*13 論点整理44頁
*14 同上33頁
*15 例えば、アバターの顔が本人の顔写真と同じであれば（5.の肖像権の問題に加え）、インターネット上にその人の顔写真を貼ること（東京地判平成25年7月19日 Westlaw2013WLJPCA07198030）と同様に、その態様次第でプライバシー侵害となり得る。

5. 肖像権の観点に基づく対応

　なりすましに際し、他者のアバターの肖像を無断で使用することとなれば、その行為の態様や、なりすまし被害を受けたアバターの類型等に応じ、肖像権[17]等の侵害に該当し得るとされる[18]。例えば、本人の容ぼうを模したものであれば、肖像権侵害の可能性が高まる[19]。

　また、第6章で述べたとおり、一定の（本人の容ぼうを模したものではない）アバターについても肖像権による保護を及ぼすことが考えられ、それによって、特定の仮想空間で活動するCAについて本人の容ぼうと類似しないアバターを利用して、同一または別の仮想空間でそのアバターになりすます行為について、肖像権による保護を拡張する余地が出てくるだろう。

6. パブリシティ権の観点に基づく観点

　第7章で述べたとおり、当該肖像やアバターが、顧客吸引力を有しているのであれば、仮にそれが肖像権の対象といえないものであっても、パブリシティ権によってより広い範囲のなりすましについて対応できる可能性がある。例えば、VTuberのアバターになりすます行為について、これが「中の人」の顔に類似したアバターか、そうではない人間類似のアバターか、そもそも人間の肖像とはいえない動物やロボットのようなものかを問わず、一定範囲でパブリシティ権に基づいた対応を行うことができる可能性がある。

　とはいえ、パブリシティ権で対応できるなりすましの範囲は、そのなりすましによってアバターを利用する目的がその元のアバターの顧客吸引力を利用する場合に限られるという制約があることが重要である。仮に、あるVTuberのファンが、当該VTuberのアバターを利用して自分もそのアバターを操作したいであるといった個人的な興味でVTuberになりすましても、それはVTuber

---

* 16　デフォルトではない個性的なアバターであるものの、本人の肖像と異なる場合については、いわゆる覆面レスラーの写真をインターネット上にアップする場合等と類似の判断になるのではないか。
* 17　実在の人物の容ぼうを模したものか、オリジナルのデザインで創作されたものかなど。
* 18　論点整理43頁
* 19　なりすましによる肖像権侵害肯定例として、東京地判令和2年6月26日判タ1492号219頁参照。

の顧客吸引力を利用する場合ではない以上、少なくともパブリシティ権で対応することはできないことは第7章で論じたとおりである。

7. 氏名権の観点に基づく対応

他者のアバターへのなりすましの際に、当該他者の実名が騙られている場合には、人格権の一部とされる氏名権[20]の侵害にも当たり得る[21]。

最高裁は「人は、その氏名を他人に冒用されない権利を有する[22]」として氏名権を保護する[23]。そこで、アバターになりすます際に、本人の氏名を冒用していれば、それが氏名権侵害となり得る。

ここで、CAを利用する際には本名ではなくアバター名等を利用することが多い。そこで、通称が氏名権によって保護されるかが問題となる[24]。この点、「氏名でなく通称であっても、その個人の人格の象徴と認められる場合には、人は、これを他人に冒用されない権利を有し、これを違法に侵害された者は、加害者に対し、損害賠償を求めることができるというべき」とする東京高判平成30年6月13日判時2418号3頁や、「通称名であっても、個人がそれを一定期間専用し続けることによって当該個人を他人から識別し特定する機能を有するようになれば、人が個人として尊重される基礎となる法的保護の対象たる名称として、その個人の人格の象徴ともなりうる可能性を有する」とする東京地判平成5年11月19日判タ835号58頁のような通称を保護する裁判例が存在する[25]。そこで、本名でないアバター名等についても氏名権によって保護される可

---

*20 人がその氏名の専用を他人から不正に侵害されない権利とされる。
*21 論点整理43頁
*22 最判平成18年1月20日民集60巻1号137頁
*23 「氏名を他人に冒用されない権利・利益」に言及する最判昭和63年2月16日民集42巻2号27頁から、平成18年最判を経て、後述の最大判平成27年12月16日民集69巻8号2586頁に至る判例の展開については、斉藤・法的保護167-168頁参照。
*24 斉藤・法的保護187頁は、『氏名を冒用されない権利』の根拠は、氏名が『人が個人として尊重される基礎であり、その個人の人格の象徴』(昭和63年最判)であることに求められるから、その保護対象は戸籍上の氏名に限られず、社会的に活動する主体におけるアイデンティティの実態に応じて、通称が保護される場合もありえると解される」とする。
*25 なお、斉藤・法的保護188頁は上記東京高判平成30年6月13日に対し、「なりすまし」の事実をもって、「冒用」の該当性および違法性を推定しているようにも見受けられるが、違法性は諸事情の総合考慮により判断すべき場合も想定し得るとする。

能性がある。[*26]

　すると、CAの利用者が特定の通称名（VTuberとしての名称（VTuber名）やメタバースにおけるアバター名、ユーザー名やアカウント名等）を利用している場合、それを利用して自分になりすました第三者に対し、氏名権侵害を主張することができる可能性がある。ただし、すべての通称が保護されるわけではない。上記東京高判平成30年6月13日および東京地判平成5年11月19日がいずれも「個人の人格の象徴」と述べているように、それが「個人の人格の象徴」といえる程度に本人と密接に結びついていることが必要である。例えば、VTuberがその芸名として同じ名称を継続的に利用しているといった形で、通称にも比肩するような利用がなされる場合であれば保護がなされるだろう。

8. アイデンティティ権の観点に基づく対応

　上記の各権利で対応できない場合のいわゆるバスケット的な権利利益として、他者から見た人格の同一性を侵害されない権利たるアイデンティティ権も問題となる可能性がある。[*27]

　大阪地判平成28年2月8日判時2313号73頁は、「他者との関係において人格的同一性を保持することは人格的生存に不可欠である。名誉毀損、プライバシー権侵害及び肖像権侵害に当たらない類型のなりすまし行為が行われた場合であっても、例えば、なりすまし行為によって本人以外の別人格が構築され、そのような別人格の言動が本人の言動であると他者に受け止められるほどに通用性を持つことにより、なりすまされた者が平穏な日常生活や社会生活

[*26] この点は、最高裁が、婚姻改姓に伴う不利益は、「氏の通称使用が広まることにより一定程度は緩和され得るものである」と述べており（最大判平成27年12月16日民集69巻8号2586頁）、特に婚姻で改姓する前の氏を通称として使用している場合には保護の余地が大きいものの、上記東京高判平成30年6月13日や東京地判平成5年11月19日は特に婚姻で改姓する前の氏を通称として続用する場合に限っていないようである。

[*27] 城内明「インターネット上のなりすましとアイデンティティ権」新・判例解説Watch 21号（2017）93頁以下。小林直三「アイデンティティ権に関する若干の検討〜平成29年8月30日大阪地裁判決〜」WLJ判例コラム127号（2018）1頁以下、木村和成「インターネット上のなりすまし行為による本人のアイデンティティの侵害」私法判例リマークス56号（2018）14頁以下、遠藤史啓「インターネット上での他人へのなりすましとなりすまされた者の名誉権・肖像権等の侵害」私法判例リマークス58号（2019）42頁参照。

を送ることが困難となるほどに精神的苦痛を受けたような場合には、名誉やプライバシー権とは別に、『他者との関係において人格的同一性を保持する利益』という意味でのアイデンティティ権の侵害が問題となりうると解される」として、傍論で初めてアイデンティティ権を承認した。しかし、同判決は、同時に「『他者との関係において人格的同一性を保持する利益』が認められるとしても、どのような場合であれば許容限度を超えた人格的同一性侵害となるかについて、現時点で明確な共通認識が形成されているとは言い難いことに加え、なりすまし行為の効果及び影響は、なりすまし行為の相手方となりすまされた者との関係、氏名、ハンドルネーム及びID等なりすまし行為で使用された個人を特定する名称、記号等の性質、顔写真の使用の有無及びなりすまし行為が行われた媒体等の性質等なりすまし行為の手段及び方法、なりすまし行為の具体的な内容などの諸要素によって異なることからすれば、どのような場合に損害賠償の対象となるような人格的同一性を害するなりすまし行為が行われたかを判断することは容易なことではなく、その判断は慎重であるべきである」とし、結論として当該事案においてアイデンティティ権侵害を否定した。

　大阪地判平成29年8月30日Westlaw2017WLJPCA08309007は、「他者から見た人格の同一性に関する利益の内容、外縁は必ずしも明確ではなく、氏名や肖像を冒用されない権利・利益とは異なり、その性質上不法行為法上の利益として十分に強固なものとはいえないから、他者から見た人格の同一性が偽られたからといって直ちに不法行為が成立すると解すべきではなく、なりすましの意図・動機、なりすましの方法・態様、なりすまされた者がなりすましによって受ける不利益の有無・程度等を総合考慮して、その人格の同一性に関する利益の侵害が社会生活上受忍の限度を超えるものかどうかを判断して、当該行為が違法性を有するか否かを決すべき」とした上で、結論としてアイデンティティ権侵害を否定した。

　東京地判平成31年3月20日Westlaw2019WLJPCA03208020は、ユーザー名の表記が原告を想起させるものであることを了解した原告の知人等の関係者が、本件各投稿を原告自身が記載し投稿したものであると認識（誤解）する可能性は極めて低いこと等からユーザー名の表記や本件プロフィール欄の内

容のもと本件各投稿がされていることをもって、原告の氏名が冒用されたとか、原告のアイデンティティ権が侵害されたと認めることはできないとした。

なお、判示にはアイデンティティ権という言葉は含まれないが、東京地判令和3年8月4日Westlaw2021WLJPCA08048010は「他者との関係において人格的同一性を保持することは人格的生存に不可欠であるが、なりすまし行為によって本人の人格的同一性が侵害されたと評価されるためには、当該別人格が本人になりすましてされた言動が、本人の言動であると閲覧者が受け止めるほどに通用性を持っていることが不可欠の前提になっている」とした上で、本人によって投稿されたものではなく、なりすました第三者によって茶化す意図で投稿されたものと理解するものといえ、本人の言動であると他者に受け止められるほどに通用性を持っていたと評価することはできず、原告の人格的同一性が侵害されたなりすまし行為が行われたと認めることはできないとした。

このように、現時点で、データベース収録判例の中で、アイデンティティ権侵害を認定したものは見当たらない。[28] その意味で、アイデンティティ権は、まだまだ権利として未成熟といわざるを得ない。

もっとも、人格的同一性の保護を肯定的に捉える議論は、本人に対し、アバターを通じて表出される様々な人格のコントロールを認め、社会関係を形成する自由を与えることができる点において、メタバースにおける秩序形成に重要な示唆を与えるとする。[29]

そこで、石井は、メタバースでの秩序形成においては、なりすましによる本人の物理的・精神的不利益を払拭するための仕組みを設けることが求められるべきとし、その根拠の1つにアイデンティティ権を挙げる。[30]

つまり、法的解釈論という意味では、アイデンティティ権はまだ未成熟で、解釈論としてどの範囲で保護され、どの範囲までが受忍の範囲なのかが不明確である等、不確実性・不安定性等があるものである。しかし、アイデンティ

---

*28 なお、データベースには収録されていないようであるが、東京地決平成31年1月17日は初の肯定例とされる（松尾＝山田・インターネット名誉毀損46頁）。
*29 石井夏生利「自己イメージの形成とアイデンティティ権―メタバースのアバターを中心に」情報通信政策研究7巻1号（2023）<https://www.soumu.go.jp/main_content/000889620.pdf> IB-13頁
*30 同上

ティ権が提起する問題としての、インターネット社会におけるなりすましへの不安というのは、CAにおいても重要な問題意識として存在する。そこで、その問題意識に対して対応すべき、という限りでは著者も賛同するところである。

　ただし、リアルタイムに声・表情・身体の語気を反映するものは「中の人」との結びつきの度合いが高まるという意味での侵害成立可能性が高まると指摘するとともに、複数の要素が総合されるメタバースでは本人であるとの誤解が生じにくいと指摘するものもある。[*31] 要するに、アイデンティティ権の法的解釈論としては、どのような場合にその人格の同一性が法的保護に値するほど侵害されたか、という点が問題となるだろう。そして、アイデンティティ権が人格権ないしは人格的利益というものであるとすれば、「中の人」との結びつきの度合いが高まれば高まるほど、そのような「中の人」と多面的にかつ深く結びついたアバターを偽ることの権利利益侵害性が高まると一応いえる。例えば、アバターとして利用する写真が同一で、ユーザーIDが同一で、同一のボイスチェンジャーで音声を似せている等、オフライン上では簡単にできないほど巧妙ななりすましがしやすくなるという意味で、CA社会においてアイデンティティ権侵害を肯定しやすい状況が生じやすいことは事実である。しかし、例えば、SNSであれば、アイコンに本人の写真を入れて、ユーザーIDに本人の名前を使い、本人の言いそうな言葉をそれらしく呟いておけば、簡単に本人だという誤解を招くことができるだろう。しかし、例えばリアルタイムに交流することができるメタバースでのやり取りであれば、それまでに既に本人とコミュニケーションをした人は、そのなりすましアカウントとコミュニケーションをする過程で、むしろ「本人とは違う」という形でなりすましに気付いてしまう。そこで、人格の同一性を少なくとも長期的に偽り続けることが難しくなるという側面もある。この点は、まさに「メタバースだから」とか「CAだから」といった観点による、一律の一刀両断的な判断をするべきではなく、具体的な目の前の事案に即した判断をしていくことの重要性を示しているだろう。

---

*31　関・メタバース173頁

9. CAのなりすまし問題の解決のために

　石井は、CAのなりすまし対策として、①処罰規定の創設、②アバターの利用禁止、③不正利用のおそれのあるアバターの遠隔自動停止、および、④メタバース世界で築いた資産の没収などの事後的制裁を課すべき場面が生じるとし、その際に侵害者を特定し、メタバース内での活動に責任を負わせる仕組みとして、アバターに登録制を設けるという方法を提唱する[*32]。そして、新保史生教授がプロジェクトマネージャーを務め、筆者も慶應義塾大学特任准教授として研究に参加しているムーンショット型研究開発事業目標1「アバターを安全かつ信頼して利用できる社会の実現」においては、利用者認証・CA認証・CA公証技術を提案するための研究開発を進めているところ、まさにこのような問題意識に対応したものである。

　また、メタバースの各プラットフォームの利用規約では、当該規約に基づくコミュニティ基準等において、単に他者の氏名を騙るのみのもの（他者の肖像を使用しないもの）を含めた「なりすまし」を、迷惑行為等に当たるものとして、禁止している例が見られる[*33]。

　例えば、ユーザー名について、Discordが方針を変更したことで自分のユーザー名が他人に取られてしまった等の問題が生じているとされる[*34]。特に同一の仮想空間内のなりすましについては、プラットフォームが利用規約やアーキテクチャを通じて、なりすましが発生しにくいエコシステムを作り出すことがまずは重要なように思われる。

　そして、CAのなりすまし対策として現行法を改正し、特に刑事罰を設ける必要が果たしてあるのかは、現行法に基づく規制（例えば名誉毀損については刑事罰も存在する）によってどの範囲の事例に対応できるかをまずは確認すべきであ

[*32] 石井・前掲注1）IA-19頁
[*33] 論点整理44頁
[*34] <https://automaton-media.com/articles/newsjp/20230523-248612/>。なお、アイデンティティとは直接関係ないが、アーキテクチャとユーザ保護が問題となった事案として、X（Twitter）が仕様を変更してブロックをした相手が引き続き投稿を閲覧できるようにしたことも議論を呼んでいる <https://techcrunch.com/2024/11/03/x-updates-block-feature-letting-blocked-users-see-your-public-posts/>。

る。その上で、どこに規制の抜け穴があり、その抜け穴を塞ぐ方法として、法改正しかないのか、それとも、プラットフォームの利用規約やガイドライン等のソフトローによって対応できるのかを検討すべきである。その検討の結果、仮に法改正をするしかないとしても、民事規制や行政規制での対応を行うことで解決することはできないか、刑事罰まで必要か、という点をも問う必要があるだろう。ただ、結果的にCAの利用を促進し、なりすましの恐怖なく安心してCAを利用する社会を形成するためには、どうしても刑事罰等の厳しい方法を採用する必要がある、ということであれば、筆者としてこれに反対するものではない。

＊35　メタバース提供業者として、利用規約上アバターによるなりすましについて禁止しておくのが重要とする根岸秀羽「メタバースビジネスにおける契約実務」ビジネス法務2023年8月号112頁も参照。

第3編

知的財産権

　第3編は知的財産権を扱う。第9章では著作権を、第10章では、商標、意匠、不競法等を取り上げる。アバターについて著作権が生じるかといったCAに関する知的財産権の問題だけではなく、アバターを利用することが著作権等を侵害しないかといった、CAの利用に伴う知的財産権の問題も検討していく。なお、なぜパブリシティ（第7章）をこの第3編ではなく第2編に置いたのかは疑問があると思われるが、これは、第8章においてなりすましの総合的検討を行う前にパブリシティを配置した方が、読者として理解しやすいと考えたからである。

第9章
CAと著作権
―著作権による保護と侵害の回避―

1. はじめに

　著作権は〈CAと知的財産権〉の中で最も重要なテーマである[*1]。ここで、メタバースと著作権という大きなテーマであれば、例えばデジタルツインと著作権等、様々な論点があり得るだろう。しかし、本書はCAにフォーカスするものである。そこで、アバターと著作権の問題（2.）、CAの活動と著作権の問題（3.）、CAの活動と著作隣接権（4.）、およびアバターの活動を（アバターそのもの以外に関する）著作権を侵害しないで行う方法（5.）に限定して検討したい。

2. アバター（そのもの）と著作権

◆（1）アバターに著作権が成立するか

　ア　はじめに　　いかなる場合にアバターそのものに著作権が成立するか。例えば単なる「棒人形」のアバターであれば、少なくともアバターそのものには著作権は成立しないと思われる[*2]。しかし、具体的な状況において、アバターそのものについて著作権が成立する場合も存在するように思われる。以下では場合分けをして考えていこう。

　イ　精緻なアバターを作成する場合　　例えば、3Dモデルを作成して精緻なアバターを作成する場合、その具体的な内容にもよるが、美術の著作物（著作権法10条1項4号参照。以下、本章では「法」という）として著作物性が肯定され、

[*1] なお、プラットフォームと著作権については**第12章第2節5.**を参照のこと。
[*2] なお、そのような場合でもそのようなアバターに関するプログラムに係る著作権は別途問題となるが、CAそのものに密接に関係するものではないので、以下ではこの点を措く。

その作成者（後述（2）参照）が著作権を取得する可能性が高いだろう。

ここで、デジタルツインの文脈において関は、事実をそのままメタバース上に再現しただけであれば、著作物性が否定される可能性があるとする[*3]。

この議論をCAに敷衍すると、あるモデルとなる人物の写真を撮影した上で、当該（二次元の）写真をそのまま3Dモデルにしただけ、という場合には3Dモデルにするに際しての表現の幅が狭い場合には、（当該写真を撮影した写真家は写真に対する著作権を有するものの）3Dモデル作成者は、その3Dモデルに対し、写真と別個の独自の著作権が成立しない可能性があるということになる。

さらに、今後いわゆる3Dスキャナー等の技術発展が進み、もしその人の顔を完全に再現する「瓜二つ」のアバターを作成することができるようになれば、当該アバターについて著作物性が否定される可能性も全くないわけではない。

とはいえ、少なくとも現時点ではポリゴン数の制約その他の制約に応じた何らかの省略や簡略化等がされており、どこを省略・簡略化するかという意味での「表現の幅」は存在するように思われる[*4]。そこで、将来的に、「全く同じで瓜二つ」のアバターを作ることができる技術が確立した場合はともかく、少なくとも当面は「そのまま再現しただけだからアバターに著作物性はない」、という議論はあてはまらないだろう。

ウ　プラットフォームの提供する選択肢の中から選択する場合　プラットフォームの提供する選択肢の中から選択する場合として、例えばプラットフォームが男性アバターと女性アバターの2つを準備し、ユーザーがこの2つから選ぶという場合を検討してみよう。確かに、そのアバターを作成したプラットフォーム（またはプラットフォームの依頼を受けてアバターを作成した第三者）がそれぞれのアバターに対して著作権を取得することはあり得る。しかし、さすがにこのシチュエーションにおいてユーザーが著作権を得ることはあり得ない。

ただ、プラットフォームによっては、いわゆるアバターの顔のパーツ（例：目、鼻、髪型、肌色）や身体の形状、あるいは服装のデザインなどについて広い選択

[*3]　関・メタバース24頁
[*4]　この点は、地図の著作物（法10条1項6号参照）について、その省略・簡略化等における表現の幅を根拠に著作物性を認める議論と類似しているように思われる。

の余地を与えることがある。その場合にはそのような幅広い可能性から選び出して作成したアバターについて著作物性が肯定される可能性がある。

　もちろん、選択の幅やそれによってどの程度のバラエティある表現が可能になるか等にもよるところであろう。[*5]そこで、その点を検討した結果として創作性が否定されることもあるだろう。もっとも、詳細に選択をし、組み合わせ等を行う場合には、ユーザーによる創作的な表現として著作物（法2条1項1号）に該当する可能性がある。[*6]

　エ　生成 AI を利用する場合　生成 AI を使ってアバターを作成することもますます容易になっている。例えば、2D 写真から 3D アバターを作成する（I2I）、プロンプトを文章で打ち込んでアバターを作成する（T2I）等である。[*7]

　このような場合に誰が著作権を取得できるのか／できないのかという問題については、既に文化庁の「AI と著作権に関する考え方について」がある。[*8]

◆**(2) アバターの著作権者は誰か**

　ア　著作者　CA のアバターのうちの前述（1）の検討の結果として著作物性が肯定されるものの著作者を考える上では、ユーザーが作成する場合、プラットフォームが作成する場合、第三者（プラットフォームから依頼された第三者、ユーザーから依頼された第三者、依頼なく独立に作成した第三者等）が作成する場合等といったパターンごとの検討が必要である。基本的には、当該アバターを作成した自然人が著作者である。もっとも、具体的状況次第で職務著作（法 15 条）が成立する場合もある。[*9]

　なお、アバターの元となる二次元の画像・写真が存在する場合（前述（1）イ参照）等、二次的著作物となることで、元の画像・写真の著作権者が当該アバ

---

*5　プラットフォームの提供する素材を利用してアバターを作成する場合、組み合わせ自体に創作性がないことが通常とする、東崎賢治＝近藤正篤「知的財産紛争実務の課題と展望（6）自らの存在を秘したままキャラクターを使用してインターネット上の活動を行う者の知的財産権等の権利保護に関する検討」JCA ジャーナル 68 巻 12 号（2021）48 頁を参照。

*6　上野達弘「メタバースをめぐる知的財産法上の課題」Nextcom52 号（2022）11 頁および論点整理 38 頁参照。東崎＝近藤・前掲注5）も「組み合わせの数や種類次第では、デッドコピーを禁ずる程度の創作性が認められる余地があるかもしれない」とする。

*7　I2I や T2I については松尾・生成 AI 第1編コラム参照。

*8　<https://www.bunka.go.jp/seisaku/bunkashingikai/chosakuken/pdf/94037901_01.pdf>

*9　中崎尚『Q&A で学ぶメタバース・XR ビジネスのリスクと対応策』（商事法務、2023）109 頁

ターについて著作権法28条の権利（二次的著作物の利用に関する原著作者の権利）を持つ場合もあるだろう。[*10]

イ　著作権者　そして、契約等[*11]によって著作権が移転すれば著作権者は著作者ではなくなることもある。例えば、プラットフォームが第三者に依頼してアバターを作成させた上で、その著作権をプラットフォームに移転する合意をすることはあり得る。

◆**(3) アバターを適法に作成するにはどうすればよいか**　アバターを作成する際、第三者の著作権を侵害しないためにはどうすればよいだろうか。

例えば、第三者の撮影した写真や作成したイラストが存在する場合において、安易にそれをもとにアバターを作成する（3D化する）ことは、当該第三者の著作権（翻案権等）を侵害するリスクがある。ただし、その写真・イラストの著作権者の許諾を得ていればその限りではない。

また、既存のアバター（そのうちの前述(1)の検討の結果として著作物性があるもの）について、その本質的特徴を直接感得できるような別のアバターを作成すると当該既存アバターの著作権者（前述(2)参照）の著作権（複製権や翻案権等）を侵害するおそれがある。ただし、当該アバターの著作権者の許諾を得ていればその限りではない。

さらに、実在する人物を自ら写真撮影したり、スケッチしたりしてこれをもとにアバター化するという場合、モデルとなる人物の人格権（肖像権（第6章参照）等）の問題は生じるが、著作権の問題は基本的に生じないように思われる。

なお、実在する服や小物等のアイテムをアバターに持たせる場合、それが実用品であることから、著作物性が否定されやすくなる可能性があるものの、この点はCAの著作権そのものの論点ではないので詳論しない。[*12]

◆**(4) アバターを適法に利用するにはどうすればよいか**　まず、そもそも自らが作成したアバターであれば、（それが前述(3)の観点から適法に作成されている限り）

[*10]　中崎・前掲注9）109頁

[*11]　なお、実務上は著作権法61条2項の特掲等にも留意が必要である。

[*12]　最近のこの分野では知財高判令和6年9月25日［Tripp Trapp事件（三次）］<https://www.ip.courts.go.jp/app/hanrei_jp/detail?id=6243> が注目を集めている。

著作権法上問題なく利用することができる。

　前述（2）イのとおり、第三者の作成したアバターについて著作権の譲渡を受けることもあり得る。そしてかかる譲渡契約等によって自らがそのアバターの著作権者になれば、原則として著作権法上問題なく利用することができる。

　加えて、著作権者からライセンスを受けることもできる。[*13]ここで、ライセンス条件は両当事者の合意によって決定される。そこで、一般論としては、ライセンス条件に従う限り、原則として著作権法上問題なく利用することができるということになる。[*14]

◆**（5）第三者によるアバターの利用に対し、著作権でどのように対抗できるか**

　第三者が自己の著作権を侵害するアバターを利用する状況としては、①自己のアバターに関する著作権を侵害する、②自己のアバター以外に関する著作権を侵害する等が考えられる。

　ここで、①については、例えば、ユーザーAが自ら著作物たるアバターを製作し、それを利用していたところ、ユーザーBが当該アバターを気に入り、それとそっくりなアバターを自ら作成して利用するというシチュエーションが考えられる。この場合、まずは前述2（1）のとおりAのアバターが美術の著作物として保護されるかが問題となる。もし保護される場合に、Bが当該アバターの本質的特徴を直接感得できるようなアバターを作成する行為は、複製または翻案に該当する。かつ、メタバースというオンライン上で利用している以上、公衆送信にも該当する。[*15]

　その上で、これらの各支分権に該当する利用行為であっても、制限規定に該当しないかが別途問題となるだろう。上記の事例では公衆送信が含まれるので、少なくとも当該部分は私的使用（法30条）で正当化できるものではない。

---

*13　関・メタバース242-243頁
*14　なお、実際に生じ得る問題として、VTuberの「中の人」等が事務所と締結する契約上、あくまでもその事務所に所属する限りでアバターのライセンスを受けられることから、事務所を辞めた後はもはやアバターが利用できなくなるというものがある。この点については、いわゆる芸能人が事務所を辞めると芸名が利用できなくなる問題（第2章）と同様の問題として、公序良俗等で一定の制限を設けることが考えられる。
*15　なお、アバターそのものというよりそのイラストであるが、第3章で【C】とした大阪地判令和5年9月25日は、VTuberのイラストを一部改変した画像の投稿が複製権および公衆送信権を侵害するとした。

また、Aがアバターを利用して行う活動について論評するといった場面ではないので引用（法32条）で正当化できるものでもない。もっとも、Aのアバターという「美術の著作物」がメタバースの中の屋外の場所に恒常的に存在するとして、著作権法46条の権利制限規定の適用は問題となり得る。この点は、[*16]「屋外」該当性について、例えばデジタルツインを作成し、メタバース上の屋外に相当する部分に美術の著作物を恒常的に設置するという場合にどのように判断すべきかが、検討の前提となるだろう。[*17] 仮にこの事例で「屋外」性を肯定することができるとしても、アバターはユーザーがログインをしない場合には他人から見えなくなることが多く、「恒常」性が問題となり、またメタバース空間内を動き回ることから「設置」も問題となり得るだろう。

なお、②については、例えばユーザーCが漫画を描いたところ、ユーザーDが当該漫画のキャラクターをアバター化するという場合であり、この場合は、一般的な翻案等の議論の範疇であって、アバター化特有の議論はあまり多くはなさそうである。[*18]

3. アバターの活動と著作権による保護

◆(1) アバターの活動と映画の著作物該当性（特にVTuber等）　CAの動画、例えばVTuberの動画は映画の著作物（法2条3項）となり得る。ゲームを映画の著作物だとする最高裁判例からすれば、メタバース上のアバターの活動に

---

*16　著作権法46条柱書「美術の著作物でその原作品が前条第2項に規定する屋外の場所に恒常的に設置されているもの又は建築の著作物は、次に掲げる場合を除き、いずれの方法によるかを問わず、利用することができる。」を参照。

*17　これは、「現実空間の屋外にある美術の著作物をデジタル空間で再現する場合」の「屋外」の解釈（例えば関・メタバース79頁以下）の話ではない。そうではなく「デジタル空間上の『屋外』に相当する場所」において美術の著作物たるオブジェクトが展示されている場合である。なお、津田敦司「公共空間設置著作物の利用に関する法的規律」神戸法学雑誌73巻1号（2023）<https://da.lib.kobe-u.ac.jp/da/kernel/0100482607/> 105頁もこの文脈での屋外性は論じていないが、「公共空間は屋外の場所に限られるものではない。しかし、46条は、その空間的適用範囲を、文言上『屋外の場所』に限定しており、この点は問題であるといわざるを得ない」としており、立法論の参考になるかもしれない。

*18　ただし、引用については要約引用が認められている（中山・著作権法427頁）ところ、著作物を引用してメタバース上で論評する際に、メタバースであることを踏まえた3D化等の改変が許されるか等を論じる余地も全くないわけではないと考える（とはいえ、同426頁が「翻案一般を認めることはできず」とするように決して広範な翻案が認められるものではないことには留意が必要である）。

紐づく表現についてこの射程内として映画の著作物となるかにつき検討の余地があるとされる。[19]

ここで、例えばメタバース上でアバターが交流する様子を特定の位置から、物理空間でいうところの「定点カメラ」で撮影するような方法で撮影するというだけであれば（後述（2）以下の別の著作物に該当する可能性はあるが）、少なくとも映画の著作物としては創作性が否定される可能性が高いだろう[20]。しかし、記録的なものであっても、被写体の選択、撮影角度、構図等の選択によって映画の著作物になり得る[21]。

なお、物[22]への固定要件については、生放送でも同時に録画されていればよいとするのが多数説であり[23]、生配信について事後的に視聴できるようサーバーに保存されたことをもって固定要件を満たすとするものがある[24]。

◆（2）アバターの活動と言語の著作物該当性　アバター、例えばVTuberによる配信中の発言は「『言語の著作物』としての保護を受け得る」とされる[25]。ただし、単なる日常的な「だべり」のようなものに著作物性があるかは問題であり、例えば国交省とのやり取りの結果を動画にまとめた際のキャプションの著作物性が問題となり、「いずれもごく短いもので、ありふれた表現であるといわざるを得ないから、創作性を有するとはいい難く、著作物性は認められない」とした裁判例等も踏まえて検討すべきである[26]。

◆（3）アバターの活動とその他の著作物　その他、アバターのダンス等につ

---

*19　令和3年度著作権委員会「NFTおよびメタバースについての調査・研究」パテント75巻13号（2022）13頁、関真也「AR領域における商標の使用―拡張現実技術を用いた新たな使用態様を巡る現行法上の課題」日本知財学会誌14巻3号（2018）<https://www.ipaj.org/bulletin/pdfs/JIPAJ14-3PDF/14-3_p028-035.pdf>、関・メタバース222-228頁参照。
*20　中山・著作権法119頁参照。
*21　中山・著作権法118頁および東京地判平成25年5月17日判タ1395号319頁
*22　電磁的媒体を含む（中山・著作権法119頁）。
*23　小倉秀夫＝金井重彦編『著作権法コンメンタールⅠ〔改訂版〕』（第一法規、2020）223頁
*24　大阪地判平成25年6月20日判時2218号112頁。ただし、ログは残しても、メタバース空間での全ての映像は録画されているとは思えないことをどう考えるべきかが問題となる。栗原佑介「メタバースを中心とするバーチャルリアリティにおける著作権法の『実演』に関する―考察―『その実演』の意義を中心に」情報通信政策研究6巻2号（2023）7頁参照。
*25　東崎＝近藤・前掲注5）50-51頁
*26　東京地判令和4年12月14日裁判所HP（令和4年（ワ）第8410号）

いては、その内容により舞踏の著作物（法10条1項3号）に該当する可能性がある。アバターが描く絵については、美術の著作物（同4号）に該当する可能性がある。もっとも、これらについてはアバターであることやメタバース上のものであることによる相違点が少なく、基本的には通常の舞踏の著作物や美術の著作物の問題と同様であるように思われる（なお、上演権侵害等については、後述5.(1)を参照のこと）。

◆**(4) アバターの活動と著作者人格権**　第3章で【B】として紹介した東京地判令和6年1月18日は、匿名VTuberの氏名表示権について興味深い認定をしている。

　すなわちこの事案では、原告――あるVTuberの「中の人」――の（顔を写さない）自撮り写真が掲示板にアップロードされ、そのリンクが投稿された。原告はまず著作権侵害を主張したが、裁判所は最判令和2年7月21日民集74巻4号1407頁を引いて、侵害行為のうち、情報の流通によって権利の侵害を直接的にもたらしているものに限られるとし、本件ではこの要件を満たさず、著作権に関する「権利の侵害」は明らかではないとした。その上で、氏名表示権（19条）について、裁判所は、そもそも著作者である原告は著作者名を表示しておらず、著作者名を表示しなくても、著作者の氏名表示権を侵害しないとした。これに対し、原告は、画像に氏名を表示する予定だったと主張したが、当該写真が、あえて原告の顔を写さずに撮影されたものであり、原告は、VTuberの活動において、原告の写真等を一切公表していないことが認められることから、原告の氏名を表示する予定であったという原告の主張は、人物識別情報の公開を避けていた事情に照らし、それ自体信用性が低いとした。

　そもそも、氏名表示「予定」だったというだけで氏名表示権侵害を認めることは困難であり、その意味では、ある意味では無理筋の主張という側面があると思われるものの、裁判所がVTuberの匿名性を踏まえてこのような判断をしていることは参考になるだろう。

4. アバターの活動と著作隣接権による保護

◆**(1) 実演該当性**　CAの活動のうち、実演（法2条1項3号）[*27]の要素を含む

ものは一定範囲で「実演」に該当し得るともされる。[28]

この点に関し、アバターの性格、決め台詞、口調、ポーズ等に演出的キャラクター設定がなされており、操作者がその設定に沿って動作、発声等を行うような場合は、「実演」に該当する可能性があるのに対し、仮想空間内の店舗で行う接客動作に伴う動作、発声等は、通常は、著作物を演じるものでも芸能的な性質を有するものでもなく、「実演」に該当しない可能性があると指摘されている。[29] この点は個別具体的な CA の利用シーンを踏まえて判断するべきである。例えば、ある VTuber について、事前に明確な脚本が作成されていて、それに基づき演じたものが配信されるのならば、実演該当性は争いがないだろう。これに対し、メタバース上で単にあるユーザーが他のユーザーと交流するだけ、という場合に、その様子そのものが実演になる可能性は低いだろう。問題は、その中間であり、例えば、VTuber がおしゃべりをする様子を配信するところ、確かにその場で思いついたことを「だべる」だけではあるものの、それは特定のキャラクター設定、口調、性格等に忠実に演じているのだ、ということになると、いわば即興劇の実演のようなものとして実演の該当性を肯定すべき場合も十分にあるように思われる。

◆(2) 実演家該当性　　実演家とは「俳優、舞踊家、演奏家、歌手その他実演を行う者及び実演を指揮し、又は演出する者をいう」（法 2 条 1 項 4 号）。そこで、例えば VTuber にダンスをさせるために、ダンサーの様子をモーションキャプチャーでキャプチャーする、という場合、(3)で述べるダンサーの様子そのものが実演か、それとも VTuber のダンスの様子の方が実演なのかという問題はあるものの、そのダンサーは少なくとも実演家である。

ここで、特定の VTuber について、体全体の動きは A 氏、顔の動きや表情は B 氏、声は C 氏等と複数の実演者に分属する場合、共同実演概念を認めて、

---

[27] 「著作物を、演劇的に演じ、舞い、演奏し、歌い、口演し、朗詠し、又はその他の方法により演ずること（これらに類する行為で、著作物を演じないが芸能的な性質を有するものを含む。）をいう。」
[28] 東崎＝近藤・前掲注5) 50-51 頁
[29] 論点整理 49 頁、関真也「バーチャルファッションと法――バーチャル試着とアバター接客に関する知的財産権・肖像権・広告規制」発明 118 巻 10 号（2021）49 頁。なお、モデルのポーズの実演該当性を否定した知財高判平成 26 年 8 月 28 日判時 2259 号 150 頁参照。

他人の実演部分について人格権を認めるべきかが問題となる。従来この問題は交響楽団の演奏、映画での実演等を想定して議論がされていたところ[*30]、VTuberでは1人を複数人で動かすところに特徴があり、その議論において変化が生じる余地もある[*31]。[*32]

これに加え、演出家等の「実演を指揮し、又は演出する者」も実演家であることに留意が必要である[*33]。

◆**(3) 実演として保護されるものの範囲**　実演については、モーションキャプチャー型と操作型とによる相違が指摘される[*34]。すなわち、モーションキャプチャー型では、モーションキャプチャーでキャプチャーされる実演家の行為がある。そして、例えば実演家がダンスを踊る場合等を想定すると、これ自体は「実演」と捉えることができる場合も多いだろう。そうすると、「その実演」（法90条の2第1項等）として実演家の権利の対象となるのは、まさにキャプチャーされる実演家の行為であって、アバターの行為には実演家の権利が及ばない、ということになりかねない[*35]。また、人間の動き自体が実演であっても、それをモーションキャプチャーで抽出したデータが実演を「録画」したものかは別問題とも指摘される[*36]。

これに対し、利用者が例えばキーボード、マウス等を使ってアバターを操作するのであれば、文楽や人形劇が実演と解されているように、アバターの動きこそが実演と理解する立場もあり得る[*37]。[*38]

---

*30　例えば、中山・著作権法704頁は、現行法上は共同実演の観念がないことから、ある共演者について名誉・声望を害する改変が行われても他の共演者の人格権が害されるとは限らないとする。

*31　中山・著作権法704-705頁

*32　栗原・前掲注24）34-35頁も参照。

*33　東崎=近藤・前掲注5）51頁

*34　桑野雄一郎「メタバースと著作権（下）」特許ニュース15675号（2022）5頁、令和3年度著作権委員会・前掲注19）13-14頁

*35　桑野・前掲注34）5-6頁

*36　関・メタバース160-161頁、論点整理49-50頁およびエンターテインメント・ロイヤーズ・ネットワーク『エンターテインメント法務Q&A〔第3版〕——権利・契約・トラブル対応・関係法律・海外取引』（民事法研究会、2021）290頁。なお、論点整理50-51頁においては録画のほかに、点群データの記録媒体をコピーする行為が複製に該当するかなどの論点も指摘されている。

*37　令和3年度著作権委員会・前掲注19）14頁は「人間であるゲームプレイヤーが、メタバース上のアバターを操って演じる行為を、文楽などと同様に解して良いかは今後の論点」としながらも、文楽を実演とする立場を前提とすると理解される。

第9章　CAと著作権——著作権による保護と侵害の回避——

そして、そこから逆に考えれば、モーションキャプチャー型においては、まさにそこでいう「操作」を、モーションキャプチャーでキャプチャーされるという特殊な方法で行っているだけだとして、アバターの実演の方が実演であると理解できる可能性もある。[39]

◆(4) その他の論点　　その他、実演家人格権も問題となり得る。[40]栗原は、斉藤のアバターと権利能力なき社団・財団に関する議論を知財に応用すると、著作権そのものと異なり、職務著作（法15条）のような制度が実演について存在しないので、実演家の権利は自然人にしか帰属しないという点を指摘しており、傾聴に値する。[42]

5.（アバターそのもの以外に関する）著作権を侵害せずにアバターの活動を行うために

◆(1) 非営利上演等　　歌を歌う、ダンスを踊る等は、メタバースにおける代表的な活動である。そして、仮に第三者に向けてこれを上演する場合であっても、それが物理空間であれば、非営利かつ無料で行われる限り、著作権侵害にならない（法38条1項）。しかし、メタバースで同項は適用されず、結果として著作権侵害となりやすい。[43]

ここで、JASRACは既にメタバース上のコンサートにおいて使用料等を徴収する方針を公表している。[44]そこで、基本的にはライセンスを受けた上でメタバース上で上演をすべきことになると理解される。

なお、公衆に聴かせないために入室制限を設ける場合でも、メタバースに利

---

*38　桑野・前掲注34）6頁

*39　同上6頁

*40　原田伸一朗「バーチャルYouTuberの人格権・著作者人格権・実演家人格権」静岡大学情報学研究26号（2021）58-59頁

*41　斉藤邦史「仮想空間におけるアバターのアイデンティティ」法セ2023年2月号26-27頁が最判昭和31年7月20日民集10巻8号1059頁を引いて権利能力なき社団・権利能力なき財団の名誉権という構成を検討していることが興味深い。

*42　なお、著作権法15条が権利能力なき社団・財団にも適用されることにつき小倉＝金井編・前掲注23）391頁参照。

*43　上野・前掲注6）11頁、関・メタバース26-27頁も参照。

*44　日本音楽著作権協会「メタバースでの音楽利用について」（2022）<https://www.jasrac.or.jp/smt/news/22/221226.html>

用されるサーバーを使う以上は送信可能化に該当するとの指摘もある。[*45]

◆(2) 私的使用等　自宅で絵を描く場合、第三者の著作物（例：有名なキャラクター）を描いたとしても、私的使用のための複製（法30条）の権利制限規定によって適法とされる。

しかし、同じ絵をメタバース空間上で描く場合、これは公衆送信として、権利制限規定の対象とならない。この点は、いわゆるUGC（ユーザージェネレーテドコンテンツ）に関するプラットフォームと権利者の協力関係がメタバースにおいても生じ、一定範囲で自由に絵を描けるような世界となることが望ましいと考える。

◆(3) その他　単なるキャンバス上に描くのではなく、既存のメタバース世界上のオブジェクトに情報を付加することが当該オブジェクトの著作者・著作権者に対する著作権侵害や著作者人格権侵害となるか等も問題となるが、これも本書では詳論しない。

---

*45　桑野・前掲注34）。なお、アバターを介した演劇合唱等がすべて公衆送信となるとする見解も指摘される（関・メタバース34頁）。しかし、CAはメタバース上のアバターだけではなく、ロボット等を含む。物理空間の演奏会でマイクを介した演奏であっても、演奏であることは変わらないように、アバターとしてのロボット（テレエグジスタンス）を通じて歌唱したり、遠距離でピアノを弾いたりする場合、それが公衆送信ではなく、「演奏」と評価できることもあるのではないか。

第10章
CAと意匠権、商標権、不競法等

1．はじめに

第9章では著作権について述べたところであるが、以下、著作権以外の知財法という趣旨で、アバターと意匠権（2．）、商標権（3．）、不競法（4．）、その他（5．）に関する検討を進めていきたい。

2．意匠権

◆(1) 意匠権の保護範囲

ア　保護範囲の狭さ　意匠権者は、業として登録意匠およびこれに類似する意匠の実施をする権利を専有する（意匠法23条本文。以下、本項では「法」という）。

しかし、例えば、Aが物理空間の服のデザインとしてある特定の意匠登録を得ている場合において、Bがそれと全く同じデザインのアバター用の服をメタバース上で販売することがAの意匠権の侵害にならない可能性が高いといわれる。また、物理空間のバッグをデザインしたCが、当該バッグをアバター用のデジタルコンテンツとして売り出すにあたり、これを意匠登録することも難しいといわれる。そのように解釈される背景として知的財産研究所の報告書は、以下の各点を挙げる。[*1]

・物理空間の物品をもとに仮想空間でコピーされたデジタルコンテンツは物品の形状等でもないし、「画像」のうちの現行法上意匠登録可能なものでもないとして意匠法における「意匠」（意匠法2条1項）に該当しない可

[*1] 知的財産研究所「仮想空間に関する知的財産の保護の状況に関する調査研究報告書」（2023年3月）<https://www.jpo.go.jp/resources/report/takoku/document/zaisanken_kouhyou/2022_02.pdf> 177頁

能性が高い。つまり、Cが出願しても、アバター用デジタルコンテンツは意匠登録ができない可能性が高い。
・登録意匠とデジタルコンテンツの形態については、同一または類似と認定される可能性はあるものの、その前提となる物品の類否判断において、登録意匠とデジタルコンテンツは、物品が非類似と認定される可能性が高い。つまり、AとしてBに対して意匠権侵害を理由にアバターが身に着ける服をメタバース上で販売することの差止めを求めても、そのアバター用の「服」は登録意匠との類似性がないとして請求が認められない可能性が高い。
・仮想空間におけるデジタルコンテンツの販売行為等は、登録意匠の実施（意匠法2条2項に定義される製造、使用、譲渡など）に該当しない可能性が高い。つまり、「実施」とは意匠に係る物品に係る特定の行為（意匠法2条2項1号）、意匠に係る建築物に係る特定の行為（意匠法2条2項2号）または意匠に係る画像に係る特定の行為（意匠法2条2項3号）として定義されているところ、メタバース上にオブジェクトとして表現された被服のデザインを販売等する行為は、これらの要件をいずれも満たさない可能性が高い。

イ　画像の保護範囲

（ア）平成18年改正　　平成18年改正後の（旧）意匠法2条2項により、物品の本来的な機能を発揮できる状態にする際に必要となる操作に使用される画面（ディスプレイ等の他の物品の表示部を含む）上に表示された画像（例：DVDプレイヤーの再生前の操作画像や携帯電話の通話前の操作画像等）について意匠に含まれるとされた。

しかし、平成18年改正時点では、物品がその機能を発揮させている状態の画像（例：携帯電話のメール送信中の操作画像等）や、壁等に投影される画像については、意匠権の対象とすることができなかった。[*2]

（イ）令和元年改正　　意匠法令和元年改正は「物品（……）の形状、模様若しくは色彩又はこれらの結合（以下『形状等』という。）」および「建築物（……）

＊2　特許庁「令和元年法律改正（令和元年法律第3号）解説書」<https://www.jpo.go.jp/system/laws/rule/kaisetu/2019/2019-03kaisetsu.html>75-76頁

の形状等」と並列させ、「画像（機器の操作の用に供されるもの又は機器がその機能を発揮した結果として表示されるものに限り、画像の部分を含む。）」を規定し、「画像」であって、「視覚を通じて美感を起こさせるもの」を意匠法 2 条 1 項の「意匠」の定義に追加した。これにより機器の操作の用に供されるもの（操作画像）および機器がその機能を発揮した結果として表示されたもの（表示画像）が保護されるようになった。「メタバース内の画像についても、操作画像・表示画像に当たるのであれば『画像意匠』として保護対象となる」とされている。[3]

しかし、デジタル被服やデジタル椅子等の仮想オブジェクトについて、操作画像の用途や機能を備えた画像として意匠登録をしたり、何らかの機器の何らかの機能と関わりのある表示機能として意匠登録したりすることは、あまり想定されない。[4] 例えば、映画やゲーム等のコンテンツの画像、デスクトップの壁紙等の装飾画像については、意匠権の保護対象とならないこととなる。[5]

その結果、例えば、メタバース上の服やバッグ等をそのまま意匠登録しようとすれば、それは単なるコンテンツや装飾画像であるとして登録を受けることができない可能性が高い。[6]

したがって、こうしたデジタルコンテンツを仮想空間でコピーしたデジタルコンテンツや当該デジタルコンテンツをもとに物理空間で製造された物品に対して、意匠権に基づく権利主張はできないと考えられる。[7]

ウ　類似性　登録意匠および類似する意匠が意匠権の権利の範囲である。意匠の類否判断は「需要者の視覚を通じて起こさせる美感に基づいて行う」（法 24 条 2 項）。

＊3　論点整理 11 頁。なお、知的財産研究所・前掲注 1）177 頁が「現実空間の意匠権が操作画像や表示画像の意匠に係るものであり、仮想空間において、同様の操作や表示のために登録意匠と同一又は類似の画像が用いられた場合であれば、当該意匠権の効力は仮想空間に及ぶ可能性があると考えられる」とすることも参照。

＊4　麻生典「仮想空間における仮想オブジェクトの保護─意匠法と商標法を中心に」Japioyearbook 2023 <https://japio.or.jp/00yearbook/files/2023book/23_a_05.pdf> 43 頁

＊5　特許庁・前掲注 2）78 頁

＊6　「コンテンツに該当する仮想アイテム等についてはこれ〔引用者注：操作画像・表示画像〕に当たらず、意匠権による保護は及ばないものと考えられる。したがって、これらについては、仮想空間でのデザイン模倣に対抗するため、1 つのオリジナルデザインについて、物品等と画像双方の意匠登録を受けるといった方法も、一般にとり得ないこととなる」とする論点整理 11 頁参照。

＊7　知的財産研究所・前掲注 1）177-178 頁

ここで、類似性の内容として、物品（願書に記載された意匠に係る物品、法6条1項3号）が同一または類似することが要件とされ、その際には、物品の用途（使用目的、使用状態等）・機能に基づいて判断がなされるという考え方が、特許庁の審査において採用されている。*8 このような考えをもとにすれば、登録意匠が物品の意匠の場合、画像意匠としての仮想オブジェクトとの類否においては、一般に用途・機能の共通性は否定されるだろう。*9

　ここで、鈴木*10は、増幅器付スピーカー事件（東京地判平成19年4月18日判タ1273号280頁（平成18年（ワ）19650号）。結論として物品類似を肯定）、カラビナ事件（知財高判平成17年10月31日裁判所HP（平成17年（ネ）10079号）。結論として物品類似を否定）、および、箸の持ち方矯正具事件（知財高判平成29年1月24日裁判所HP（平成28年（行ケ）10167号）。結論として物品類似を肯定）の3事案をもとに、「全体としては異なる物品であっても、部分的に用途・機能が共通する場合には、類似する物品として判断される可能性があることが示されていると考えられる」ことから、「仮想空間においても現実空間と同じ用途・機能を持つものであれば、物品が類似すると言える可能性は残る」と論じ、同時に、同論稿執筆時点（2022年11月時点）の仮想空間をめぐる状況においては、仮に用途・機能が共通するとしても、物理空間の意匠と仮想空間の意匠とが市場で競合するとは考えにくいとした。その上で最後に、物品の類否を考慮せずに意匠の類否判断を行う可能性について検討している。*11

　この点についてはまだ議論が未成熟であるが、なぜ学説および審査実務等で物品の類否を考慮しているかという理由を探求した上で、この点についての解釈論および立法論を検討すべきであろう。*12

＊8　意匠審査基準 <https://www.jpo.go.jp/system/laws/rule/guideline/design/shinsa_kijun/document/index/isho-shinsakijun-all.pdf> 第III部第2章第1節2.2.2.2
＊9　知的財産研究所・前掲注1）、麻生・前掲注4）44頁。
＊10　鈴木康平「仮想空間における意匠保護―意匠に係る物品の類否判断に関する日米裁判例」InfoComT&SWorldTrendReport404号（2022）<https://www.icr.co.jp/newsletter/wtr404-20221213-ksuzuki.html>
＊11　そのような見解からすれば、仮想空間と物理空間をまたがって物品が類似するといえるかどうかの判断は、将来的に仮想空間で日常生活を過ごすことが一般的になるか次第となるだろう。
＊12　森綾香「意匠において物品が果たす権利範囲の限定の役割に関する考察―意匠法の沿革及び比較法の視点から」パテント76巻5号（2023）<https://jpaa-patent.info/patent/viewPdf/4199> は、「産業における物理的なモノの重要性が相対化されてきている」中、「有体的なモノである物品にばかり

エ　実施　　意匠法2条2項によれば、類型ごとに「製造、使用、譲渡」等が「実施」に該当する。そして、少なくとも、物品等の意匠の場合には、物品の製造等は物品等という有体物を作り出すことを意味し、また、その使用も物理的な使用を意味しているから（法2条2項1号・2号）、仮想空間において、仮想オブジェクトとしてデジタル被服を作成・販売したとしても、意匠に係る物品等の実施には該当しない。とはいえ、それがイで述べた画像意匠として保護される、いわゆる操作画像・表示画像等であれば、仮想空間上の行為が実施に該当する可能性はあるだろう。

　オ　その他　　CA の GUI（グラフィカル・ユーザー・インターフェイス）の意匠法に基づく保護の成否の問題として、特定の意匠が画像の意匠（法2条1項）として、①当該意匠を機器の操作の用に供したり、②機器がその機能を発揮した結果として当該意匠が表示されるのであれば保護の可能性があることに加え、③画像の意匠の間接侵害の可能性（法38条7号〜9号）等の論点が CA との関係で重要な問題となり得る。

　なお、令和5年改正で創作者等が出願前にデザインを複数公開した場合において救済措置を受けるための手続上の要件が緩和された（改正法4条等）が、この点は詳述しない。[*13]

◆ **(2) CA に対する意匠権による保護**

　ア　アバターそのものやアバターのための衣装その他のオブジェクトの意匠権による保護　　上記のとおり、アバターそのものやアバターのための衣装その他

保護対象や保護範囲の限定に関する主要な役割を担わせる制度設計となっている現行法」に対する見直しの可能性を示唆し、「社会状況の変化に応じて現代にふさわしい物品概念の役割のあり方を、これまでの制度的伝統に拘泥することなく再度考えて行くべきなのではなかろうか」とする。ただし、知的財産研究所・前掲注1）177頁が「物品の意匠権をデジタルコンテンツに及ぼすような改正については、クリアランス負担が増大し、仮想空間における新規ビジネスの自由度が狭まってしまうことが懸念されるという指摘や、物品の意匠の審査実務に多大な影響（例えば、審査実務で『模様』等の重要性が上がり、デザインの制約の有無等に関わらず模様や形状が似ている CG があれば審査で新規性が否定され、拒絶となりかねない懸念）があることが想定される」としているような、実務上のクリアランス負担にも十分留意が必要であろう。なお、物品の類似性については、令和3年度意匠委員会第1部会「意匠の類否判断における『物品の類否』についての考察と提言」パテント75巻10号（2022）<https://jpaa-patent.info/patent/viewPdf/4086> も参照。

＊13　同改正につき経済産業省「不正競争防止法等の一部を改正する法律【知財一括法】の概要」（2023）<https://www.meti.go.jp/policy/economy/chizai/chiteki/pdf/r5kaisei06.pdf> を参照。

のオブジェクトそのものを意匠登録することは困難なように思われる。

　イ　CAを利用するための機材と意匠権　これに対し、CAを利用するための機材（例：VRゴーグル等）については、もちろんその外観（例：ゴーグルの外観）について意匠登録可能であるが、これに加え、その操作に供される画像（操作画像）やそれが機能を発揮した結果として表示させる画像（表示画像）も意匠登録可能である。[14]

◆**(3) CAの活動が意匠権を侵害する場合**　例えば、特定の人形のおもちゃや仮装用ぬいぐるみ衣装の登録意匠が存在する場合において、当該登録意匠と同一または類似の形状等のアバターをメタバースで利用することがある。この場合には、まさに上記2.(1)ウで述べた類似性が問題となる可能性があり、現時点では否定する方向が有力であるが、その判断次第では意匠権を侵害するという結論が導かれる可能性も完全には否定できない。

　加えて、CAの活動が広がり、創作・デザイン活動等が行われることで、画像意匠の間接侵害（法38条8号ロ参照）[15]の実現が容易になるところ、その活動を幇助したとしてプラットフォームも責任を問われる可能性があるが、この点はさらなる議論の展開を待ちたい。

3．商標権

◆**(1) 商標権による保護の範囲**

　ア　あくまでも「業として」の行為のみが規制対象となる　商標法は「商標の使用をする者の業務上の信用の維持」（商標法1条。以下、本項では「法」という）のためのものであることから、商標の定義には「業として」（法2条1項1号・2号）使用するものであることが含まれる。そこで、「商標権者は、指定商品又は指

---

[14]　具体例として意匠登録1431582 <https://www.j-platpat.inpit.go.jp/?uri=/c1800/DE/JP-2011-019385/7BE2C6688A310697017A3905281CC1D0C9158607024234BB04B4B6038DB6E9FA/30/ja> を参照。なお、上羽秀敏「VR/AR/MRと知的財産権」パテント74巻8号（2021）<https://jpaa-patent.info/patent/viewPdf/3841> も参照。

[15]　この点については、アバターと異なる文脈だが、「登録意匠（又はそれに類似する意匠）に係る画像を生成するための、学習済みモデルへの入力等がみなし侵害行為（意匠法38条8号ロ等）に該当するおそれがある」とするAI時代の知的財産権検討会「論点整理」<https://www.kantei.go.jp/jp/singi/titeki2/ai_kentoukai/gijisidai/dai4/siryou4.pdf> 10頁参照。

定役務について登録商標の使用をする権利を専有する」(法25条)ものの、商標権者以外の使用が個人的使用であれば、「業として」の使用でないとして、商標権侵害にならない。[*16]

イ　類似性　「指定商品若しくは指定役務についての登録商標に類似する商標の使用又は指定商品若しくは指定役務に類似する商品若しくは役務についての登録商標若しくはこれに類似する商標の使用」(法37条1号)も商標権侵害とみなされる。そこで、登録商標の効力は、その登録商標と一致するか類似する商標を、指定商品・役務またはそれと類似する商品・役務について使用することまでに及ぶ。

この点に関し、物理空間での特定の商品(例：バッグ)とメタバースにおけるその商品類似のもの(例：アバターが持つバッグ様のデザインのオブジェクト)が類似しているかという問題がある。米国ではMetaBirkins事件で、メタバース上にも現実のバッグに関する商標が及ぶとされたが、日本で同様の判断がされるかは難しいところである。[*17]この点については、今後、仮想空間のビジネスの進展により、物理空間の商品と、仮想空間の商品を、同一営業主が取り扱う場合が増えることで、類似と判断される可能性があるとされる。[*18]なお、物理空間において非類似のオブジェクトがメタバース上では同一人によりまとめて販売されることから、メタバース上では類似性が拡張される可能性もある。[*19]

ウ　商標的使用　加えて、その使用態様が商標的使用である必要があるとされる。すなわち、商標というのはその出所を表示して、○○のものだから信用できる、という信用を蓄積していくものである(法1条参照)。登録商標と形式上は同じだったり類似している標章でも、その使い方が出所を表示するよ

---

*16　ただし、個人的輸入につき特別の規定として2条7項が入っている(金井重彦 = 鈴木將文 = 松嶋隆弘編『商標法コンメンタール〔新版〕』(勁草書房、2022)14頁)。
*17　Hermes Int'l v. Rothschild, 22-cv-384 (JSR) (S.D.N.Y. Jun. 23, 2023)
*18　知的財産研究所・前掲注1) 178頁
*19　麻生・前掲注4) 48頁が「デジタル被服やデジタルアートだけでなく、例えばデジタル家具などを含めて、同一営業主によって様々な仮想オブジェクトが作成され同一のオンライン店舗で販売されている(筆者も代表的なメタバース空間であるClusterに入ってみたが、そこではアイテムとして現実の商品としては非類似になりそうな仮想オブジェクトが同一人によってまとめて販売されている。そうすると、それらは現在の日本法の解釈からは類似商品ともなりそうであり、これらをどのように整理していくかは今後の課題となろう」としていることを参照。

うな使い方でなければ、商標の本来の機能は果たされていないことになり、商標権の効力が及ばない。これが商標的使用の問題である。その結果、仮に前述イの検討の結果、類似性が肯定されても、具体的使用態様が商標的使用でなければ、商標権侵害にならない。

エ　氏名に関する令和5年改正　従来は「他人の肖像又は他人の氏名若しくは名称若しくは著名な雅号、芸名若しくは筆名若しくはこれらの著名な略称を含む商標（その他人の承諾を得ているものを除く。）」（法4条1項8号）は商標登録することができなかった。

令和5年改正により、氏名を含む商標も、一定の場合には、他人の承諾なく登録することが可能となった。もっとも、すべての氏名が商標登録されるものではない。

◆ **(2) CAと商標**

ア　CAによる商標出願

(ア) 商標を出願すべき場合　有名なVTuberについては、マネジメント会社等が第9類「電気制御用の機械器具」や第41類「教育、娯楽、スポーツ、文化」等の区分で当該VTuberの名称や肖像を利用した商標を出願し、登録されているものも多い。具体的な状況次第であるが、いわゆる企業勢VTuberのような、「業として」その名称や肖像等の標章が利用され、それが例えば当該マネジメント会社に属していること等、出所を表示するものであれば、商標出願すべきであり、それによって、第三者がその標章の有する出所識別機能等を冒用することを回避すべきである。[20]

また、前述（1）イのとおり、ある商品（バッグ）を販売している事業者がこれからCAのための仮想オブジェクト（例：アバターが持つバッグ様のデザインのオブジェクト）を販売したいという場合、既存の商標で保護することはそう簡単ではない。そこで、新たな商標出願を行うことが考えられる。例えば、ダウンロードできるならば第9類、できなければ第42類ということが考えられる。[21]

---

[20]　なお、現時点においてメタバースと物理空間の物品が非類似だとすると、物理空間の商標権者が、メタバースの物品について予防的に商標登録してもメタバースで販売しないと不使用取り消しになる可能性がある。この点については、知的財産研究所・前掲注1）178頁参照。

(イ) 商標出願をしても登録を受けることが難しい場合 これらに対し、単なるメタバース上で交流する場合については、その本名にせよメタバース上での名前にせよ、「業として」利用するものではない。よって、前述(1)エのとおり氏名の一部が商標に利用できるようになったとしても、それは「商標」ではない以上、商標出願をしても登録を受けることは難しいように思われる。

イ CAが他人の商標権を侵害せずに活動するために まずはCAが何らかの標章を利用するという場合、それが「業として」の利用かが重要である。仮に個人的な利用であれば、少なくとも商標権侵害の可能性は低い。

仮に「業として」の利用であれば、その段階で商標調査を行うべきである。J-PlatPat等を利用して、当該標章やそれに類似する標章について第三者が(指定商品・役務が類似する)商標登録していないかを確認すべきである。その際は、物理空間とメタバース間での類似については否定される場合もあるものの、特に当該標章を利用する側の場合には、類似があるとして商標権者からクレームが来たり、場合によっては裁判を起こされる可能性等にも留意してどのように対応するか、実務的な判断を行う必要がある。

仮に「業として」の利用で、商標調査の結果として指定商品・役務が類似する登録商標が存在するとなれば、後は商標的使用ではないといえるか、が主な問題となる。この点は具体的な状況にもよるが、例えば、ドーナツ型のクッションにドーナツクッションという標章を付して販売することがドーナツという商標権を侵害しないとした事案[*22]等を踏まえて、具体的に検討すべきである。

4．不競法

まずは(1)〜(4)で令和5年改正前以来の内容(基本的には現行法と変わらない部分)を説明した上で、(5)で令和5年改正について論じる。

◆**(1) 営業秘密** CAに関し、まずは、営業秘密(不競法2条6項)が問題と

---

* 21 ただし、商標を出願する際においては、原則として出願書類に本名が記載される。例えばVTuber等、本名を隠し、本名と異なるメタバース上での名前で活動する者がそれを避けるためには、マネジメント会社に出願してもらう等の措置を考える必要があるかもしれない。

* 22 知財高判平成23年3月28日判時2120号103頁

なる。VTuberについてその未公開動画（オーディション動画）の非公開URLが掲示板上に投稿された事案で、裁判所は「原告社内において本件URLを知っていた者は、原告代表者ほか4名の合計5名しかおらず、同5名は、本件URLを原告の他の従業員及び第三者に伝えてはならないとされていたと認められるところ、この認定事実によれば、本件URL及び本件動画は、これが不正競争防止法2条6項の『営業秘密』に該当するかどうかは措くとしても、原告の社外秘の情報であったと認めることができる」とした。[23][24]

◆ **(2) 商品等表示**　不競法2条1項1号および2号は他人の商品等表示（人の業務に係る氏名、商号、商標、標章、商品の容器もしくは包装その他の商品または営業を表示するもの）に関する不正競争行為を定める。1号は「需要者の間に広く認識されているものと同一若しくは類似の商品等表示を使用」等することで「他人の商品又は営業と混同を生じさせる行為」を、2号は「他人の著名な商品等表示と同一若しくは類似のものを使用」する行為を不正競争とする。具体的な状況にもよるが、有名なVTuberに対するなりすまし等を行い、それによって他人の業務との混同を生じさせる行為等はこれに該当する可能性がある。[25]

なお、1号および2号の不正競争行為には平成15年改正の時点で既に「電気通信回線を通じて提供」する行為が含まれていた。

◆ **(3) 営業誹謗**　不競法2条1項21号は「競争関係にある他人の営業上の信用を害する虚偽の事実を告知し、又は流布する行為」を不正競争行為とする。メタバース上で単に名誉毀損・信用毀損をするだけであれば、直ちに不正競争行為にはならない（当然のことながら、第3章で述べたように名誉毀損・信用毀損の不法行為等にはなり得る）。しかし、例えば、AというVTuberとBというVTuberが相互に事業者として競争関係にある場合、AがBの営業上の信用

---

*23　東京地判令和3年9月9日 D1-Law29066483
*24　なお、令和5年改正事項に営業秘密・限定提供データの保護の強化が含まれるが、ここでは詳論しない。
*25　なお、1号と2号につき「ヒアリング調査においては、不正競争防止法第2条第1項第1号については、出所の混同が生じるので不正競争行為に該当するという意見と、出所の混同が生じないので不正競争行為には該当しないという回答とに分かれた。他方、同項第2号については、該当するという回答が多かった」とする知的財産研究所・前掲注1）180-181頁参照。

を害する虚偽の事実を告知し、または流布すれば、営業誹謗になり得る。

◆ **(4) 形態模倣**　不競法2条1項3号は「他人の商品の形態（当該商品の機能を確保するために不可欠な形態を除く。）を模倣した商品を譲渡し、貸し渡し、譲渡若しくは貸渡しのために展示し、輸出し、または輸入する行為」を不正競争行為とする。この点については、2023年（令和5年）に改正があったので、(5)で説明しよう。

◆ **(5) 不競法改正**

　ア　改正前の形態模倣　形態模倣商品の提供行為（不競法2条1項3号）については、対象が「商品の形態」と規定され、従来は有体物の商品に限定した規定と解されていたところ、ネットワーク上の「譲渡」、「引き渡し」行為は想定できないとして、1号2号に「電気通信回線を通じて提供」する行為が加わった平成15年時点では改正が見送られた。[*26]

　しかし、メタバース時代においては、様々なネットワーク上のオブジェクトについて「譲渡」、「引き渡し」がされている。そこで、形態模倣の保護が必要とされた。

　イ　改正内容　そこで、令和5年改正で、電気通信回線を通じて提供する行為を不競法2条1項3号に基づく形態模倣の不正競争に加えた。

　また、商品についても、「商品」に無体物が含まれると逐条解説等に記載することで解釈を明確化した上で、法律上の「商品」の定義規定を定めることについては今後の裁判例の蓄積を注視する等、将来課題として検討を継続していくことが提案されている。[*27]

　従来は保護対象が有体物で侵害が有体物の場合に形態模倣で保護がされていたところ、この改正によってフィジカル／デジタルを交錯する模倣事例に対応することができるので、保護対象が有体物で侵害がメタバース上のオブジェクトである場合、保護対象がメタバース上のオブジェクトで侵害がメタバース

＊26　産業構造審議会知的財産分科会不正競争防止小委員会「デジタル化に伴うビジネスの多様化を踏まえた不正競争防止法の在り方」（2023年3月）<https://www.meti.go.jp/shingikai/sankoshin/chiteki_zaisan/fusei_kyoso/pdf/20230310_1.pdf> 8頁

＊27　産業構造審議会知的財産分科会不正競争防止小委員会・前掲注26）8頁

上のオブジェクトおよび保護対象がメタバース上のオブジェクトで侵害が有体物という4つの場合すべてにおいて保護されるようになった。[*28]

　ウ　CAへの影響　　物理空間のぬいぐるみ・フィギュア等の商品からアバターを作成してそのアバターを販売する場合等は、まさに改正によって新たに形態模倣の不正競争となった典型的な場合である。

　また、CAのアバターそのものが商品で、その形態が模倣されるという場面としては、例えば、他人が販売するアバターを模倣して販売する場合（保護対象がメタバース上のオブジェクトで侵害がメタバース上のオブジェクトの場合）や、VTuberからのフィギュアの作成（保護対象がメタバース上のオブジェクトで侵害が有体物）が考えられる。少なくとも令和5年改正後は、これらの各場合が不正競争行為になり得る。[*29]

5．特許・実用新案その他

　アバターに関する特許や特許訴訟が既に存在することについては第3章別表3の特許に関する裁判例を参照されたい。なお、物理空間での物理的存在を前提とする発明の特許権・考案の実用新案権の効力は、当該特許権・実用新案権に係る物品を仮想空間において表現する行為には、（当該特許権等の「実施」に該当しないので）及ばないものの、仮想空間のデジタルコンテンツに関する発明については、仮想空間固有の課題を解決する手段として、特許を取得することができる可能性がある。[*30]

---

* 28　経済産業省・前掲注13）18頁参照。
* 29　なお、VTuberというアバターからフィギュアを作成することは、VTuberが商品であるという解釈をとれば、改正前でも形態模倣の不正競争行為となり得た。
* 30　知的財産研究所・前掲注1）181頁参照。

第4編

その他の問題──民事・刑事・行政・プラットフォーム

....

　第4編では、第2編および第3編で論じていない各種の問題を論じる。人格権や知的財産権以外にも、CAにおいては、プラットフォームによるコントロールや、複数人がアバターを共有することに伴う取引の問題、CAに関する犯罪等、様々な新たな法律問題が出現している。そこで、第4編においてこれらを含む問題を検討していきたい。第11章で民事法・刑事法を、第12章で行政法とプラットフォームを扱っている。

第11章 民事・刑事上の問題

1. はじめに

　メタバースのインフラ化に伴い、CAを利用した取引等の民事上の問題が生じると共に、刑事事件も発生する。以下では民事・刑事上の問題を見ていこう。

2. 権利能力・行為能力・代理人等

◆（1）アバターの（法）人格・行為能力等　　現行法ではCAそのものに対して権利能力は認められていない。また、現行の代理制度（民法99条以下）は、権利能力を有する者が代理人になる建て付けであるから、CAは代理人にもなることはできない。[*1]

　なお、未成年取引（民法4条・5条）における詐術（民法21条）とアバターの外観の関係につき、アバターの外観が一般に物理空間の容姿に近いという社会通念が成立した場合、未成年であるにもかかわらず、成人風アバターを作出したことが詐術を肯定する方向の要素となるとされているが、この点は既に第2章で述べたので詳論しない。[*2]

◆（2）法人によるアバター運営　　ここで、法人がアバターを運営すること自体は可能である。例えばAという法人が脚本家、声優、モーションアクター等を雇ってA'というVTuberを運営するという場合である。この場合においては、VTuberが法人化したと見る余地はあるところ、松尾光舟＝斉藤邦史「アバターに対する法人格の付与」（以下、本章では「松尾＝斉藤」という）[*3]は（法人か権

[*1] その意味で、CAを「エージェント（agent）」とする議論が、もし日本の民法上の「代理人」となるという意味であれば、少なくとも日本の現行法の解釈論としては成立しない。

[*2] 中崎尚「仮想空間（メタバース）での取引における法律問題」ひろば2022年7月号19頁

利能力なき社団か等、より詳細な議論を行っているものの）このような方向性を示唆する。しかし、アバターの「中の人」が自然人であり、そのアバターがいわゆるパーソン型[*4]（第1章3.(2)も参照）で、「中の人」の人格が反映されている場合においても、自然人とアバターが全く同一だというよりは、むしろ、自然人が、その自己表現の方法の1つとしてアバターを用いていると見るべき場合が多いだろう。筆者はこのことを指す際に、「SNS上で利用者が利用するアカウント（アイコン）と当該アカウントの『中の人』である利用者の関係と、アバターと『中の人』の関係は類似する」という比喩を利用することがある[*5]。

法人がVTuberを運営する場合でも、その形態は様々なものがあり得る。例えば、法人が「中の人」[*6]たる自然人とマネジメント契約を結び、その「中の人」のためのプロモーション（宣伝や案件獲得等）の役割に専念することがあるが、このような役割分担であれば、VTuberと法人の関係は、いわば芸能人である「中の人」と芸能マネジメント会社の関係に近接する。また、法人の発意でVTuberプロジェクトを立ち上げるのだとしても、それだけで法人とVTuberを同一視できるかは別問題である。もし、そのプロジェクトがいわゆるキャラクター型のプロジェクトならば、法人が新たなキャラクタービジネスを実施しているだけとみなされる場合も多いのではないか。さらに、複数のVTuberを同一法人が運営することもあるところ、法人とVTuberが1対1で紐づいていない以上、少なくとも「同一視」はできなくなるだろう。上述のとおり、いわゆるパーソン型のVTuberについては、VTuberが特定の「中の人」の自己表現と評価できる場合は多いと思われるが、そこからの類推で法人と同一視で

[*3] 松尾光舟＝斉藤邦史「アバターに対する法人格の付与」情報ネットワーク・ローレビュー22巻（2023）<https://www.jstage.jst.go.jp/article/inlaw/22/0/22_220001/_article/-char/ja> 45-66頁。松尾・学習院61頁以下において松尾＝斉藤に対する本書より詳細な検討を行っていることから、この点についてはそちらを参照されたい。

[*4] 原田伸一朗「バーチャルYouTuberの人格権・著作者人格権・実演家人格権」静岡大学情報学研究26号（2021）<https://shizuoka.repo.nii.ac.jp/records/13178> 53-64頁

[*5] AITuberのようにAIが中にいるアバターもあるが、これは背後者たる自然人がAIを利用すると決め、AIにどのような指示を出すかを決めてそれによって（一定の不確実性はあるものの）その想定した範囲内のどこかの演技をさせるということであれば、法的には当該「背後者たる自然人」こそがそのAITuberについて責任を負うべき者である。

[*6] この点につき、「キティちゃんを誹謗中傷してもサンリオに対する名誉毀損にはならないし、株式会社キティという法人を立ち上げた場合でも同じである」というような比喩が当てはまるかもしれない。

きる場合が多いのかは疑問である。[*7]

　結局のところ、松尾＝斉藤の問題意識は、複数関与 CA のガバナンスと思われ、その問題意識そのものは正当である。しかし、そのガバナンスの確保のための方法として既存の会社制度という器が適切かは疑問である。[*8]

◆**(3) 権利能力なき社団**　　また、松尾＝斉藤は権利能力なき社団の利用を提案するが、権利能力なき社団は法人登記が不要であるという点以外は法人に類似するため、法人に対する批判がそのまま当てはまる。

◆**(4) まとめ**　　以上のように松尾＝斉藤の議論には疑問があるものの、複数人関与アバターについてどのようにガバナンスを考えるべきかはさらなる検討課題としたい。現時点では、そのようなガバナンスを CA 認証[*9]を利用することでより良く実現できるのではないか、という観点等も踏まえて検討するべきではないかと考えている。[*10]

3．契約・取引

◆**(1) CA と契約**　　メタバースは取引のため活発に利用されており、それに伴い CA を通じて契約をすることも増加している。CA を通じたか否かにかかわらず、原則として双方当事者の意思が合致することが有効な契約成立のために必要とされる。[*11]とはいえ、CA を通じて契約することによって契約当事者が曖昧になったり、表示された意思の内容が不明確になったりする等という状況は生じ得るところである。

[*7]　声を当てる役割を果たすことが多いがそれ以外の役割は場合による。

[*8]　なお、松尾＝斉藤は権利能力なき社団に人格権を帰属させることの正当性に関連し、現行の制度では、著作権法が、職務著作の成立により著作者人格権を法人に帰属させることを認めていることに言及するが、①著作者人格権と人格権の性質は議論のあるところであり、②著作隣接権の1つである実演に関する権利（実演家人格権を含む）は誰に帰属するのかという問題も解決していない。この点につき栗原佑介「メタバースを中心とするバーチャルリアリティにおける著作権法の『実演』に関する一考察―『その実演』の意義を中心に」情報通信政策研究6巻2号（2023）34-35頁参照。

[*9]　CA 認証については、ムーンショットプロジェクトにおいて、「CA 安全・安心確保基盤」を確立し、CA に対する認証を行い、認証済みの CA については公認 CA として安心・安全にメタバースや物理空間でやり取りができるようになるという構想が存在する（新保史生「実施状況報告書2022年度版」<https://www.jst.go.jp/moonshot/program/goal1/files/15_shimpo_report2022.pdf>1頁）。

[*10]　なお、複数人関与アバターと名誉毀損等の人格侵害については松尾・学習院61頁以下参照。

[*11]　井上乾介ほか「メタバースと法（第2回）メタバースと電子商取引」NBL1227号（2022）58頁

メタバース上の取引は、①メタバース上のオブジェクトやメタバース上で提供されるサービス等のメタバース内の目的物・役務に関する取引と、②物理空間の商品・役務に関する取引に分類される。ここで、メタバースに関する取引の中には、メタバースで使うアバターやオブジェクトを（メタバースではない通常の）オンラインショップで購入するというような、アバターとの関連性が低いものもあるので、そのような状況において発生する法律問題、例えば特商法や消費者契約法の適用等は本書では第13章で扱うこととする。

　そのような前提の下では、CAを通じて締結した契約の位置付けが問題となるだろう。(2)以下においては、以下の事例を検討しよう。

事例1　甲は乙社の経営するメタバース上のお店で乙社の接客アバター丙というアバターの接客を受けた。
事例2　甲はメタバース上で丁というアバターと商談した。
事例3　事例1または2で、アバター丙や丁は、複数人が共有するアバターだった。

　なお、アバターを通じた取引においてAIを利用したアバターが関係する場合の法律問題も論じられているが、それを利用する背後者がどのような意図でどのようなAIを利用しているかによると思われる。例えば、AIが自動的にアルゴリズムに基づきアバターを操作して注文を出す場合には、そのようなアルゴリズムを使って注文を出す意図であれば、これを申し込みとしてみなしてよい場合もあるだろう。

◆(2) 事例1の検討　　様々な企業がメタバース上で商品を販売したり役務

---

*12　なお、決済・支払いについては、①現金、クレジットカードその他の物理空間の決済方法と、②ポイント、暗号資産等のメタバース内の決済方法に分かれるが、この点は、清水＝荒巻・スマートコントラクトを参照されたい。また、近時、VTuber事務所の下請法違反が摘発されており、取引において留意すべきである <https://www.jftc.go.jp/houdou/pressrelease/2024/oct/241025_cover.html>。
*13　スマートスピーカー等を通じた取引の問題（松尾剛行「対話型AI（チャットボット、スマートスピーカー（AIスピーカー）、AIアシスタント等を含む）に関する法律問題」Law&Practice14号（2020）<https://sd6ed8aaa66162521.jimcontent.com/download/version/1638171801/module/9309137876/name/14-4.pdf> 71頁参照）と一定程度パラレルに考えられるが、それに尽きるものではない。
*14　小塚荘一郎ほか「新技術と法の未来（1）仮想空間ビジネス」ジュリ1568号（2022）71頁〔茂木発言〕も参照。

を提供したりしている。事例1において、丙という接客アバターはあくまでも乙の従業員が利用するアバターであり、甲と乙との間で契約が成立する。このように、アバターを利用した取引については、アバター間で取引が行われるというよりは、むしろアバターを利用する法主体（自然人または法人）との間で取引が行われることになる。

なお、企業間の取引や個人間でも大型の取引であれば契約書が作成されるところ、契約書ではアバター名ではなく「中の人」の名前（またはアバター名こと「中の人」名義）が明記される可能性が高いので、以下では契約書が作成されない場合を想定している。

事例 1-1 事例1において甲はメタバース上で使うアバター用のバッグを買った。
事例 1-2 事例1において甲は、（物理空間の）バッグを買った。

事例1-1と事例1-2において相違が発生するとすれば、自動執行の部分である。つまり、事例1-2であれば、オンラインショップと同様に、当該バッグは契約成立後に配送される。しかし、事例1-1であれば、オンラインショップと同様に決済とアイテム移転がバラバラに発生する場合だけではなく、メタバースプラットフォーム上で、同プラットフォームの提供する決済システムで決済すると自動的にバッグアイテムが手元に来るというような自動執行の建て付けとすることも可能である。[15] このような対応が実現されれば、より安心なメタバース上の取引が実現するだろう。[16]

もっとも、事例1と次で検討する事例2の間には一定の相違があるように思われる。すなわち、事例1では、所定の手続を経て出店審査をクリアした事業者がメタバース上で出店している状況が想定される。そうであれば、自動執行をできないというだけで直ちに、債務不履行（例：商品が引き渡されない）や契約不適合（例：宣伝した内容と異なる商品が引き渡される）等のトラブルが頻発すると

---

[15] 例えば、そのアイテムを買うことを最終確認すると、アイテムが手元に来て自分のポイントが減る。
[16] なお、いわゆるスマートコントラクトの仕組みにより自動執行する試みについては、清水＝荒巻・スマートコントラクトを参照されたい。

まではいえないかもしれない。これに対し、事例 2 では、まさにそのような審査を経ていない個人との取引であり、上記のような意味におけるトラブルの可能性はより高まるだろう。[17]

◆ (3) 事例 2 の検討

> 事例 2-1　事例 2 において甲はメタバース上で使うアバター用のバッグを買った。
> 事例 2-2　事例 2 において甲は、（物理空間の）バッグを買った。

　事例 2 では、取引相手が直接アバター丁の「中の人」であるという点において事例 1 と異なるところ、上記のとおりアバター同士のトラブルは事例 2 において増加することが想定される。

　このようなアバター同士のトラブルに対しては、事例 2-1 のようなオンライン上のオブジェクトに関する限り自動執行による対応が有効である。しかし事例 2-2 では自動執行は通常不可能である。

　そしてこのような事例 2-2 では、なりすまし（**第 8 章も参照**）の問題が重要な問題となり得る。例えば、本当は「中の人」は丁ではないのに、丁の写真等をもとにアバターを作り、アバターネームを丁として、まるで丁がメタバース上で活動しているように装う場合等である。このようななりすましによる契約に対しては、一回的取引においては原則として効果が帰属せず、例外として表見代理（民法 109 条以下）の適用がある場合には効果が帰属し得るだろう。継続的取引の場合は、利用規約において ID・パスワードの管理を本人の責任として、当該アバターが利用された取引であれば効果が帰属する旨を定めれば、パスワードを他人に教えた場合等については基本的にそれに従うことになるだろう。[18] しかし、本人のアバターが利用されたのではなく、別人が別の（類似する）

---

*17　なお、取引デジタルプラットフォームを利用する消費者の利益の保護に関する法律（通称：取引 DPF 消費者保護法）は、消費者が販売業者等と円滑に連絡することができるようにするための措置や販売業者等の特定に資する情報の提供を求める措置をプラットフォームの努力義務とし（3 条）、消費者が損害賠償請求等を行う場合に必要となる販売業者等の情報の開示を請求できる権利を創設（5 条）した。

*18　中崎・前掲注 2）17-18 頁。なお、個人であってもそれが絶対的商行為（商法 501 条 1 号）などであれば、民法に加え、その特別法たる商法の適用もあり得るだろう。

アバターでなりすまし（第8章参照）をする場合はこの利用規約の適用対象外であろう。

　そして、そのような場合こそ、**第8章**および**本章2.(4)**で述べたCA認証が重要である。つまり、そのアバターが信用できるものであれば、トラブルにそもそもならないことも多い。例えば実名アバターについてなりすましでないことが保証されていれば、「この人」と取引をする、という信頼が担保される[*19]。

　また、例えば認証済みアバターと取引をしてトラブルになった場合において一定の要件の下でその「中の人」の個人情報、例えば実名アバターなら住所、仮名アバターなら住所氏名が開示されるという制度ができるのであれば、最後は当該開示制度を利用して、取引相手に対して訴訟を提起することができる。

　なお、筆者個人としては、仮名アバターであっても、最終的に一定の要件の下で、氏名と住所が開示される等、認証するだけの意味が確保されるのであれば、認証の対象として構わないと考える。とはいえ、仮名アバターと実名アバターで一定程度認証要件を異にすることもあり得る。この点は、本ムーンショット研究でCA認証の研究が進んでいることから、それを待ちたい。

◆ **(4) 事例3の検討**

　ア　はじめに　事例3は同じアバターを複数人が利用している場合である。例えば乙は接客用の担当者アバター丙を、戊や己等の従業員のうち、その日に出勤している者に使わせるということがあり得る。ただし、同じ事業者が、複数の従業員に同一の接客アバターを使わせる際、接客アバターを利用して契約する権限を与えるのであれば、原則として、「中の人」が（丙の従業員のうちの）戊なのか己なのかは特に問題にならない。

　しかし、それが個人である場合、つまり事例3の丁の「中の人」が庚なのか辛なのかというのは、おおいに問題となる。なお、(3)で述べたとおり、利用規約においてIDおよびパスワードの管理を本人の責任とすることで、他人にパスワードを教えたり、他人にパスワードが盗まれたことによる効果を利用規約によってコントロールすることができるものの、イ～エでは、そのようなプ

[*19]　なお、なりすまし対策として保険制度の利用も提唱されている（中川裕志「AIエージェント、サイバネティック・アバター、自然人の間のトラスト」情報通信政策研究6巻1号（2022）54頁）。

ラットフォーム側の対応がされていない場合を前提とし、プラットフォーム側での対応はオで論じる。

　イ　複数の「中の人」のうち誰か一方が多く使っていて、その人と取引すると考えていた場合

> **事例 3-1**　事例 3 で丁を多く使っているのが庚であり、甲は庚と取引をするものと考えていたが、実際にはその時に丁を使ったのは辛だった。

このような場合において、どのような法律関係が生じるのだろうか。

実際に甲が直接取引した相手は（その時に丁を使った）辛である。しかし、辛は丁というアバターネームを用いており、このアバターネームを用いたことが、法的にどう評価されるかという点が問題となるだろう。

> **事例 3-1-1**　事例 3-1 で辛として庚に権利義務を帰属させる意図で丁を使って甲と取引をした。

この場合に、甲は、辛が庚の代理人だという主張をすることは可能だろうか。まずは代理権以外の点について、民法および商法の規律を考えよう。

民法上、代理による法律行為の要件は、代理人による法律行為、顕名および代理権である[20]。ここで、代理人が自己の名を出さず直接本人の名で法律行為をするいわゆる署名代理については、相手方（甲）も「庚」という名の人間と契約することを意図していた以上、原則として、本人庚に効果が帰属するとみてよいとされる[21]。もちろん、相手方である甲として本人庚と取引をする意思を有していないとすれば、錯誤の問題となり得るものの[22]、本件では甲は庚と取引をするものと考えていたので錯誤にはならない。

これに対し、商行為であれば、商法 504 条が適用される[23]。その場合、相手

---

[20] 於保不二雄＝奥田昌道編『新版注釈民法（4）総則（4）―法律行為（2）99 条～137 条』（有斐閣、2015）16 頁
[21] 山本敬三『民法講義Ⅰ　総則〔第 3 版〕』（有斐閣、2011）356 頁
[22] 山本・前掲注 21）356 頁

方（甲）としては、庚に対して履行を請求することができ（同条本文）、そしてそれが庚のためにすることを知らなかったときは辛に対しても履行を請求できる（同条但書）可能性があるところ、本件では甲は庚と取引をするものと考えていたので、同条本文に基づき庚のみに履行を請求できる可能性があることになるだろう。

　民法または商法に基づく代理権以外の要件が満たされる前提で、庚として、辛に代理権を授与する趣旨でアバター丁の利用を認めていれば、有権代理であり、そうでなければ無権代理（民法113条）となる。よって、辛は無権代理人の責任を負うが、庚として表見代理（同109条以下）の責任の根拠となるような基本代理権の授与等がなければ、甲は庚に責任を追及できない。問題は、庚が辛にアバター丁の利用を認めることが基本代理権の授与等になるかであるが、一般に、自分のアバター利用を許可すること自体が自分の代理人として取引をしてよいという趣旨という社会通念は未だ成立していないだろう。そこで、少なくとも、2024年時点では、単に庚が辛にアバター丁の利用を認めただけで直ちに基本代理権の授与があったとはいえないものの、今後のアバター社会の発展状況によっては異なる解釈が生じる可能性は否定できない。

> **事例3-1-2**　事例3-1において、辛として自ら（辛）に権利義務を帰属させる意図で丁を使って甲と取引をした。

　この場合、甲は庚との取引をする意思であるが、辛は辛として取引をする意思である。そして、もし、丁をいつも使っている（例：99％以上）のが庚で、その旨を甲を含む周囲も知っている（つまり、丁＝庚という取引通念である）ものの、たまたまその時だけ中に辛がいた、ということであれば、その取引の客観的・外形的側面からは、甲の理解のとおり甲・庚間の取引が成立すると考えるべきである。そして、辛としては、（客観的に）表示した庚との間の取引と、自らの意思である辛との間の取引が相違し、「意思表示に対応する意思を欠く」（民法

＊23　「商行為の代理人が本人のためにすることを示さないでこれをした場合であっても、その行為は、本人に対してその効力を生ずる。ただし、相手方が、代理人が本人のためにすることを知らなかったときは、代理人に対して履行の請求をすることを妨げない。」

95条1項1号[*24]として、錯誤取消しの問題として扱われるべきであろう。ただし、既に客観的に丁＝庚という取引通念が確立していたのであれば、その中で辛があえて辛として取引する意図であれば、その旨を甲に説明すべきであり、辛に重過失（95条3項）があったとされる可能性も十分にあるだろう。

　これに対し、確かに50％を超えて丁を庚が使っているが、辛も例えば49％程度使っており、単に甲として辛がその程度の頻度で丁を使っていることを知らないだけだった（甲としていつも庚が使っていると誤解していただけ）、ということであれば、取引の客観的・外形的側面から甲の理解のとおり甲・庚間の取引が成立するとまではいえないかもしれない。そうであれば、むしろ、辛の理解のとおり甲・辛間の取引が成立し、甲において「意思表示に対応する意思を欠く」（95条1項1号）錯誤があったとして、錯誤取消しの問題として扱われるべきかもしれない[*25]。その場合、甲として「中にいるのは庚か」と確認すべき注意義務はあったように思われるが、それをもって重過失（95条3項）とまで常にいえるとは限らないように思われる。

　もっとも、上記の検討結果が意味するところは、複数人共有アバター（丁）について、その複数の「中の人」（庚・辛）の間で、どちらがどの程度利用しているか次第で、成立する取引の内容が異なる（錯誤者が異なる）ということである。このような解決を行うことは、まさに取引の成否を不安定とするものであって、必ずしも相当ではない場合もありそうである。例えば、丁として庚が使うことが多い旨を甲に対して明示・黙示に示した場合には、現時点においては辛が使っている等の特段の説明がなされない限り、その取引の客観的・外形的側面からは、甲の理解のとおり甲・庚間の取引が成立すると解した方が、取引安全の観点から優れているように思われる。ただし、それをどのように実現するかはオで検討したい。

　　ウ　「中の人」が複数だと知らない場合

> **事例3-2**　甲は丁が誰かは分からないが、「中の人」は1人であり、その

＊24　なお、具体的状況次第で、「法律行為の基礎とした事情」（民法95条1項2号）の錯誤とされるかもしれない。
＊25　動機の錯誤になる可能性につき前注を参照のこと。

> 丁というアバターおよびアバター名を用いる「中の人」と取引したと考えていた。実際には、他に丁も庚も利用することもあったが、そのタイミングで辛が中にいた。

　実態として「中の人」が複数名がいるとしても、そのことを取引をする相手方が知っているとは限らない。むしろ、「誰か分からないが、ある1人の「中の人」のアバターネーム（通称）が丁だ」と考えて取引をしている場合も多いように思われる（仮に複数の「中の人」がいることを認識し、このままでは誰と取引するのか分からないのであれば、甲として通常、取引時点において、誰が中にいて、誰と取引するかを確認するだろう）。アバター丁として「中の人」が複数存在することを明らかにしていない場合、甲が「中の人」は1人と理解することはむしろ自然であろう。

　その場合に、例えば、辛（または庚）が甲との契約をきちんと履行するのであれば大きな問題はないかもしれないが、辛が契約を履行せず、庚も「取引したのは自分ではない」と言って責任を回避することは認められるのだろうか。

　上記の代理の要件で考えると、一般にも丁の「中の人」が庚だと理解されておらず、また実際にも中に庚がいたわけではないとすると、「丁」と表示しただけでそれが庚だと顕名をした（署名代理をした）とは評価できないだろう。

　そこで、結果的には、現行法の解釈からは、辛が契約を履行せず、庚も「取引したのは自分ではない」として責任を回避することができるような状態は生じ得るといわざるを得ない。この問題もオで検討する。

　なお、商行為であれば、相手方である甲としては、庚および辛に対して履行を請求できる可能性がある（商法504条）ことから、これによって甲が保護され得るが、常に商法が適用されるとは限らない。

　エ　同時に「中の人」が複数いる場合

> 事例3-3　丙はメタバース上のアバターではなく、分身ロボットで、「中の人」である戊や己が同時に動かしていた。

　例えば、喫茶店の接客アバターであれば、声は戊が出すが、注文した飲み

物を渡すとか、飲み物にラテアートを描くのは己だといったことはあり得る。この場合でも、企業の従業員の事例であれば、（同時ではなく）異なる時点で複数の従業員が同じアバターを動かす場合（上記ア）と同様に考えられる。すなわち、同じ乙の従業員として権限が授与されている限り、単に従業員である戊と己が同時に動かしているからといって、乙に効果が帰属しなくなることはない。そこで、注文の内容は戊の声でのやり取りに即して決まり、また、例えば販売されたラテアート付きラテが契約に適合しているかは、己がどのようなラテアートを描いてそれを甲に引き渡したかによって決まるだろう。

> **事例 3-4** 丁もメタバース上のアバターではなく、分身ロボットで、「中の人」である辛と庚が同時に動かしていた。

　この場合は、事例 3-3 と異なり、企業の取引の事案ではない。例えば、それが取引であれば、当該取引に対応する部分を担当したのは誰かという観点で分節することはあり得る。そこで辛が声を担当し、庚が動作を担当するという場合に、口頭のやり取りで契約をしたから辛と契約を締結した、といった議論である。しかし、丁が声と身振り手振りを同時に行って甲との契約を成立させるという場合には、そのような議論は難しくなる。そして、甲として、事例 3-2 同様、その丁というアバターおよびアバター名を用いる「中の人」と取引したと考えているという場合もあるだろう。その場合に、辛・庚双方と契約が成立するとみなせるかという問題は、大変悩ましいところである。

　　オ　ソフトロー等による対応　　事例 3-1-2、事例 3-2 および事例 3-4 等のような解釈が難しい状況が生じたり、取引相手の保護に欠ける状況が生じ得たりする場合に対応するため、公的ガイドライン等で解釈を明確化し、かつ、それを公表し、取引相手に対して留意を求めることでトラブルを予防することが重要である。[26]

---

[26]　なお、KDDI 株式会社ほか「メタバース／都市連動型メタバースの運用・利用指針『バーチャルシティガイドライン ver.2.0』策定」（2023 年 7 月 20 日）<https://news.kddi.com/kddi/corporate/topic/2023/07/20/6862.html> や日本デジタル空間経済連盟「デジタル空間の経済発展に向けた報告書」（2022 年 11 月 16 日）<https://jdsef.or.jp/assets/document/achievement/report_20221116.pdf> や、同「デジタル空間上での仮想店舗運営に向けた実証実験報告書」（2023 年 7

また、CA認証はここでも役に立つと思われる。しかし、認証の結果、「丁は辛・庚双方が利用している」という限りで事実関係が確認できても、その場合の法的な帰結が不明確であれば、認証だけでは問題を十分に解決することができないかもしれない。そこで、例えば、プラットフォーム側で、このプラットフォームにおいて複数人が中にいるアバターを利用して取引すること自体は可能であるものの、その場合、当該利用者全員が連帯責任を負わなければならない旨を利用規約で規定するとか、認証事業者が、複数人共有アバターを認証する場合には、当該認証された中の複数人が連帯債務を負うと表明する場合に限る等、何らかの措置が必要かもしれない。

　カ　組合構成か権利能力なき社団構成か　なお、例えば事例3-4を民法上の組合構成とすれば、辛・庚双方に責任を追及できる。これに対し、権利能力なき社団構成の場合、原則としてその構成員は有限責任を負うにとどまるところ[*27]、VTuberであればそのアバター自体に財産価値があるといえる場合もあるだろうが、そうではない、ただの取引用アバターに財産価値があるとは直ちにいうことができず、権利能力なき社団構成をとることで、むしろ背後者に対する責任追及が困難になり、取引安全が害される可能性が高いことも付言しておく[*28]。

4. 不法行為

　不法行為としてはCAを利用した活動の妨害行為等が問題となるが、CAを利用した活動による利益そのものを法律上保護される利益と解すべきであるとされている[*29]。

　そして、人格権侵害については既に第8章までに類型に応じて述べてきた

　　月26日）<https://jdsef.or.jp/assets/document/achievement/report_20230726.pdf>においては、メタバース空間における個人間の契約、特にアバター内に複数人がいる場合に関する言及は見当たらないようである。
* 27　最判昭和48年10月9日民集27巻9号1129頁、林良平＝前田達明編『新版注釈民法（2）総則（2）法人・物—33条〜89条』（有斐閣、復刊版、2011）109頁
* 28　なお、松尾＝斉藤63-64頁は営利目的の場合の有限責任否定説や「債権者の期待するキャッシュ・フローが他に流用されない方策が講じられ、その仕組みを債権者が十分に認識している」かにより個別に検討するという見解を紹介することも参照されたい。
* 29　浜田治雄「メタバース文化と知的財産」日本大学法学部知財ジャーナル58巻1号（2008）31頁

ところである。

　セキュリティ*30、例えば、他人にアバターを乗っ取られる、他人になりすまして取引その他CAを利用した活動をされる、そしてCAユーザーの個人情報等が漏えいされるといった状況に対しては、それが故意であればCAでの活動の価値等を踏まえて不法行為責任（民法709条）を追及することができる。なお、例えば、メタバースプラットフォームが個人情報漏えいを防ぐため安全管理措置を講じていたものの、ハッカーの被害にあって個人情報が漏えいしたといった場合には、故意がなくてもその措置等に関して過失（帰責性）がある限り不法行為（や債務不履行）を根拠として損害賠償請求をすることができるだろう。

　複数人が同一アバターを用いている場合の共同不法行為について、単にSNSのアカウントを複数人が共有しているというだけで直ちに共同不法行為は認められないという裁判例からすれば*31、複数人が同一アバターを用いているというだけでは直ちには責任を根拠づけられず、それを超える主観的客観的関連共同性を基礎付ける事実を主張しなければならないだろう。

　製造物責任法は、物理的なものであるディスプレイ、スマートグラス、トラッカー等において生じ得るところ*32、VR酔い等のリスクについて説明・警告することで一定程度対応できる可能性がある*33。

5. 民事その他

　その他VTuberの「中の人」が変更されたり、所属事務所との契約が解除

---

*30　松尾剛行「日本における民事サイバーセキュリティに関する判例法を探る」Law&Practice15号（2021）<https://sd6ed8aaa66162521.jimcontent.com/download/version/1655785406/module/9342638676/name/103-139.pdf> 103頁、松尾剛行「ランサム攻撃に関する個人情報保護法、会社法、及び民法に基づく法的検討―情報セキュリティと法の議論枠組みを踏まえて」情報ネットワーク・ローレビュー21巻（2022）<https://www.jstage.jst.go.jp/article/inlaw/21/0/21_210005/_pdf/-char/ja> 68-88頁

*31　東京地判令和1年11月8日D1-Law28281153、東京地判令和2年6月17日D1-Law29060207、東京地判令和3年1月18日D1-Law29062280、東京地判令和3年10月8日D1-Law29067249等

*32　関・メタバース263頁

*33　同上263頁

されたりした後のいわゆる「中の人」が引き続き当該 VTuber 活動を継続したいと希望するといった事態については、既に**第 2 章**で述べたとおり、基本的には知的財産権等と契約の問題であるが、東京地判令和 4 年 12 月 8 日や知財高判令和 4 年 12 月 26 日等が一定程度事務所の権限を制限する解釈を示していることが参考になる。

　国際的な取引については、準拠法や管轄が問題となるところ、**第 12 章**でプラットフォームによるアカウント凍結の文脈でこれを論じる。

6．刑事

◆**(1) 物理空間の刑法は少なくともそのままは適用されない**　メタバースにおいて、物理空間の刑法は少なくともそのままは適用されない。例えば物理空間の CA たるロボットを破壊すれば器物損壊罪（刑法 261 条）であるが、オンライン上のアバターを破壊する行為は器物損壊罪にはならず、また、不正アクセス防止法等の犯罪が成立するかは具体的な行為態様次第である。[34]

◆**(2) 刑法総論**　アバターを守るために行う犯罪行為等の違法性が正当防衛（刑法 36 条）や緊急避難（同 37 条）を理由に阻却されるか。この点、正当防衛の「やむを得ない」の解釈においては、防衛行為において実際に生じた法益侵害が、それによって回避した法益侵害よりも、侵害性において大であっても、そのことによって正当防衛の成立は否定されない。[35] そして、急迫「不正」の侵害の意義についても、構成要件該当行為である必要はなく、要保護性を備えた利益に対する侵害であれば足りる。[36] そこで、仮にオンライン上のアバターを破壊する行為を（刑法上の犯罪を構成するかを問わず）行う者がいる場合、アバターを守るために例えばその者のアクセスを妨害する行為やパソコン・スマートフォン・VR 端末等を破壊する等が業務妨害罪（刑法 234 条・234 条の 2）や器物損壊罪（同 261 条）等何らかの構成要件に該当しても、正当防衛として違法性が阻却され得る。ただし、アバター破壊者以外の者の法益を侵害する場合であ

---

*34　西貝吉晃「『メタバース刑法』の可能性」法セ 2023 年 2 月号 40 頁
*35　害の均衡は要件とされていない。山口厚『刑法〔第 3 版〕』（有斐閣、2015）70 頁
*36　山口・前掲注 35）66 頁

れば緊急避難が問題となり、その場合には害の均衡が必要であることから難しい判断が必要となる。この場合の判断基準としては、両者共通に妥当する一般的・客観的基準を適用する、という程度しかいえないと思われる[*37]。ここにおいては、不法行為の場面で上記のとおりCAを利用した活動による利益そのものを法律上保護される利益と解すべきであるとされていることを踏まえ、そのような一般的・客観的基準の観点からも十分に法益として重要性があることを踏まえた判断をすべきであろう[*38]。

ロボットCAを遠隔操作する場合において、死角に入った人を傷害し、場合によっては死亡させてしまう場合にどのような要件で業務上過失致死傷罪（刑法211条）等における過失が認められるかも難しい問題である。ここで、ロボットについてはそれぞれ使用説明書や使用条件で死角の範囲や、その死角の人を傷害するリスクを減らすための方法（区画を限ってロボットの動作範囲に人を入れない、入る人がヘルメット等の安全装置を装着する等）があるはずである。このようなルールを守らず、安全装置を装着しないまま動作範囲に人を入れた等であれば、基本的には刑事でも過失を認めることになるだろう。

ユーザーとプラットフォームが共犯となるか等については、Winny事件最決（最決平成23年12月19日刑集65巻9号1380頁）等を参照しながら、プラットフォームの行為が幇助（同62条）や共同正犯（同60条）といえるかを探っていくことになるだろう（著作権に関する**第9章**も参照）。

◆ **（3）刑法各論**　　刑法各論としてはなりすましと、詐欺（刑法246条）や電磁的記録不正作出・供用（同161条の2）、名誉毀損（同230条）、または偽計業務妨害（同233条）[*39]、乗っ取りと不正アクセス禁止法違反[*40]、賭博（同185条）[*41]等が論じられている。

これらの各論的な論点については、要するにそのなりすましや乗っ取りの行為態様が、刑法の各犯罪の構成要件を充足する形で行われているかの個別具

---

*37　山口・前掲注35）79-81頁
*38　同上80頁
*39　論点整理43頁
*40　同上43頁
*41　西貝・前掲注34）41頁

体的な判断の問題であって、常にアバター特有の判断が求められるものではないように思われるため、詳述しない。

なお、これら以外にも例えばアバターが服を脱いだ場合について状況次第ではわいせつ物陳列罪（刑法175条）になり得るところ、オフラインで同じことを行う場合に公然わいせつ罪（同174条）になることとの関係で本当にそれでよいのかや、アバター同士の接触を伴うオンラインハラスメントについて仮にオフラインで生じたら暴行罪（同208条）、不同意等わいせつ罪（同176条）、不同意性交等罪（同177条）、等に該当し得るにもかかわらず、メタバース上だということをもって（利用規約違反を超えて）直ちに犯罪とはできないことをどのように考えるか（これはむしろ(4)で述べる立法論かもしれない）、そして、メタバース上の教会や寺社について保護法益からすれば礼拝所および墳墓に関する罪を成立させることができる可能性もあるが、そのような仮想礼拝所等を「礼拝所」（例：同188条1項）と解釈できるか等、多くの論点があり得るが、他日に期したい。

◆**(4) 立法論**　なお、立法論としてはアバターやロボットの保護が問題となる。例えば、ペットのようなロボットや自分自身と同一視し得るロボット、身体の一部を構成するロボット等について、愛護動物や肉体と同様の保護を与えるべきではないかが問題となり得る。[42]

◆**(5) 刑事手続**　なお、刑事手続において既にアバターを利用した身長・体格・体型の異同識別が行われている。神戸地判令和6年1月11日Westlaw 2024WLJPCA01116003では、決定的要素ではないものの、間接事実から被告人が犯人だと推認した上で、犯人の防犯カメラと被告人の全身像写真から作成した三次元アバターを使用して、身長および体格・体型の異同識別を行ったところ、座高、肩幅、肩の位置等が、同一人であるとして矛盾がない程度に重なり合っていたことは、上記の推認と整合的だとして最終的に犯人性を肯定している。

---

[42]　なお、小名木明宏「科学技術時代と刑法のあり方——サイボーグ刑法の提唱」北法63巻6号（2013）524頁も参照。

第12章
行政規制・プラットフォーム

　前章では民事法・刑事法について検討した。本章では、これに引き続き、行政規制、すなわち、行政法がCAとの関係でどのように影響するのかを論じた上で、CAが活動するメタバースを運営するプラットフォームの果たすべき役割について検討していこう。

第1節　行政規制

1.　金融規制

　メタバース上の金融取引について、仮想空間上の銀行を自称する組織が仮想通貨を集めて破綻したGINKOFinancial事件[*1]が存在するものの、これはアバターとの関係が深いとはいえないので、適合性原則、犯収法、その他の金融業法[*2]に留意すべきであることを指摘するにとどめたい[*3]。

　なお、例えば、不招請勧誘に関する金商法38条4号は、「金融商品取引契約（……）の締結の勧誘の要請をしていない顧客に対し、訪問し又は電話をかけて、金融商品取引契約の締結の勧誘をする行為」を禁止しており、「訪問」と「電話」という行為態様を規定している。メタバース上の声かけやメッセージ送付等の勧誘は「訪問」にも「電話」にも該当しないとは解され得るものの、アバター時代におけるあるべき規制の姿は検討課題となろう。

---

*1　「『second-life』の銀行破綻：『無法空間』での規制とは」WIRED 2007年8月17日

*2　AMTメタバース法務研究会「メタバースと法（第6回・完）メタバースと金融規制」NBL1233号（2023）99頁参照。

*3　斎藤創＝浅野真平「多くの論点や留意点に直面するメタバース空間の法律適用―国境なきメタバース内の金融取引にどの国の金融規制が適用される？」金融財政事情73巻38号（2022）34-37頁

2. ヘルスケア

◆**(1) メタバースを利用したカンファレンス等**　例えば、患者を診察するかかりつけ医が存在するものの、残念ながらその患者の罹患している疾病に関する専門家ではないので、専門医の意見を聞きたいといった場合において、いわゆるWeb会議によってコミュニケーションを行うことができる。ここで、CAの発展を踏まえ、メタバース上でかかりつけ医と専門医がお互いに立体的な患部画像や（リアルタイムの）動画等を見ながらイメージを共有することで、より良いコミュニケーションを図ることが期待される。

このような場合においては、セキュリティ等医療情報の保護に関するルール[4]を遵守しながら安全に仮想空間でCAを利用して交流することになるだろう。

◆**(2) オンライン診療**　メタバース上に「病院」が設置され、病気になった場合においてメタバースにログインすればすぐに診察を受けることができるのであれば、大変便利であり、かつ、時宜にかなった受診の増加は、公衆衛生上も好影響があるだろう。ここで、このようなオンライン診療について、医師法第20条本文は、「医師は、自ら診察しないで治療をし、若しくは診断書若しくは処方せんを交付し、自ら出産に立ち会わないで出生証明書若しくは死産証書を交付し、又は自ら検案をしないで検案書を交付してはならない」とし、また、医療法1条の2第2項においても、病院や診療所等が医療提供施設と定義され、医療が医療提供施設の機能に応じ効率的に、かつ、福祉サービスその他の関連するサービスとの有機的な連携を図りつつ提供される旨が規定される。そこで、これらの規定との関係で、オンライン診療がどのような範囲で許容されるかが問題となる。

2023年（令和5年）に一部改正された「オンライン診療の適切な実施に関す

---

[4]　厚生労働省「医療情報システムの安全管理に関するガイドライン第6.0版（令和5年5月）」<https://www.mhlw.go.jp/stf/shingi/0000516275_00006.html>、経済産業省「医療情報を取り扱う情報システム・サービスの提供事業者における安全管理ガイドライン第1.1版」（2020年8月作成、2023年7月改定）<https://www.meti.go.jp/policy/mono_info_service/healthcare/01gl_20230707.pdf>。後者は2.0版のパブコメが2024年10月に終了した。松尾・クラウド222頁以下でその概要を紹介している。

る指針」[*5]は、診断や処方等の診療行為をリアルタイムで行う行為をオンライン診療とし、オンライン診療に対するルールを明確にしている（図表12-1）[*6]。

【図表12-1】オンライン診療における用語の定義

オンライン診療
医師－患者間において、情報通信機器を通して、患者の診察および診断を行い診断結果の伝達や処方等の診療行為を、リアルタイムにより行う行為
オンライン受診勧奨
医師－患者間において、情報通信機器を通して患者の診察を行い、医療機関への受診勧奨をリアルタイムにより行う行為であり、患者からの症状の訴えや、問診などの心身の状態の情報収集に基づき、疑われる疾患等を判断して、疾患名を列挙し受診すべき適切な診療科を選択するなど、患者個人の心身の状態に応じた必要な最低限の医学的判断を伴う受診勧奨
遠隔健康医療相談（医師が主体となるもの）
医師－相談者間において、情報通信機器を活用して得られた情報のやり取りを行い、患者個人の心身の状態に応じた必要な医学的助言を行う行為。相談者の個別的な状態を踏まえた診断など具体的判断は伴わない
遠隔健康医療相談（医師以外を含む主体によるもの）
医師または医師以外の者－相談者間において、情報通信機器を活用して得られた情報のやり取りを行うが、一般的な医学的な情報の提供や、一般的な受診勧奨にとどまり、相談者の個別的な状態を踏まえた疾患のり患可能性の提示・診断等の医学的判断を伴わない行為。

出典：厚生労働省「オンライン診療の適切な実施に関する指針」に基づき筆者作成

[*5] 厚生労働省「オンライン診療の適切な実施に関する指針」（2018年3月作成、2023年3月一部改訂）<https://www.mhlw.go.jp/content/10800000/001233212.pdf>。なお、2024年に『オンライン診療の適切な実施に関する指針』に関するQ&A <https://www.mhlw.go.jp/content/001240864.pdf> が改訂されている。

あるオンライン上の行為がオンライン診療の定義に入る場合、例えば、リアルタイムの視覚および聴覚の情報を含む情報通信手段を採用すること（上記指針V1（6）②ⅱ）、原則として特定多数人に対してオンライン診療を提供する場合には、診療所の届出を行うこと（同V2（2）②ⅲ）等の各事項を遵守すべきである。[*7]

3. 景表法

◆(1) はじめに　　CA、特にVTuberは様々な広告宣伝に関与しており、その意味で、広告を規律する景表法はCAとも関係が深い[*8]。なお、メタバースと広告規制としては、デジタルツインと屋外広告物規制等の問題も存在するが、CAとの関係が薄いので、詳論しない。

◆(2) 表示規制　　景表法の定める表示規制としては、優良誤認（景表法5条1号）、有利誤認（同条2号）、「商品又は役務の取引に関する事項について一般消費者に誤認されるおそれがある表示であつて、不当に顧客を誘引し、一般消費者による自主的かつ合理的な選択を阻害するおそれがあると認めて内閣総理大臣が指定するもの」（同条3号）が挙げられる。

ここで、景表法5条3号の対象として重要なのが2023年10月に新たに導入されたステルスマーケティング（ステマ）規制である。VTuberがその配信の中で特定の商品やサービスを推薦すれば、VTuberのファンは、広告だと知って眉につばを付けて吟味することができず、その商品やサービスについてVTuber自身がそれを良いと信じて勧めていると理解してこれを購入する可能性が高い。しかし、実際には、単にスポンサーからお金をもらって宣伝しているだけ、ということもないわけではない。

そして、ステマ規制を定める消費者庁の「一般消費者が事業者の表示であ

[*6] なお、医療機関への受診勧奨をリアルタイムで行うオンライン受診勧奨にはその一部が適用され、一般的な情報の提供にとどまり診断等の医学的判断を行わない遠隔健康医療相談には適用されない。

[*7] なお、医療法にオンライン診療の総体的な規定を設ける予定である（2024年10月30日第111回社会保障審議会医療部会「資料2　適切なオンライン診療の推進について」<https://www.mhlw.go.jp/content/10801000/001322786.pdf> 5頁）。

[*8] 松尾剛行『広告法律相談125問〔第2版〕』（日本加除出版、2022）、松尾剛行『実践編　広告法律相談125問』（日本加除出版、2023）

ることを判別することが困難である表示」[*9]は「事業者が自己の供給する商品又は役務の取引について行う表示であって、一般消費者が当該表示であることを判別することが困難であると認められるもの」を景表法5条3号の対象として指定した。その具体的内容は「一般消費者が事業者の表示であることを判別することが困難である表示」の運用基準[*10]において明確にされている。上記のVTuberとスポンサーの間の事例に即して説明すると、要するに、①スポンサーが表示内容の決定に関与したと認められ、客観的な状況に基づき、VTuberの自主的な意思による表示内容と認められない場合であり、かつ、②その表示がスポンサーによる表示であることが明瞭となっていないため、スポンサーの表示でないと一般消費者に誤認され得るものが当該規制に違反することが示されている。

◆ **(3) 景品規制**　景品規制としては、懸賞の場合といわゆる総付景品の場合で異なる規制が適用されるが、CAとの関係が薄い。なお、メタバースゲームを含むゲームにおいて、利用者にとって自由に選択できない（ランダムな）形でアイテム等を付与するサービス（いわゆるガチャ）を行う場合には、コンプガチャ規制[*11]が適用されるが、これもCAに固有の話ではないので、詳論しない[*12]。

4. 電気通信事業法

　電気通信事業法によって、他人のために電気通信役務を提供する者は、電気通信事業を営む者とそうでない者に分類され、電気通信事業を営む者の一部が電気通信事業者として届出・登録が必要となり、それ以外は届出・登録

---

* [*9] 消費者庁「一般消費者が事業者の表示であることを判別することが困難である表示（令和5年3月28日内閣府告示第19号）」<https://www.caa.go.jp/policies/policy/representation/fair_labeling/public_notice/assets/representation_cms216_230328_07.pdf>
* [*10] 消費者庁『『一般消費者が事業者の表示であることを判別することが困難である表示』の運用基準」（令和5年3月28日消費者庁長官決定）<https://www.caa.go.jp/policies/policy/representation/fair_labeling/guideline/assets/representation_cms216_230328_03.pdf>
* [*11] 消費者庁「オンラインゲームの『コンプガチャ』と景品表示法の景品規制について」（2012年5月18日作成、2016年4月1日一部改定）<https://www.caa.go.jp/policies/policy/representation/fair_labeling/guideline/pdf/120518premiums_1.pdf>
* [*12] なお、一般社団法人 Japan Contents Blockchain Initiative（JCBI）ほか「NFTのランダム型販売に関するガイドライン」（2022年10月12日）<https://bccc.global/wp/wp-content/uploads/2022/10/NFT-guidelines.pdf> 等も参照。

不要な電気通信事業を営む者とされる[*13]（図表12-2）。

　メタバースにおける各サービスがこれらのうちのどの類型に該当するかは、メタバースの具体的サービス内容次第である[*14]。

　例えば、メタバース上でCA同士が交流する場合、特定のCA同士のやり取りを可能とするのであれば、他人の通信を媒介しているため、登録または届出が必要な電気通信事業者の可能性が高い。これに対し、例えば、CAによるライブ配信を不特定多数が視聴できるだけであれば、「場」を提供しており、他人の通信を媒介していないとして届出・登録不要な電気通信事業を営む者となる可能性もある。なお、他人の通信を媒介していないとしても、利用者登録が必要で、前年度の月額平均アクティブ利用者数が1,000万以上である場合には登録または届出が必要電気通信事業者となる。

5. その他

　その他、風営法（例：同法2条1項5号のゲームセンター営業）該当性、出会い系サイト規制法等も問題となる。

第2節　プラットフォーム

1. プラットフォームの果たす役割

　メタバースはプラットフォーム事業者が運営する、ある意味で「閉じられた」世界である[*15]。

　成原は、メタバースという仮想世界が企業等の「創造者」により創造されるところ、多くの場合、これらの創造者はメタバースプラットフォーム事業者の

[*13]　登録および届出を要しない場合であっても、「電気通信事業を営む者」に対しては、電気通信事業法の一部の規律がなお適用されることに留意すべきである（Web3研究会報告書38頁）。

[*14]　総務省「電気通信事業参入マニュアル（追補版）」（2005年8月18日策定、2023年1月30日改定）<https://www.soumu.go.jp/main_content/000477428.pdf>、総務省総合通信基盤局「電気通信事業参入マニュアル（追補版）ガイドブック」（2022年4月14日策定、2023年1月30日改定）<https://www.soumu.go.jp/main_content/000799137.pdf> 参照。

[*15]　中崎尚「バーチャルワールド（仮想世界・仮想空間）における法的問題点（1）総論──アバターや3D空間がどう影響するか」NBL926号（2010）67頁

【図表 12-2】電気通信事業法による「電気通信事業を営む者」の条件

出典：総務省総合通信基盤局「電気通信事業参入マニュアル（追補版）ガイドブック」（2022 年 4 月 14 日策定、2023 年 1 月 30 日改定）<https://www.soumu.go.jp/main_content/000799137.pdf>

提供するプラットフォーム上で仮想世界を創造することから、メタバースプラットフォーム事業者は、メタ仮想世界において各々の仮想世界を創造することのできる枠を決めることができるという意味で、世界創造のモデレーションを行っていると指摘する。[*16]

このようなプラットフォーム事業者のもつ「権力」の結果、それぞれのメタバースが CA 等の利用者にとって使いやすい「場」になるのか、それとも利用しにくい「場」になるかはメタバースプラットフォーム事業者のいわば「さじ加減」次第となる。もっとも、かかる枠付け等につき、プラットフォーム事業者が自由裁量を持つものではなく、例えば、独占禁止法等によって制約を受けるものである。

---

*16　成原慧「メタバースのアーキテクチャと法」Nextcom52 号（2022）26 頁

なお、デジタルプラットフォーム透明化法や取引DPF消費者保護法（第11章注17参照）等については詳論しないものの、第11章を参照のこと。

2. トラブル対応の必要性

メタバースにおいては様々なトラブル等が生じている。本書第3章から第11章までにおいて、人格権侵害、知財侵害、刑事民事その他のトラブルとその解決の指針を論じてきた。そして、プラットフォーム事業者として、もしこれらのトラブルの発生をなんら防止せず、トラブル発生後に被害者からの訴えに対し何らの措置も講じなければ、いわば「治安の悪いメタバース」となってしまって、安全なメタバースにおいてCAを安心して利用できず、善良で良質な利用者から離れていくだろう。

その意味で、筆者として、プラットフォームが一定のトラブル対応を行うことの必要性自体は存在すると考えている。そして、その観点から、利用規約等を整備してどの範囲の行為が許容され、どこから許容されないかをできるだけ明確にし、[17]特定のユーザーの行為がそれを逸脱する場合には、例えば、警告をする、利用を一時停止する、そして最終手段としてアカウントを凍結するというような対応をすべきである。ただし、4.で述べるとおり、そのような措置は、ユーザーの行為とそれに対する措置が均衡している必要があり、かつ、どのような理由でその措置がされるのかに関する透明性も必要である。

なお、いわゆるプロ責法が改正がされ、特定電気通信による情報流通で発生する権利侵害等対処法（情プラ法）となり、一定のプラットフォームに、権利侵害情報等の削除対応や運用状況透明化に関する作為義務を課した。[18]既に、インターネット・ホットラインセンター[19]等において違法・有害情報対策はなされているが、このような形でますます、メタバースプラットフォームを含むプラットフォームは違法・有害情報に対する対応を迫られている。

---

* 17　なお、ここで「利用規約等」としているのは、利用規約本体では一定程度抽象的に記載せざるを得ないことはあり得るものの、ガイドライン等のその下位規範等を利用して、最終的には何が許され、何が許されないかが利用者にとって一義的に分かるようにすべきだという趣旨である。
* 18　<https://www.soumu.go.jp/main_content/000931477.pdf>
* 19　インターネット・ホットラインセンター HP <https://www.internethotline.jp>

3. プラットフォームによるサービス改変・終了

◆(1) エコシステムに悪影響を与える行為　2023年、Twitter（現X）の無料APIの提供終了によって、当該APIを利用していたサービスの一部が終了せざるを得なくなる等の影響が出た。メタバースプラットフォーム事業者がエコシステムを構築している場合において、当該エコシステムに悪影響を与えるような行為がどこまで許容されるかに関する線引きは難しいところである。

すなわち、特定のAPIが永久に無料で提供されるという契約であればともかく、一定の価格変更はあり得るところであり、そのような値上げ自体が一律に許されないとは直ちにはいえないだろう。しかし、例えば、APIが無料であることで、第三者が自発的に多数のサービスを提供する等、それを前提にエコシステムが構築され、利用者がその便益を享受している中、その状況を大きく変える、例えば大幅値上げをすることで利用者が享受していた第三者サービス等が使えなくなることについては、利用者とプラットフォームの間の利用契約に基づく主債務であるプラットフォームを利用させる債務そのものではないものの、一定の場合には信義則（民法1条2項）に基づく付随義務違反として、利用者に対する債務不履行を構成するのではないか等、多角的な検討を要する問題であろう。

◆(2) サービス終了　より悩ましいのは、例えば収益が上がらなくなった等の理由でメタバースプラットフォーム事業者がそのサービスの提供を終了することである。プラットフォームが突然サービスを停止することで、CAの活躍する「場」や「アバター」そのものを奪うおそれがある。メタバースプラットフォームが特定のメタバースを終了することでCAの「居場所」が失われることは大変重大な問題である。CA利用者は友人関係や仮想世界内の保有資産を維持するためアカウントを維持し続ける必要性が高い。[20]

メタバースそのもののサービス終了ではないが、既にVカツと呼ばれるアバター提供事業者がサービスを終了したことでアバターが使えなくなるという問

---

[20] 中崎・前掲注15) 68頁および、**第1章**注18で触れた西貝の議論参照。

題が、現実に生じている。[21]

　現行法の下でこうした問題を解決するとすれば、定型約款中の自由なサービス終了を可能とする条項が不当条項として契約に取り込まれない（民法548条の2第2項）、または自由なサービス終了を可能とする条項を消費者契約法10条として無効とし、そのような条項に基づく終了が債務不履行となる[22]といったロジックが考えられるが、実務上一定のハードルがある。

　この点に関する立法論としては、さすがに民間事業者に対して「（どれだけ赤字が出るとしても）永久にサービスを続けよ」とまでは義務付けられないものの、例えば一定の要件を満たすメタバースに対し、相当の期間を置いてからでなければサービス終了を認めないとか、別のプラットフォームで活躍できるようにデータポータビリティを義務付ける等の対応が考えられる。

4. プラットフォームによるアカウント凍結

◆(1) はじめに　　筆者は2018年という比較的早期に、あるVTuberを代理して国際動画共有プラットフォームを東京地裁で訴え、勝利した。[23] その後、特にSNSの凍結に対抗する一連の対応を、髙田晃央弁護士と協力しながら行っている。[24]

　以下では、上記報告を参考に、メタバースプラットフォームがCAのアカウントを凍結した場合の法的対抗について検討したい。

◆(2) 対抗策　　そもそもアカウント凍結等をされた場合の対抗策としては、プラットフォーム側が用意している異議申立て制度、書面や電話等による異議申立て（交渉）、裁判手続等の多様な選択肢がある。

　このうち、裁判手続を利用する場合であっても、本訴か、民事保全手続（仮

---

* 21　岡田有花「『Vカツ』突然の終了発表アバターは利用不可に『体なくなる』ユーザー困惑」（2022年1月13日）<http://www.itmedia.co.jp/news/spv/2201/13/news134.html>
* 22　黒根祥行「モバイルゲームにおける法的諸問題と今後の法的課題」甲南法務研究16号（2020）1頁参照。
* 23　松尾剛行「プラットフォームによるアカウント凍結等に対する私法上の救済について」情報法制研究10巻（2021）<https://www.jstage.jst.go.jp/article/alis/10/0/10_66/_article/-char/ja/>66-78頁
* 24　松尾剛行＝髙田晃央「X（旧Twitter）等のSNS凍結に対する法的対応」情報ネットワーク法学会第23回研究大会個別報告（2023年12月10日）

処分)[25]か、そして法律構成をどうするか等が問題となる。法律構成としては、永久凍結する場合において、例えば、「当該プラットフォームのルールに違反しているのでアカウントを凍結した」旨が表示されるのであれば、それをもって名誉毀損等の人格権侵害だとしてその差止め（削除）を求める人格権構成が1つの構成としてあり得る。もう1つは、プラットフォーム事業者と利用者との間の契約に基づくアカウント利用請求権を根拠とした契約構成もあり得る。[26]

◆ **(3) 国際裁判管轄**　メタバースプラットフォームには外国事業者も含まれる。しかし、仮処分を前提とすれば、日本でメタバースプラットフォーム事業を行っていれば、プラットフォームが民事訴訟法3条の3第5号（日本において事業を行う者）であることを基礎として、民事保全法11条が適用される。[27]

なお、「消費者」「と事業者」「との間で締結される契約」「に関する消費者からの事業者に対する訴え」であれば、民事訴訟法3条の4により日本の裁判所に訴訟を提起することができる。

◆ **(4) 準拠法**　人格権に基づく差止めの準拠法は被害者の住所地たる日本法（通則法19条）[28]だと主張することになるだろう。

これに対しプラットフォーム側は通則法19条は不法行為に関する規定であって人格権に関する規定ではない、契約に関する請求については利用規約において準拠法の合意がある、と論じるかもしれない。

このような主張に対しては、通則法19条は名誉毀損に関するものであるから、人格権侵害であっても名誉毀損であれば適用されるべきとか、仮に人格権侵害は通則法19条と異なる判断なのだとしても、人格の帰属するのはその国籍国であるので日本国籍なら準拠法は日本法である、と反論することになる。[29]

---

*25　仮処分の場合は、被保全権利の存在を疎明することに加えて「著しい損害又は急迫の危険を避けるためにこれを必要とするとき」（民事保全法23条2項）という保全の必要性を疎明する必要もある。
*26　前者の構成につき、松尾＝高田・前掲注24）参照。後者の構成につき小倉秀夫「大規模SNSにおけるアカウント凍結に対する司法的救済の可能性」情報ネットワーク法学会第19回研究大会参照。
*27　「保全命令の申立ては、日本の裁判所に本案の訴えを提起することができるとき、又は仮に差し押さえるべき物若しくは係争物が日本国内にあるときに限り、することができる。」
*28　「第17条の規定にかかわらず、他人の名誉又は信用を毀損する不法行為によって生ずる債権の成立及び効力は、被害者の常居所地法（被害者が法人その他の社団又は財団である場合にあっては、その主たる事業所の所在地の法）による。」

◆**(5) 同定可能性（人格権構成）**　アカウント名で本人を同定することができ、「当該プラットフォームのルールに違反しているのでアカウントを凍結した」旨が表示されるのであれば、当該表示は原則として凍結されたユーザーの社会的評価を低下させ、名誉を毀損する。

　プラットフォーム側は、上記の表示をインターネット上の全員が見られるのだから、一般読者はインターネットユーザー全員であるところ、本名等が書かれていなければ誰のことか分からないと主張するかもしれない。しかし、いわゆる長良川事件最判は一部の情報を知っている人が特定できれば同定可能性を肯定しており、メタバースで交流する友人は、本人のアバター名やID等から本人のことがわかるのだから同定を肯定すべきである。むしろ、後述(6)の真実性の問題で勝負をつけるべきことが多いだろう。

◆**(6) 利用規約違反の有無≒真実性（共通）**　ここで、確かに重大な違反があれば、利用規約上も凍結が可能であり、それ自体はやむを得ないところがあるし、当該違反の事実を表示したとしても真実性がある。とはいえ、具体的にどのような違反の事実があったかをプラットフォーム側が説明すべきであるし、仮に違反があった（真実性がある）として、公共性・公益性があるかは別途問題となる。実務上、プラットフォーム側が抽象的に違反があると述べるだけで、具体的な根拠となる違反内容を明示しないことがあり、問題である。

◆**(7) 契約上利用させる義務を負うか（契約構成）**　プラットフォームが当該利用者の情報を第三者（例：当該利用者と交流する他の利用者）に伝達することを認める代わりに、利用者が当該プラットフォームのサービスを利用することができるという内容の利用契約が成立しているから、契約上利用者はメタバースプラットフォームを利用する権利を有し、プラットフォームはこれを利用させる義務を負う。

＊29　なお、定型約款規制（民法548条の2第2項）によりこのような条項について「合意しなかったものとみな」されるという解釈はあり得る。また、契約構成は契約の問題であり、契約違反こそが請求原因であることから、仮に外国法であってもそこまで帰結は変わらないだろう。なお、消費者であれば消費者契約の成立および効力に関する強行法規は適用される（通則法11条）。

＊30　この点については松尾・学習院39頁以下も参照。

＊31　最判平成15年3月14日民集57巻3号229頁

これに対し、利用規約上に自由に利用を停止できるという条項が設けられていることがあるが、定型約款中の不当条項（民法548条の2第2項）として取り込まれない、または消費者契約法違反で無効である可能性が高い[*32]。また、多くの場合、「重大な違反行為」がある場合にのみ凍結することとしており、かつ、プラットフォームとして軽微な違反に対しては、警告、アカウント一時停止等の選択肢を有する以上、他のより制限的でない手段を選び得ないような重大な違反のみに最終手段たる永久凍結を適用すべきである。

◆(8) 社会的評価低下の有無（人格権構成）　前述(7)のとおり、重大な利用規約違反があって初めて凍結される。そこで、「当該プラットフォームのルールに違反しているのでアカウントを凍結した」旨が表示されるのであれば、アカウントを凍結しなければならないような重大な利用規約違反をした悪質なユーザーであるとの摘示であって社会的評価は低下する。

これに対し、プラットフォームは利用規約を根拠に、そもそも違反の有無を問わず自由に凍結できるから、凍結の事実は何ら社会的評価を低下させないと反論すると思われるが、この点は(7)で既に述べたとおりである。

◆(9) 保全の必要　仮処分の場合において、保全の必要性が求められるところ、凍結によって、他のCAとの交流ができなくなること自体が保全の必要性を基礎付ける。また、メタバース上で物品販売・サービス提供等を行う場合、その中断により生活等に支障をきたすことも保全の必要性を基礎付ける。

これに対し、プラットフォームからは、サブアカウント等新たなアカウントを作ればよいとの反論がされることがあるが、利用規約に凍結を回避するためのサブアカウント作成が禁止されていれば、サブアカウント等新たなアカウントを作ればよいとはいえないし、元のアカウントが有していた過去のログ、コン

[*32] この点に関し、モバゲー事件（東京高判令和2年11月5日消費者法ニュース127号190頁）においては、ゲームプラットフォームが「会員として不適切であると当社が合理的に判断した場合」等に会員資格取消措置等を行い、その場合のプラットフォームの責任を免除する旨の条項が消費者契約法により無効となるかが問題となった。裁判所は、プラットフォームが合理的判断をした結果として会員資格取消措置等を行ったつもりでいても、客観的には当該措置等がプラットフォームの債務不履行または不法行為を構成することは十分にあり得るところで、プラットフォームは、そのような場合であっても、この条項に基づき、損害賠償義務が全部免除されると主張し得る結果、消費者契約法8条1項1号および3号の各前段に該当するとして、かかる条項を消費者契約法に違反する不当条項として無効とした。

タクトリスト等の蓄積がなくなることによる不利益を踏まえると、単に新たな（サブ）アカウントを作れるというだけでは直ちに保全の必要性を否定すべきではないだろう。

◆(10) 小括　　前述2.のとおり、確かに適切なトラブル対応は必要であるものの、メタバースの重要性は高まっており、アカウント凍結のもたらす影響は非常に大きい。そこで、プラットフォームが、いわば「過剰反応」をして凍結すべきではないアカウントを凍結し、CAの活動の場を奪うことは許されない。そのため、利用規約違反等が存在しない、または当該規約違反が凍結という重大な措置と均衡しないにもかかわらずアカウントが凍結されたような場合には、ユーザーの異議申立てに応じ、速やかに凍結を解除すべきである。

上記の議論が、メタバースプラットフォームによる適切な凍結権の行使、およびCAがより安心して利用できるメタバースにつながることを期待したい。

5. プラットフォームの責任

◆(1) 法的責任

　ア　ユーザーに対する責任　　プラットフォームが利用者を詐欺等の被害から保護する責任については、ネットオークションプラットフォームに関する名古屋地判平成20年3月28日判時2029号89頁が[33]「本件利用契約における信義則上、被告は原告らを含む利用者に対して、欠陥のないシステムを構築して本件サービスを提供すべき義務を負っている」としている。メタバースプラットフォームはアーキテクチャ（後述(2)も参照）、利用規約、そして違反者に対する措置等を通じて、CAの利用者を保護する法的義務を負う。上記事案で名古屋地裁は、オークションプラットフォームが負うべき義務は「そのサービス提供当時におけるインターネットオークションを巡る社会情勢、関連法規、システムの技術水準、システムの構築及び維持管理に要する費用、システム導入による効果、システム利用者の利便性等を総合考慮して判断されるべき」とした上で、時宜に即して、相応の注意喚起措置をとるべき義務があったところそ

---

*33　控訴審の名古屋高判平成20年11月11日自保ジャーナル1840号160頁も参照。

の義務は尽くしており、それ以上（原告の主張した信頼性評価システムの提供、出品者情報の提供・開示、エスクローサービスの義務付け等の）義務を負わないとし、原告の請求を棄却した。

　メタバースにおいても、メタバースプラットフォーム事業者が何を行うべきかは、上記の名古屋地判がいうように、「そのサービス提供当時におけるメタバースを巡る社会情勢、関連法規、システムの技術水準、システムの構築及び維持管理に要する費用、システム導入による効果、システム利用者の利便性等を総合考慮して判断されるべき」で、例えば、ハラスメント対策、なりすまし対策、誹謗中傷対策等について、上記の各観点を踏まえてその時々になすべき対応を決定していく必要がある。例えば、2021年段階におけるなすべきであった対応と現時点（2024年段階）におけるなすべき対応は、もはや変わっているかもしれない。

　　イ　ユーザーの行為に対する責任　　プラットフォーム上でCAが行う違法行為に対し、プラットフォームがどこまで責任を負うかもまた問題となる。

　例えば、著作権については誰が侵害主体となるかが問題となる[34]。この点については既に様々な判例が出ている[35]。例えば、メタバースサービス提供者が、メタバース上において、CA同士が、他人の著作物の内容を共有し、当該著作物を閲覧し合えるようなアーキテクチャとしている場合について、侵害主体はサービス提供者ではないか等[36]、具体的状況ごとの判断になるだろう。

　なお、価値中立なメタバースを利用して違法行為または違法である可能性のある行為が行われる場合のメタバースプラットフォーム事業者の刑事責任が問題となる。これについてはWinny事件最決[37]が参考になるだろう。ここでいう、価値中立なメタバースを利用した違法行為というのは、例えば、メタバースにおいてそれぞれのCAが絵を描くことができる機能を提供したところ、一部の

＊34　上野達弘「メタバースをめぐる知的財産法上の課題」Nextcom52号（2022）11頁参照。
＊35　音楽教室事件（最判令和4年10月24日判タ1505号37頁）等を含む関連する判例群についてクラウドの観点から検討したものに松尾・クラウド137頁。
＊36　最判平成23年1月20日民集65巻1号399頁や最判平成23年1月18日民集65巻1号121頁等参照。
＊37　最決平成23年12月19日刑集65巻9号1380頁

ユーザーが著作権を侵害する絵を描いたとか、メタバースプラットフォームが自由にワールドを作成できるようにしたところ、あるユーザーが第三者の著作物と類似するキャラクターが多数存在するワールドを作成したといった場合である。

　加えて、メタバースプラットフォームの設計（デザイン）、つまり、メタバースプラットフォーム事業者が表現行為性や情報流通の基盤性を備えるような態様でメタバースを設計しているかどうかが責任の判断を分ける可能性がある。この点につき、大島は、プライバシー侵害を念頭に被害者からのメタバースの提供事業者に対する侵害行為差止請求について、Google決定[38]とTwitter決定[39]を比較し、「Google的なものであれば『明らか』要件が課される一方で、ツイッター的なものであれば『明らか』要件は課されない」と指摘する。つまり、Googleは表現行為性や情報流通の基盤性を備えているが、Twitterはそのような性質を備えていないということである。そこで、Googleのように表現行為性や情報流通の基盤性を備えるようにするか否かが、差止基準の設定の際には重要なポイントになるとする。[40]各メタバースの内容にもよるが、それがGoogleが検索結果として何を表現するかを選択しているような意味での表現性があるかは疑問がある。また、現時点で既にGoogleレベルの情報流通の「基盤」性があるかも疑問がある。もしかすると現時点では、メタバースプラットフォームはSNSサービスを三次元の仮想空間で提供しているだけとして、Twitterに近い位置づけに過ぎないかもしれない。ただし、将来的にはさらに技術やサービスが発展することでGoogleに近接することが期待される。

◆ **(2) デフォルト、ナッジ、教育等**　　メタバースプラットフォーム事業者は、安全なデフォルトを設定する等、ナッジを効かせて[41]、CAのユーザー、特にメタバースに慣れていない初心者が安全に活動できるような環境を構築すべきである。[42]例えば、ハラスメント等を防止するためのバブル機能をデフォルトで提

---

[38]　最決平成29年1月31日民集71巻1号63頁
[39]　最決令和4年6月24日民集76巻5号1170頁
[40]　大島義則「メタバースにおける人格権と表現の自由」法セ2023年2月号35頁
[41]　那須耕介ほか『ナッジ！したいですか？　されたいですか？』（勁草書房、2020）参照。
[42]　この点は、プライバシーバイデフォルトとして、**第5章**で述べたところである。

供し、ユーザーが慣れた後に自発的に解除するかどうかを決められるようにする等である。

　ただし、そのような安全なデフォルトを提供していても、ユーザーがそれを解除した場合において、具体的にどれだけ安全性が害され得るかを理解しないままであれば、そのような安全なデフォルトを設定したことの意味は薄れてしまう。例えば、CAのハラスメント被害においては、悪意ある他のCAからバブルを外すよう誘われた上で、ハラスメント被害にあうことが多い。そこで、メタバースプラットフォーム事業者は、「デフォルトから変更するとどの程度危険になるのか」についてユーザーに対して情報提供や教育・研修を行うことで、その意味を理解したCAのみが、デフォルトと異なる設定に変更することができるようにする等の工夫をすべきである。例えばバブル機能を解除する場合に「悪意ある他のユーザーから意に反する接触等を受ける可能性があり、その場合には、このボタンを押すことで、ワープ機能を発動して逃げることができる」等と説明した上で、それを理解したユーザーのみがバブル機能を解除できるようにする等である。

　このような対応を通じて、安全なメタバース上でCAが安心して活動できる社会が望ましい。

第5編

応用問題

　第5編は応用問題である。第13章で消費者法、第14章でAIとCA（AITuber等）、第15章で労働法、続く終章でアバター法の成立可能性と残課題を論じる。筆者としては、本書をもってアバター研究を終わらせるつもりはない。今後とも引き続きCAの法を研究するつもりであるところ、終章でどのような重要な残課題が残存しているかを明らかにした上で、引き続きこれらの課題に取り組んでいきたい。

第13章
CAと消費者法

第1節 消費者法が問題となる典型的な場面

1. はじめに

　第5編においては、応用問題を検討する。まず**第13章**においては、CAとの関係で重要な問題である消費者法を検討していきたい。

　すなわち、CAに関しては様々な事業者も関与しているものの、事業者だけでは到底、CAのエコシステムは回っていかない。B2C（Business to Consumer）やC2C（Consumer to Consumer）等の形で、消費者がユーザーとなって、メタバースにおける活動や、身代わりロボット等を利用した物理空間におけるCAの活動に従事するからこそ、そこで経済が回り、CAに関するビジネス、ひいてはCAが活躍するフィールドやCA自体が初めて持続可能となる。

　このように消費者は重要な役割を持つにもかかわらず、大変遺憾ながら一部の事業者が必ずしも適切ではない方法の勧誘などを行っていることは事実である。例えば、メタバース上で本来よりもかなり高額でNFTを売り付け、その後価格が暴落したといった状況は、特にいわゆるWeb3バブル崩壊前後によく見られたところである。

　もし、CAに関し、消費者が事業者に搾取されるような状況が恒常的かつ頻繁に発生し続けるのであれば、誰もCAを利用したいと思わなくなるだろう。それでは、本書のもととなった研究が属するところのムーンショット研究（ムーンショット目標1「2050年までに、人が身体、脳、空間、時間の制約から解放された社会を実現」）が目標とする、誰もが安心してCAを利用できる社会は到来しない。その意味では、CAの分野においても、消費者法に関する適切妥当な解釈論や、

立法論による悪徳業者排除が急務である。

ところで、消費者法はメタバースに対しても物理空間と同様に適用される[*1]。つまり、メタバース外において消費者法に違反する行為は、基本的にはメタバースにおいても消費者法違反なのである。

もっとも、「メタバースでも（CAとの関係でも）消費者法は物理空間と同様に適用されるので、物理空間において留意すべき点を同様に留意すべき」というだけでは、わざわざこの問題を本書で展開する意味がない。そこで本章は、いわゆる「消費者法の概説」部分はあえて割愛し、各種消費者法との関係で発生するCA固有の問題のみを論じることとする。その結果として、各法に関する前提知識を有しない読者にとって読みにくい部分はあるかもしれないが、その場合は消費者法の入門書等を適宜ご参照いただきたい。

まずは2.においてCAに関して締結される消費者契約を主な類型ごとに整理し、その上で、3.以下でCAに関して重要と思われる主な消費者法をまとめる。

2. CAの利用に関する契約

まず、CAを利用するために、様々な契約が必要となる。

例えば、CAがメタバース上のCAである場合、消費者がそのメタバースを利用するためにはヘッドセット等のハードウェアが必要となり、その売買契約が必要となる。

また、CAがロボットである場合、当該ロボットの購入についても消費者と事業者の間で売買契約が締結される（賃貸借契約やリース契約が締結されるかもしれない）。

さらに、消費者がメタバース上で利用するCAの3Dモデルを利用する（著作権）ライセンス契約を締結することもある。

これらは、全て消費者法の問題である。

[*1] 小塚荘一郎「仮想空間の法律問題に対する基本的な視点―現実世界との『抵触法』的アプローチ」情報通信政策研究6巻1号（2022）<https://www.jstage.jst.go.jp/article/jicp/6/1/6_75/_pdf/-char/ja>1B-1頁

3. プラットフォームとの契約

また、メタバースプラットフォーム等のプラットフォーム上でCAが活動するところ、プラットフォームとの契約についても消費者法が問題となる。

4. CAを利用したオンラインショッピング等

なお、CAが幅広く活動する中、メタバース上でオンラインショッピング等の取引を行うことも増加している。このような取引にも消費者法が適用される。[*2]

第2節　消費者契約法

1. 勧誘規制

◆(1) 勧誘を記録化しやすいこと　消費者契約法4条は特定の勧誘形態に関し、そのような形態で勧誘され、締結された契約について消費者の取消権を規定する。消費者が同条に基づく取消権を行使する場合においては、具体的にどのような勧誘活動が行われたかが実務上問題となり得る。例えば、消費者が、「XX」という文言で勧誘されたところ、これは重要事項について事実と異なることを告げることになる（同法4条1項1号）、と主張することはあり得る。これに対し、実務上、事業者が「『XX』ではなく、『YY』と述べたのであって、YYであれば重要事項について事実と異なることを告げることにはならない」、と反論することもある。

このような事実認定に関する争いが生じた場合、例えばメッセージやメール等の明確な証拠があればよいものの、「言った、言わない」の問題となることもある。そこで、例えば電話を（自動音声で録音する旨を述べた上で）録音することで、事実関係の争いをできるだけ回避する事業者も存在する。

このような文脈において、メタバース上のやり取りは（それぞれのプラットフォームの仕様にもよるが）録音・録画等の記録化が比較的容易である。そこで、この

---

*2　なお、個人同士の売買であれば、消費者法は必ずしも適用されない。そのような結論が適切かという問題は別途存在するところ、この問題意識については**本章第5節2.** を参照されたい。

ような記録化の容易性を踏まえ、各事業者として、消費者との間で勧誘文言等に関する事実についての紛争が生じる事態をできるだけ防ぐための方策について検討すべきである。[*3]

◆**(2) 重要事項**　4条1項1号は「重要事項について事実と異なることを告げること」により、消費者が「当該告げられた内容が事実であるとの誤認」をし、それによって当該消費者契約の申込みまたはその承諾の意思表示をしたときは、これを取り消すことができるとする。

そして、事実と異なることを告げると取消しが可能となる「重要事項」について定める同条5項は、1号と2号に引き続き、「前二号に掲げるもののほか、物品、権利、役務その他の当該消費者契約の目的となるものが当該消費者の生命、身体、財産その他の重要な利益についての損害又は危険を回避するために通常必要であると判断される事情」とする。

例えば、ロボットやアバターは「財産その他の重要な利益」である。したがって、「このセキュリティソフトを入れないとアバターが破壊される」等としてCAに関する「害又は危険を回避するために通常必要であると判断される事情」に関して事実と異なることを告げて勧誘をした場合、消費者やこの規定に基づき契約を取り消すことができる可能性がある。

◆**(3) 退去**　4条3項1号は取消事由として、「退去すべき旨の意思を示したにもかかわらず、それらの場所から退去しない」ことを、同項2号は、「退去する旨の意思を示したにもかかわらず、その場所から当該消費者を退去させない」ことを挙げる。

ここでいう「場所」が物理的場所であれば、メタバース上において、物理的な「場所」は存在しないことから上記各号は適用されない。CAがメタバース上で勧誘をする状況が増加する中、メタバース上のショップやルーム等を「場所」に含めなければ、実質的にはメタバースにおいて、消費者が退去したくても「まあまあ」等と言って事業者が消費者を退去させてくれないといった不当勧誘が蔓延しかねない。

[*3]　なお、その際にプライバシー（**第5章**）に配慮すべきことは当然である。

第13章　CAと消費者法

そもそも「退去」について限定はなく、「場所」も物理的場所に限るという明確な規定もない以上、メタバース上の特定箇所からの退去を拒み、またはそこからの退去を妨害すればそれだけでこれに該当するという解釈もあり得る。この点は、例えば消費者庁が解釈を明確化するか、または、法改正が必要であれば法改正を行うことが望ましい。

◆(4) 連絡妨害　4条3項4号は、その契約を締結するべきかについて、友人知人等に相談のため連絡をしたいという場合について、「威迫する言動を交えて、当該消費者が当該方法によって連絡することを妨げること」を取消事由として挙げる。しかし、その場合の連絡方法としては「電話その他の内閣府令で定める方法」とされているところ、消費者契約法施行規則1条の2はこれを、電話（1号）、電子メール（2号）、および「その他の消費者が消費者契約を締結するか否かについて相談を行うために事業者以外の者と連絡する方法として通常想定されるもの」（柱書、強調筆者）とする。

このような規定は、まだメタバースでのやり取りそのものが社会全体としては少ない時代に制定されている。そして、メタバースにおける連絡について「通常想定されな〔い〕」と解されてしまうと、メタバース上での連絡妨害が野放しになってしまう。

確かに、同項2号は「〔電子メール〕その他のその受信をする者を特定して情報を伝達するために用いられる電気通信」とすることから、メタバース上のダイレクトメッセージも含まれるという解釈は可能であろう。ただし、例えば「発言は周囲にいる人全員に届くものの、そのタイミングで周囲には1人しかいない」といった態様でのやり取りが「受信をする者を特定して情報を伝達するために用いられる電気通信」といえるかは必ずしも明らかではない。

「メタバース上の取引」という取引類型においてはメタバース上で友人知人等に相談のため連絡をすることもまた、それがダイレクトメッセージかを問わず「通常想定されるもの」と解することで、メタバースにおける連絡妨害を防止すべきところ、かかる解釈が消費者庁によって公にされるか、または、法改正（規則改正）が実現されるべきである。

◆(5) デート商法　消費者契約法4条3項6号は、「当該消費者が、社会生

活上の経験が乏しいことから、当該消費者契約の締結について勧誘を行う者に対して恋愛感情その他の好意の感情を抱き、かつ、当該勧誘を行う者も当該消費者に対して同様の感情を抱いているものと誤信していることを知りながら、これに乗じ、当該消費者契約を締結しなければ当該勧誘を行う者との関係が破綻することになる旨を告げること」を取消事由として挙げる。

これはいわゆるデート商法を想定しているところ、メタバース上でも「お砂糖」等と呼ばれる恋愛関係が生じ得る。そこで、消費者が特定の魅力的なアバターに好意の感情を抱き、デート商法の被害に遭うこともあり得るため、CAにおいてもこの取消事由が成立することはあり得る。

◆**(6) 過量販売**　4条4項は「事業者が消費者契約の締結について勧誘をするに際し、物品、権利、役務その他の当該消費者契約の目的となるものの分量、回数又は期間……が当該消費者にとっての通常の分量等（消費者契約の目的となるものの内容及び取引条件並びに事業者がその締結について勧誘をする際の消費者の生活の状況及びこれについての当該消費者の認識に照らして当該消費者契約の目的となるものの分量等として通常想定される分量等をいう。以下この項において同じ。）を著しく超えるものであることを知っていた場合」における取消事由を定める。

ここで、CA（例：メタバース上のアバター）を大量に購入する事態もまま見られる。そのような場合に何が通常の分量等とされるかにつき、同項括弧書きは「消費者契約の目的となるものの内容及び取引条件並びに事業者がその締結について勧誘をする際の消費者の生活の状況及びこれについての当該消費者の認識に照らして当該消費者契約の目的となるものの分量等として通常想定される分量等をいう」とする。

一般には目的となるもの、つまりアバターについて、毎日着替える等として大量に購入すること自体はあり得る。しかし、その価格（取引条件）や、消費者の生活状況や認識等から、「ここまで高価なものをここまで大量に購入しない」だろうと認識した上であえて勧誘すれば、なお過量販売として取消事由に該当し得るだろう。

◆**(7) その他**　メタバース上では自由にアバターを選ぶことができる。そこで、CA時代においては、「容姿、体型その他の身体の特徴又は状況に関する

重要な事項」(同条3項5号ロ)の「願望の実現に過大な不安を抱」くことが減少すると理解される。[*4]

2. 不当条項規制

消費者契約法8条から10条までが不当条項規制であるところ、同法8条の2および8条の3はCAとの関連性が必ずしも高くないことから、検討を割愛する。

◆(1) 8条1項　　同法8条1項は損害賠償等に関する以下各号の条項を無効とする。[*5]

> 一　事業者の債務不履行により消費者に生じた損害を賠償する責任の全部を免除し、又は当該事業者にその責任の有無を決定する権限を付与する条項
> 二　事業者の債務不履行(当該事業者、その代表者又はその使用する者の故意又は重大な過失によるものに限る。)により消費者に生じた損害を賠償する責任の一部を免除し、又は当該事業者にその責任の限度を決定する権限を付与する条項
> 三　消費者契約における事業者の債務の履行に際してされた当該事業者の不法行為により消費者に生じた損害を賠償する責任の全部を免除し、又は当該事業者にその責任の有無を決定する権限を付与する条項
> 四　消費者契約における事業者の債務の履行に際してされた当該事業者の不法行為(当該事業者、その代表者又はその使用する者の故意又は重大な過失によるものに限る。)により消費者に生じた損害を賠償する責任の一部を免除し、又は当該事業者にその責任の限度を決定する権限を付与する条項

ここで、CAとの関係では、いわゆるフリーミアムのビジネスモデル等、[*6]無料から利用を開始することができるサービスが提供されることが多い。そして、

---

*4　ただし、BeRealというSNSが流行したように、自由に姿を「盛る」ことのできる時代だからこそ、現実が重要という価値観は根強く残るかもしれない。
*5　なお、同条2項で1号・2号規定の事項のうち契約不適合責任の免責につき、その代わりに代金減額、追完等を行う一定の場合に例外的に無効としないとする。

そのようなサービスにおいては、「無料なのだから、責任もその分制限される」、という考えに基づき、責任制限規定が設けられることがある。確かに一定範囲の責任制限は合理的であるが、それが同項各号に掲げる類型に該当すると、消費者契約である限り、無効となってしまう。例えば、いわゆるフリーミアムのビジネスモデルの下で、〈月額利用料を支払うこともできるが、基本料金無料で利用することもできる〉というサービスについて、「12ヶ月以内に月額利用料として支払った額」を賠償の上限とするという場合、それが月額利用料を支払うユーザーとの関係では、少なくとも同条1項1号の全部の免責にはならないものの、無料ユーザーとの関係では全部の免責として無効となり得る。[*7]

◆**(2) 8条3項**　消費者契約法8条3項は以下のとおり定める。

> 事業者の債務不履行（当該事業者、その代表者又はその使用する者の故意又は重大な過失によるものを除く。）又は消費者契約における事業者の債務の履行に際してされた当該事業者の不法行為（当該事業者、その代表者又はその使用する者の故意又は重大な過失によるものを除く。）により消費者に生じた損害を賠償する責任の一部を免除する消費者契約の条項であって、当該条項において事業者、その代表者又はその使用する者の重大な過失を除く過失による行為にのみ適用されることを明らかにしていないものは、無効とする。

　国際的な事業者のサービスにおいては、各国で無効となる要件が異なることから、「通則法で無効とならない限り一定額（例：12ヶ月以内に月額利用料として支払った額）を責任の上限とする」等という留保を付すことがある。そして、このような規定を「サルベージ条項」と呼ぶ。しかし、同項はまさにサルベージ条項を無効にする（サルベージできなくする）ものである。つまり、通則法が無効とする場合を除外する旨を抽象的に記載するだけで、故意または重大な過失がある場合には全額の賠償をする旨が明記されていないものは無効となるのであ

---

*6　基本料金は無料で利用できるが、オプションサービスを利用するならば追加料金が必要として、幅広いユーザーを無料で獲得した上で一部のユーザーに課金してもらうことでビジネス全体を成り立たせるビジネスモデルのこと。

*7　なお、同項2号の故意重過失免責にならないかや、同法10条で無効にならないかは依然として問題となり得る。

る。特に CA に関するサービスを提供する国際的な事業者において日本法特有の規制として留意が必要である。

◆**(3) 9条1項**　消費者契約法9条1項は以下のとおり定める。[*8]

> 　次の各号に掲げる消費者契約の条項は、当該各号に定める部分について、無効とする。
> 一　当該消費者契約の解除に伴う損害賠償の額を予定し、又は違約金を定める条項であって、これらを合算した額が、当該条項において設定された解除の事由、時期等の区分に応じ、当該消費者契約と同種の消費者契約の解除に伴い当該事業者に生ずべき平均的な損害の額を超えるもの　当該超える部分
> 二　当該消費者契約に基づき支払うべき金銭の全部又は一部を消費者が支払期日（支払回数が二以上である場合には、それぞれの支払期日。以下この号において同じ。）までに支払わない場合における損害賠償の額を予定し、又は違約金を定める条項であって、これらを合算した額が、支払期日の翌日からその支払をする日までの期間について、その日数に応じ、当該支払期日に支払うべき額から当該支払期日に支払うべき額のうち既に支払われた額を控除した額に年 14.6 パーセントの割合を乗じて計算した額を超えるもの　当該超える部分

　ここで、CA との関係でも、契約違反に対する損害賠償の予定・違約金や、遅延損害金について、過度に高額と思われる規定がまま見られる。これは、B2B の契約と B2C の契約を区別せず、損害賠償の予定や違約金を一律に定めてしまっていることによると思われる。もちろん、具体的な状況によって、設定された損害賠償の予定や違約金が、「解除の事由、時期等の区分に応じ、当該消費者契約と同種の消費者契約の解除に伴い当該事業者に生ずべき平均的な損害の額を超え」ないこともあり得るものの、B2C の契約が含まれる場合においては、このような観点から確認・検討することが必要である。

◆**(4) 10条**　消費者契約法 10 条は以下のとおり定める。

[*8]　同条2項は、算定根拠の説明を努力義務とする。

> 　消費者の不作為をもって当該消費者が新たな消費者契約の申込み又はその承諾の意思表示をしたものとみなす条項その他の法令中の公の秩序に関しない規定の適用による場合に比して消費者の権利を制限し又は消費者の義務を加重する消費者契約の条項であって、民法第1条第2項に規定する基本原則に反して消費者の利益を一方的に害するものは、無効とする。

　これはいわゆるバスケット条項であり、同法9条までに規定されるものではなくても一定の条項を無効とする。

　ここで、CAとの関係では、いわゆるダークパターンである、「電気通信回線の利用契約において、消費者による解除権の行使の方法を電話や店舗の手続に限定する契約条項」[*9]がこれに該当するとされ、無効となることが重要である。例えば、CAの文脈で少なくともインターネット上で解約できず、例えば電話等を強制する条項は10条により無効になると考える[*10]。

　また、特定の要件に該当するか否かを決定する権限を事業者に付与する契約条項には、個別の事案によるものの、本条の規定の要件を満たし、無効となり得るものがあるとされている[*11]。メタバースプラットフォーム等が、プラットフォームに裁定権限があると定める場合があるところ、そのような規定はこの条項により無効となる可能性がある。

第3節　特商法

1. VRにおける最終確認画面

　VRゴーグル、ロボット等のCAやそれに関する物品、サービス等を通信販売で購入する人は多く、その場合は特商法の通信販売の規律が当てはまる。

[*9] 消費者庁「消費者契約法逐条解説」(2023年9月) <https://www.caa.go.jp/policies/policy/consumer_system/consumer_contract_act/annotations/assets/consumer_system_cms203_230915_17.pdf> 73頁

[*10] インターネット上では解約できるがメタバース上での解約ができないことをどのように考えるかはなお議論が必要であろう。

[*11] 消費者庁・前掲注9) 175頁

もっとも、CAに固有の規制ではないため、以下において通信販売一般の解説はしない。

CAと特商法との関係で最も重要なのは、(通信販売規制のうちの) VRにおける最終確認画面規制である。特商法12条の6は通信販売における契約の申込み段階において、販売業者等に対し、一定の事項の表示を義務付けるとともに、消費者を誤認させるような表示を禁止している。そして、「通信販売の申込み段階における表示についてのガイドライン」(以下、本節では「ガイドライン」という)が、かかる表示について詳細に説明している。

いわゆるインターネット通販においては、「インターネット通販において、消費者がその画面内に設けられている申込みボタン等をクリックすることにより契約の申込みが完了することとなる画面」、すなわち最終確認画面において分量、価格、支払い時期、方法、引渡時期、申込時期、解除等特定の事項について表示をすることが求められる。

ここで、ガイドラインは「インターネット通販における最終確認画面については、購入する商品の支払総額を計算して表示するなど、消費者の入力内容に応じて表示内容を出力することが可能であり、また、画面のスクロールが可能であるため、はがきなどの書面に比してスペース上の制約は少ないことから、原則として表示事項を網羅的に表示することが望ましい」とした上で、「消費者が閲覧する際に用いる媒体により画面の大きさ及び表示形式が異なるという点や、例えば、複数の販売業者が販売する商品をまとめて購入することが可能なモール型のインターネット通販サイト等においては、商品ごとに販売条件等が異なる可能性があるという点などに鑑みると、表示事項に係る全ての説明を

＊12　特商法2条2項「この章及び第58条の19第1号において『通信販売』とは、販売業者又は役務提供事業者が郵便その他の主務省令で定める方法（以下『郵便等』という。）により売買契約又は役務提供契約の申込みを受けて行う商品若しくは特定権利の販売又は役務の提供であつて電話勧誘販売に該当しないものをいう。」参照。

＊13　消費者庁「通信販売の申込み段階における表示についてのガイドライン」（2022年）<https://www.no-trouble.caa.go.jp/pdf/20220601la02_07.pdf>

＊14　なお、上記ガイドラインI.1.(1)②は「一般的には、『注文内容の確認』といった表題の画面、いわゆる最終確認画面がこれに当たるが、表題の有無や内容、形式にかかわらず、前記の条件に該当する画面である以上は、『特定申込みに係る……手続が表示される映像面』として、法第12条の6の適用対象となる」としている。

最終確認画面上に表示すると、かえって消費者に分かりづらくなる場合も想定される。このような事情に鑑みて、消費者が明確に認識できることを前提として、最終確認画面に参照の対象となる表示事項及びその参照箇所又は参照方法を明示した上で、広告部分の該当箇所等を参照する形式とすることは妨げられない」とする（ガイドラインI.2.(1)②）。これを VR 上の CA を通じた通信販売に適用するとどのようになるだろうか。

　まず、VR 上の通信販売であっても、「購入する商品の支払総額を計算して表示するなど、消費者の入力内容に応じて表示内容を出力することが可能」という点は通常の通信販売と変わらない。

　次に、「画面のスクロールが可能であるため、はがきなどの書面に比してスペース上の制約は少ない」という点は、VR の場合には没入する仮想世界そのもののスクロールが行われるわけではないものの、仮想世界上に疑似的画面を表示してそれをスクロールすることは可能である。なお、例えば、消費者の目の前の擬似的画面 1 つでは必要事項を明瞭な大きさで表示できない、という場合において、VR であれば、横にもう 1 つ擬似的画面を設けてそこでそこに続く内容を表示することも可能である。このような対応は、ガイドラインのいう「スクロール」そのものではないが、そのような横に設けた擬似的画面上を含めて表示事項を網羅的に表示することは妨げられないと考える。[*15]

　さらに、「全ての説明を最終確認画面上に表示すると、かえって消費者に分かりづらくなる」という場面は VR でも同様に生じ得るだろう。例えば、10 社の販売する 10 種類の商品を VR 上で展開するショッピングモール上で購入した所、解除等に関する条件が各社で異なるので、それを列挙するとかえって分かりにくくなるといった場合もあり得る。この場合について、ガイドラインにおいては上記のとおり、「消費者が明確に認識できることを前提として、最終確認画面に参照の対象となる表示事項及びその参照箇所又は参照方法を明示した上で、広告部分の該当箇所等を参照する形式とすることは妨げられない」

＊15　ただし、例えば、横だけではなく後ろも含めた 360 度に疑似的画面を展開し、それを全て読まないと分からない、ということであれば、消費者に後ろを振り返って見ることまで期待することができるかという問題は別途存在するだろう。

とされており、ガイドラインの画面例4－1では、「解除等に関する事項については、端的な表示が困難かつ全ての事項を表示すると分量が多くなるなど、消費者に分かりにくくなるような事情がある場合に限り、リンク先に対象事項を明確に表示する方法やクリックにより表示される別ウィンドウ等に詳細を表示する方法も可」とする。VRではいわゆるブラウザを利用してインターネットを利用する場合におけるのと同様の典型的な「リンク」ではないものの、「解除についてはこちら」という表示を擬似的画面上で明瞭に行った上で、当該箇所を参照するアクションをした消費者に対し、解除方法について明瞭にまとめたものを速やかに表示するといった対応をしていれば、これに準じて適法と解されるだろう。

なお、上記の特商法の最終確認画面規制とは異なる、電子契約法（電子消費者契約及び電子承諾通知に関する民法の特例に関する法律）に基づく錯誤取消し（民法95条）を回避するための確認については、筆者の別の論考を参照のこと。[16]

2．訪問販売該当性

VR上でCAを通じて行う勧誘による販売が「訪問販売」（特商法2条1項）に該当するかは別途問題となり得る。訪問販売とは、「販売業者又は役務の提供の事業を営む者（以下「役務提供事業者」という。）が営業所、代理店その他の主務省令で定める場所（以下「営業所等」という。）以外の場所において、売買契約の申込みを受け、若しくは売買契約を締結して行う商品若しくは特定権利の販売又は役務を有償で提供する契約（以下「役務提供契約」という。）の申込みを受け、若しくは役務提供契約を締結して行う役務の提供」（同項1号）か、または「販売業者又は役務提供事業者が、営業所等において、営業所等以外の場所において呼び止めて営業所等に同行させた者その他政令で定める方法により誘引した者（以下「特定顧客」という。）から売買契約の申込みを受け、若しくは特定顧客と売買契約を締結して行う商品若しくは特定権利の販売又は特定顧客から役務提供契約の申込みを受け、若しくは特定顧客と役務提供契約を

---

[16] 松尾剛行「情報化社会と法」法セ807号（2022）20頁以下

締結して行う役務の提供」(同項2号)である。

　例えば、消費者がCAを利用してメタバースのパブリックスペースで活動していたところ、販売業者のCAが消費者を呼び止めて勧誘し、メタバースにおける当該販売業者の販売スペースに連れていかれる事態等は、それがもし物理空間で行われれば、訪問販売規制が適用される、「営業所等以外の場所において呼び止めて営業所等に同行させた者」といえる。問題はメタバースの場合はどうか、である。

　確かに、物理的には、販売業者は同法2条1項1号所定の場所で契約を締結等していないし、同行させた先は物理空間の営業所(同項2号)等ではない。そこで、現行法の伝統的解釈論に従う限りは、なお通信販売に過ぎないと解される可能性は十分にある。

　しかし、そもそも、通信販売に関する規制(同法11条以下)よりも訪問販売に関する規制(同法3条以下)の方が厳しい。その理由は、訪問販売には、不意打ち的勧誘の要素があり、商品情報が限定され、消費者として受け身の選択を迫られ、直ちに契約締結に至る特徴があるからである[17]。

　そして、上記の訪問販売に関する規制の趣旨からは、単に物理空間ではないというだけで訪問販売規制から一律に適用を外すという解釈が妥当かは疑問である。そこで、消費者庁による解釈の明示か、または法改正により、VR上の行為であっても、上記趣旨が当てはまる場合には訪問販売だとして、より消費者に手厚い対応を行うべきである。

第4節　景表法・広告規制

1. 表示規制

◆(1) はじめに　行政法に関する第12章でも既に簡単に検討したが、景表法の表示規制との関係では、メタバースでの広告と消費者の認識や打ち消し表示が問題となる[18]。

---

*17　齋藤雅弘ほか『特定商取引法ハンドブック〔第6版〕』(日本評論社、2019) 127頁

◆**(2) メタバースでの広告と消費者の認識**　表示規制違反については、個別の文章から判断するのか、全体から判断するのかが頻繁に問題となる。そして、結論としては、表示内容全体から消費者が受ける印象・認識に基づき判断される[19]。それは、消費者が商品・サービスを選択する際は、個別の文章だけを読んで判断するのではなく、広告全体から受ける印象を判断に供するからである。そこで、表示全体が消費者による自主的かつ合理的な選択を阻害するものであれば、なお優良誤認や有利誤認となり得る。

　メタバースにおける広告については、単なる文章や口頭の説明だけではなく、視覚効果、聴覚効果、振動、サブリミナル効果等、様々な効果を与え、それを総合して消費者に特定の印象を与えることができる。もちろん、この点はインターネット上の動画広告等でも同様ではあるが、例えば、振動・触覚等も総合してより強い効果を与えることがができる点はCAの特徴である[20]。

　そして、表示には、情報処理の用に供する機器による広告その他の表示が含まれている[21]。上記のとおり、表示規制に違反するか否かは、表示全体から判断する以上、VRの場合においては、このような視聴覚以外の効果をも踏まえた、全体として消費者が受ける印象・認識に基づき判断すべきことになる。

◆**(3) 打ち消し表示**　前述の点からすると、打ち消し表示、すなわち強調表示（例：「全品2割引」）に例外がある場合（例：「金券を除く」）の例外がある旨の表示についてもCAに則した検討が必要であろう。すなわち、打ち消し表示は「分かりやすく適切」に行われる必要があるところ、体験談について「効果を保証[22]

---

*18　なお、景品規制、例えばNFTエアドロップ等については、本書の主題がメタバースではなくCAであることから取り扱わない。なお、松尾剛行『実践編　広告法律相談125問』（日本加除出版、2023）151頁も参照。

*19　西川康一編『景品表示法〔第6版〕』（商事法務、2021）64頁

*20　なお、上岡玲子「Emotion Hacking VR —振動触覚を用いた虚偽心拍呈示による恐怖感情の増幅を目指したVRウォークスルーシステム」日本バーチャルリアリティ学会論文誌24巻3号（2019）<https://www.jstage.jst.go.jp/article/tvrsj/24/3/24_231/_article/-char/ja/> や「ツリバシ→コウカ」<https://hashilus.co.jp/attractions/vr-bridge-effect/> 等も参照。

*21　「不当景品類及び不当表示防止法第二条の規定により景品類及び表示を指定する件」<https://www.caa.go.jp/policies/policy/representation/fair_labeling/public_notice/pdf/100121premiums_6.pdf> 2項5号「情報処理の用に供する機器による広告その他の表示（インターネット、パソコン通信等によるものを含む。)」

*22　西川ほか・前掲注19) 73頁

するものではない」と表示しても、大体の人が効果を得られるという認識が変容しないので、当該表示自体が明瞭にされていても、打ち消し表示として効果はないとされる[*23]。例えば、物理空間の商品をメタバース上で販売する際、CAを利用してその商品を利用した場合にどのようになるかの疑似体験を行わせてそれを踏まえて購入を決定させるという場合においては、当該疑似体験の内容についても表示（上記（2））と評し得るところ、いくら「実際に商品を購入した場合の効果を保証しない」と表示したところで、大体の場合にそうなるだろうという認識は打ち消し得ないとして、打ち消し表示としての効果がないと判断される可能性がある。

2．CAと広告に関するその他の問題

◆（1）はじめに　　以下では、拙著を参考に[*24]、上記1.で述べた景表法の問題以外の論点について、簡単に触れる。

◆（2）物理空間の商品・サービスに関する広告　　メタバースにおいて、物理空間の商品・サービスを広告する場合には、基本的には物理空間の広告に関する法令が適用されるものの、例えば屋外広告物に関する規制はメタバース上での広告には適用されないだろう[*25]。

◆（3）メタバース上の商品・サービスの広告　　メタバース上の商品サービスの場合、特に商標との関係で、誰が物理空間およびメタバースにおける商品・サービスについて商標権を有しているかに留意する必要があるところ[*26]、これについては第10章を参照されたい。

---

*23　同上76頁
*24　松尾・前掲注18)197頁以下
*25　同上198頁
*26　同上198-199頁

第5節　その他

1．製造物責任法

　ロボット等のCAに対しても、それが製造物、すなわち「製造又は加工された動産」（製造物責任法2条1項）であれば同法は適用される。ここで、同法3条但書は「その損害が当該製造物についてのみ生じたとき」には製造物責任が生じないとする。しかし、「メタバースのユーザーは、アバターを自らの分身とし、アバターの姿を自らの姿として活動しており、これに強い愛着を抱くユーザーも少なくないと言われる」[27]として、ロボット等のCAに対する愛着が強いとされるされているところである。そこで、ロボットのみが壊れた場合でも、製造物責任を負わせるべきではないか、立法論的議論の余地がある。

2．消費者DPF法

　消費者が販売業者と連絡が取れないといったトラブルの際にデジタルプラットフォームが販売業者等の特定に資する情報の提供を求める措置等を講じることについて、「取引デジタルプラットフォームを利用する消費者の利益の保護に関する法律」（消費者DPF法）が定めている。ここで、基本的には、消費者と販売業者との間のトラブル解決に関するプラットフォームの協力が同法の主眼ではある。とはいえ、例えば、プラットフォーム上で詐欺広告を表示した者の特定・責任追及や[28]、国際ロマンス詐欺をメタバースプラットフォーム上で行う者の特定・責任追及にも広げることが、CA時代には必要な立法論かもしれない。

3．スマホ法

　「スマートフォンにおいて利用される特定ソフトウェアに係る競争の促進に関

---

* 27　論点整理45頁
* 28　「なりすまし広告 SNS運営会社『メタ』の日本法人を被害者が提訴」NHK2024年4月25日 <https://www3.nhk.or.jp/news/html/20240425/k10014432921000.html> 参照。

する法律」(スマホ法)はスマートフォンの利用に特に必要な特定ソフトウェア(モバイルOS、アプリストア、ブラウザ、検索エンジン等)を提供する事業者のうち大規模な者を指定し、他の事業者がアプリストアを提供することを妨げてはならないこと、他の課金システムを利用することを妨げてはならないこと等を定め、もって、プラットフォームにおける競争を促進し、消費者が恩恵を享受できるような競争環境の整備を行う。これは、プラットフォーム上での活動が多いメタバース・CAとの関係でも、総論としては歓迎すべき動きではある。ただし、セキュリティ・プライバシーの保護の観点から、一定の例外も設けられており、その具体的内容はガイドラインが策定され、明確化される見通しである。よって、かかるガイドライン策定状況を注視したい。[29]

4. 消費者裁判手続特例法を含む消費者団体による訴訟

消費者法に関しては、消費者契約法(12条以下参照)、景表法(34条参照)、消費者の財産的被害等の集団的な回復のための民事の裁判手続の特例に関する法律(消費者裁判手続特例法)等、様々な形で消費者団体訴訟が可能となっている。CAに関する訴訟は著者が調べた限り発見できていないものの、今後CAに関する消費者被害が発生すればこのような消費者団体訴訟での解決の可能性がある。また、メタバースに関する集団訴訟が既に米国で発生しており、[30]日本でも、メタバース上の呼びかけに応じて原告等が集まり、(消費者団体訴訟とは異なる)集団訴訟が生じる状況はあり得ると思われる。

---

[29] 公正取引委員会は情報を募集している <https://www.jftc.go.jp/soudan/jyohoteikyo/smartphone_software.html>。

[30] Shirley Halperin, Kevin Hart, & Jimmy Fallon, "Madonna Named in Class-Action Suit Alleging Bored Ape Yacht Club NFT Fraud 'Scheme'" (Dec 11, 2022) <https://variety.com/ 2022/digital/news/bored-ape-yacht-club-class-action-suit-kevin-hart-jimmy-fallon-madonna-1235456896/>

第14章
AIとCA
── AITuberを中心に ──

1. はじめに

　応用問題として重要なのはAITuberである。ここで、拙著『生成AIの法律実務』（弘文堂、2025刊行予定）（松尾・生成AI）では、AIによる名誉毀損や声の人格権等についてAITuberの事例をも念頭として、詳細な検討をしている。その意味で、より深い議論は同書に譲ることをご了承いただきたい。

　筆者はAIに関する実務と研究を行っているが、まさにAI社会として日常生活や業務にAIが組み込まれる時代の到来を実感している。広く利用されているサイトでは各種の情報がAIで処理されているし、今後は、ますます多くの業務がChatGPT等のようなAIを利用して遂行されるようになるだろう。

　その中で、アバター社会も同時に到来しており、例えば、多くの人がアバターを利用したゲームを楽しむ等、アバターの利用が日常生活に入り込みつつある。

　このような時代においては、AI法の問題とアバター法の問題をバラバラに考えるのではなく、それらを統合して検討していく必要がある。

　このような観点からすると、具体的には2つの問題が重要と思われる。1つ目はAIとCAの問題である。AITuberとはバーチャルの身体を用いたAIが配信するYouTuberであるところ[*1]、このようにAIを利用してアバターを運用することは増加している。このような「中の人」がAIである場合の法律問題について議論することが重要である。2つ目はロボットの問題である（ただし、ロボットとCAについては終章に譲る）。そのようなAI・ロボット法とアバター法（終[*2]

---

* 1　阿部由延『AITuberを作ってみたら生成AIプログラミングがよくわかった件』（日経BP、2023）11頁
* 2　ウゴ・パガロ（新保史生ほか訳）『ロボット法』（勁草書房、2018）参照。

章)の間の融合問題を検討することが、AIとアバターが融合する現代社会において重要である。

2. アバターにおけるAIの利用

◆(1) 様々なAIの利用　　アバターに関するAIの利用としては以下のとおり様々なものが考えられる[*3]。すなわち、AIは様々な形でアバターに利用されるのであって、一口に「アバターとAIの法律問題はこれである」と総括することは到底できるものではない。そのような中で、できるだけ重要な論点を以下で検討していきたい。

なお、アバターの様々な活動内容をログを取ってAIで分析するプロファイリング等の問題については第4章を参照されたい。

◆(2) アバターを画像生成AIにより生成する　　元絵作成、元絵の3D化等、様々なアバターにまつわる画像を画像生成AIで生成することは、2022年夏頃から実用的な画像生成AIが提供されるようになったことをきっかけに、ますますポピュラーになっている。

◆(3) アバターの言動をAIで制御する　　AITuberが典型的であるが、アバターの中に人がいるのではなく、いわばアバターの「中の人」をAIにやらせることも増加している。

◆(4) 人間を再現する　　AI美空ひばり[*4]、マツコロイド[*5]等、人間再現プロジェクトも行われている。

---

*3　なお、メタバース一般におけるAIの利用の例は、関真也「新しい世界『メタバース』の法的問題第1回」ひろば2023年12月号85-87頁も参照のこと。
*4　『AI美空ひばり』に賛否　故人の『再現』議論の契機に」東京新聞(2020年2月4日)
　　　<https://www.tokyo-np.co.jp/article/7226>
*5　石黒浩ほか「アンドロイドメディアの可能性とマツコロイド」デジタルプラクティス8巻1号(2017)
　　　<https://www.ipsj.or.jp/dp/contents/publication/29/DP0801-S01.html>

【図表 14-1】 AI と法・技術・契約の関係

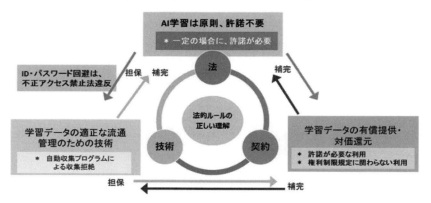

出典：AI 時代の知的財産権検討会「AI 時代の知的財産権検討会中間とりまとめ」68 頁

3. 画像生成 AI とアバター

　画像生成により、アバターと知財の問題（第 9 章、第 10 章参照）が生じ得るところ、本書校正時点（2024 年 11 月時点）において、既に「AI と著作権に関する考え方について」[*6]が公表されており、「AI 時代の知的財産権検討会中間とりまとめ」[*7]も公表されている。

　この中で注目すべきは、法律が果たす役割とそれ以外のものが果たす役割との関係であろう。すなわち、上掲の**図表 14-1** のとおり、法だけではなく法・技術・契約が相互補完関係となり、技術的な措置や契約による対価還元等の方法で関係者が win-win になるような AI と知財のあり方が期待される[*8]。

　メタバースにおけるアバター作成に特化した学習を行う場合において、例えば、①法的には著作権法 30 条の 4 に基づき一定範囲で著作権者から許諾を得ることなく学習することができる。しかし、実際に真似たいのは作風等に限ら

---

*6 　文化審議会著作権分科会法制度小委員会「AI と著作権に関する考え方について」（2024 年 3 月 15 日）<https://www.bunka.go.jp/seisaku/bunkashingikai/chosakuken/hoseido/r05_07/pdf/94024201_01.pdf>

*7 　AI 時代の知的財産権検討会「AI 時代の知的財産権検討会中間とりまとめ」<https://www.kantei.go.jp/jp/singi/titeki2/chitekizaisan2024/0528_ai.pdf> 69 頁

*8 　同上 44 頁以下

れるという意図であっても、結果的に、学習対象の元データの表現の本質的特徴を直接感得できるアバターが生成されてしまう可能性は否定できず、例えば、開発・学習段階においては著作権を侵害しないとしても、生成段階において著作権侵害となる可能性がある。また、②優れたアバター作成の学習に利用したい作品については、自動収集プログラムによる収集拒絶等の技術的措置が講じられている。そこで、③学習だけではなく当該学習結果に基づくアバター生成も含めて許諾を受けた上で対価を還元することで、よりよいデータを学習し、また、著作権の観点からもユーザーが安心してアバターを生成・利用できるといったエコシステムを生み出すことが可能かもしれない。

このような形でクリエイターが AI によって正当な還元を受けながらその創造性を発揮し、また、AI の性能も高まることで、生成 AI 登場以前よりもより多様な、(アバターを含む) 優れた作品が創作される時代の到来を期待したい。[*10]

4. AITuber その他の AI によるアバターの言動の制御

◆ (1) AITuber とは　　AITuber は、人間の「中の人」が直接にやり取りを行うのではなく、AI を利用して発話や対話 (例：ファンとのやり取り等) を行う。

AITuber には様々な仕組みがあるが、YouTube のコメントの文字列を取得し、これをもとに生成 AI を利用して返答を作成し、その返答を音声として発話する方法は、有力な方法の1つである。[*11]

この方法の採用によって、ファン (視聴者) との対話が可能となり、ファンとの対話を通じて AITuber がレベルアップしていく。そこで、ファンがいわば AITuber を「育成」しているという感覚を持ち、ファンのロイヤリティーを確保しやすくなる等、メリットが大きい。とはいえ、例えば、コメントの数が増えてくると、大量のコメントが流れてくる中でどのように対応するか、スパムコメント等、コメントのうち直接反応しないことが望ましいものに対してはど

＊9　文化審議会著作権分科会法制度小委員会・前掲注6) 5 (2) (イ) ②参照。
＊10　この点については筆者が関与した日本 SF 作家クラブ「現状の生成 AI 技術に関する、利用者、運用者、行政・立法、開発・研究者への SF 作家クラブの提言」(2023年10月14日) <https://sfwj.jp/news/statement-on-current-generative-ai-technologies-japanese-edition/> も参照。
＊11　阿部・前掲注1) 20頁以下参照。

のように対応すべきか等、様々な課題もあり、ある意味では、「腕の見せどころ」であろう。

◆**(2) AITuber 等の AI 制御アバターに関する法的権利義務の帰属主体**

AITuber 等の AI 制御アバターには「中の人」の代わりにいわば「中の AI」が存在する。そして AI は現行法上権利帰属主体とはならないところ、「中の人」がいないのだから誰にも権利が帰属しないのではないか、という疑問が当然のことながら生じるだろう。

　この点については、そもそも AITuber 等の AI 制御アバターを作成し、運用する自然人または法人が存在するところ、そのような開発者、運用者等の「背後者」が特定のプログラム（またはプロンプト）を利用して AI に配信を指示している。例えば、「蛍という名前の 16 歳の女子高生で寝ることと夜の散歩が趣味で、お寿司が好きだがなすが嫌い、思いやりがあるが優柔不断でおっちょこちょい[12]」というような特定のキャラ設定に基づき、YouTube のコメントに対する回答をするように指示することになる。当該背後者がそのような設定をして、AI に回答を指示している以上、具体的な回答を背後者として想定できないとしても[13]、なお背後者への帰属を否定できないだろう。そこで、以下では甲という背後者が AITuber 乙を作り、乙が視聴者のコメントに応じて対話をし、その様子が配信される場合を念頭に検討をしてきたい。

　もちろん、将来的には、背後者のコントロールを完全に超えたところで、AI が配信を続けたり、メタバースでコミュニケーションを続けたりする場合はあり得るだろう。例えば、自動的にメタバースでコミュニケーションを続けることが設定されたアバターの背後者が死亡し、相続人も存在しないという場合には、理論的にはこのアバターとの関係で生じ得る権利義務は最終的には国庫に帰属する（民法 959 条）ということになり得るが、実務上は誰も背後者がいない中でまるで人間が中にいるかのようなコミュニケーションを行うアバターが活躍する時代が来る可能性がある以上、このような、単純に「背後者に権利・義

---

*12　同上 34 頁

*13　例えば、「こんにちは」という YouTube のコメントに対し「こんにちは」と答えるかもしれないし、「今日は眠いからもう寝るね、おやすみ〜」と答えるかもしれない。

務が帰属する」というだけでは解決しない問題について、さらに検討することが必要である。この点は他日を期したい。

◆(3) AITuberのAI制御アバターが加害者になる場合

　ア　はじめに　　では、AITuberが加害者になる場合具体的に背後者にどのような責任が発生するのだろうか。

　まず、名誉毀損を代表例として、対話の中で自然に発生する発言が加害行為となる場合について説明した後（イ）、悪意ある第三者の攻撃の結果の場合について説明し（ウ）、対策についても述べる（エ）。

　イ　対話の中で自然に発生する発言が加害行為となる場合──名誉毀損を例に

　　以下、検討する。なお、名誉毀損の要件については、**第3章2.**の冒頭で簡潔に説明している。

a　事例

　例えば、コメントをするファンAが「Bに殴られた」と発言し、背後者甲が作り出したAITuber乙が、上記（2）において述べたキャラ設定に伴い、その「思いやり」精神を発揮して「そうだったんですね！　殴るなんてBさんひどいですね、お怪我はないですか？」と回答した場合に、Bはかかる AITuber 乙のコメントをもって、甲がBに対する名誉毀損を行ったと主張できるだろうか。

b　社会的評価低下

　そもそも名誉毀損が成立するには、当該コメントがBの社会的評価を低下させなければならない。Bは、乙がその回答を通じて、BがAを殴っていたという事実摘示と、それに対する「ひどい」という論評を行い、それによってBの社会的評価を低下させたと主張するのだろう。これに対し、甲はAITuber乙の回答はあくまでも大規模言語モデルがAのコメントを踏まえて次に来る可能性の高い単語をつなげているだけであって、そもそも事実摘示や論評ではなく、また、仮にそれが事実摘示や論評であっても、「AITuber乙」と表示しているとおり、一般読者はそれがAIが紡ぎ出したものだと知っているので、それによって社会的評価は低下しないと主張するだろう。この点については現時点で直接判断された裁判例は見当たらないものの、以下のことはいえるだろう。

まず、いわゆる「東スポ」の抗弁と呼ばれる論点が問題となった事案において、裁判所はスポーツ新聞における芸能レポーターの連載欄は、社会的事象を専ら読者の世俗的関心を引くように面白おかしく書き立てるリポート記事を掲載する欄であるとの世人の評価が定着しているものであって、読者はその記事を真実であるかどうかなどには関心がなく、専ら通俗的な興味をそそる娯楽記事として一読しているのが衆人の認めるところであるとして、名誉毀損を否定した。しかし、この事案では、控訴審でスポーツ新聞側が逆転敗訴した。そこで、単に一般に信用性が低いとされている、というだけで一切名誉毀損の問題とならないわけではない。

　また、絶対的ではないものの、仮定的言及は社会的評価低下を否定する方向の要素である。すると、あくまでもAが述べた事実が正しければ、という仮定の下の発言に過ぎず、信用のおけないAIがそのようなBのコメントに基づき自動生成しているということを踏まえれば、Bの社会的評価低下にまでは至らないという判断もあり得る。ただ、当然のことながら、中に人間が存在するVTuberによる名誉毀損と同様に社会的評価が低下すると評価される可能性もある。

c　抗弁

　ここで、事実摘示による名誉毀損に対する抗弁としては真実性相当性の抗弁が考えられる。また、意見・論評による名誉毀損に対する抗弁については、公正な論評の法理において前提事実に関する公共性・公益性・真実相当性に加え、意見・論評としての域を逸脱していないかが問題となる。

d　公共性

　まず、摘示事実（または前提事実）に公共性が必要であるところ、公共性は客観的なものであるから、例えば犯罪等の内容であれば一般には公共性が認められる。

---

*14　東京地判平成4年9月24日判時1474号77頁
*15　東京高判平成5年9月31日判時1474号76頁
*16　松尾＝山田・インターネット名誉毀損119頁
*17　特に、AIが生成する回答を何ら人間がチェックせずに流しているだけのAITuberだということを明確にしていて、一般読者として、それがAIによるある意味では「無意味な」回答に過ぎないと理解していれば、そもそもBの社会的評価を低下させない、という場合もあるように思われる。

e　公益性

　次が、公益性であり、人間ではなくAIに公益性、すなわち、専ら公益を図る目的に出たという主観が認められるかは重要な問題である。この点については、公共性が存在することから、特段の事情がない限り公益性が認められると推認することができるとする一連の裁判例が存在する。[18]そこで、公共性のある事実に関する発言であり、特に公益性を否定するような目的がないとしてAIの発言についても公益性を認める余地はあると思われる。ただし、AIに主観はないとして、なお公益性を否定する考えも存在し得るだろう。[19][20]

f　真実性

　さらに真実性はまさに当該摘示された重要な事実について真実性があるかであるから、客観的なものであって、BがAを殴った事実があるのかが問題となる。

g　相当性

　問題は、相当性であり、例えば実際にはBがAを殴った事実はなくても、Aの説明を信じた等として相当性を主張することができるのだろうか。まず、判例上相当性としては確実な資料・根拠に基づくことが求められ、合理的根拠や詳細な裏付け取材等が必要とされている。[21]そうすると、単にAがそう述べた、というだけでは相当性は認められにくい。加えて、相当性が過失に関する主観的要素と解されている[22]ことに鑑み、AIに過失はあり得るかという論点も出てくることだろう。[23]

h　公正な論評の法理（意見ないし論評としての域の逸脱）

　「ひどい」についてはこれが意見・論評であれば、公正な論評の法理が問題となる。ここで、前提事実の公共性・公益性・真実相当性については、上述のとおりであるから再論しない。公正な評論の法理固有の要件として、意見・

---

*18　松尾＝山田・インターネット名誉毀損216頁
*19　同上
*20　なお、ここでは乙の主観が問題となっているのではなく、本来は甲の主観が問題となっているはずであり、そうであれば、甲という人間には主観はあるはずである。
*21　松尾＝山田・インターネット名誉毀損250頁
*22　同上24頁
*23　この点は、公益性とパラレルに考えることができる可能性がある。

論評としての域を逸脱していないかが問題となるところ、一般には穏当ではなくとも、配慮に欠けても、やや行き過ぎた面があっても直ちに意見ないし論評としての域を逸脱したものとはならないことから[*24]、単に「ひどい」というだけであれば、意見ないし論評としての域を逸脱したものではないとして公正な論評の法理が適用される可能性がある。

とはいえ、なぜ意見・論評であれば、公正な論評の法理が適用され、事実摘示よりも、容易に抗弁が成立するとされているのかといえば、「意見ないし論評については、その内容の正当性や合理性を特に問うことなく、人身攻撃に及ぶなど意見ないし論評としての域を逸脱したものでない限り、名誉毀損の不法行為が成立しないものとされているのは、意見ないし論評を表明する自由が民主主義社会に不可欠な表現の自由の根幹を構成するものであることを考慮し、これを手厚く保障する趣旨によるものである」[*25]とされていることに留意が必要である。つまり、意見ないし論評を表明する自由が民主主義社会に不可欠な表現の自由の根幹を構成するということから、意見論評についてインセンティブを与え、思想の自由市場にできるだけ多くの意見・論評が投入されることを期待しよう、という趣旨から意見・論評が手厚く保護されており、それが公正な論評の法理の基礎として存在すると解される。

そして、まさにAIによるデータがインターネットを汚染していると批判されている。例えば、AIによって生成された空虚なブログ記事等が大量にアップロードされ、検索結果の「ノイズ」として作用している。このようなノイズは、リサーチ等に悪影響を与えるだけではなく、インターネット上の情報で学習することが多いAIの精度の低下さえをもたらし得る[*26]。すると、AIによるデータを生成すること自体は自由だが、それがインターネット上等において公開されることを本当に奨励すべきか、ということは別論であろう。もしかすると、AI

---

*24　松尾＝山田・インターネット名誉毀損307頁
*25　最判平成16年7月15日民集58巻5号1615頁
*26　勝村幸博「生成AIのデータがインターネットを汚染、基盤モデルを崩壊させる『再帰の呪い』」日経XTECH 2023年7月26日 <https://xtech.nikkei.com/atcl/nxt/column/18/00676/072300140/>
*27　インターネット上に公開されなければ名誉毀損との関係では公然性が否定されることも少なくないだろう。

が生成する意見・論評については、少なくとも上記のような「民主主義社会に不可欠な表現の自由の根幹」という趣旨まではあてはまらず、現在の公正な論評の法理のような保護は与えられない、ということになるかもしれない。

　ウ　悪意ある第三者の攻撃の結果の場合　　ここで、スパムコメント等を利用して変な発言をさせようとする悪意のある第三者による攻撃を受け、その結果として乙がおかしなコメントをしてしまうことがある。例えば、古くは Tay 事件と呼ばれる、Microsoft のチャットボットが悪意あるユーザーによって、反ユダヤ主義等に汚染され、反ユダヤ主義の問題発言を繰り返し、運用停止に追い込まれた事案がある。[*28] このような悪意ある第三者の攻撃は AITuber の場合においても発生し得る。[*29]

　このような場合、基本的には、悪意ある第三者の攻撃により誤った学習をしたとしても、結果的に AITuber 乙がそのような発言をしたのであれば、第三者の攻撃だからというだけで責任を回避することは容易ではないように思われる。

　あり得るとすれば、不法行為には故意・過失が必要であるところ、背後者として必要な注意を尽くしていたという、背後者の無過失の抗弁ではなかろうか。この点についてはエで検討する。

　エ　対策と故意過失　　AI がイやウの事例において問題のある発言を回避するための対策としては、どのコメントを対話（応答）の対象とするかというコメントの選択の点において問題のあるコメントをはじくようにし、また、どのような発言をさせ、また、させないかという点に関するシステムプロンプトの設定において、例えば問題ある発言をしないようなネガティブプロンプトによる指示等を行うことが考えられる。[*30]

　そして、この点は甲の不法行為責任（民法 709 条）との関係での過失の有無とも関係する。つまり、甲としては、平和な設定の AITuber 乙が名誉毀損発

＊28　Asha Barbaschow「差別主義者と化した AI ボット『Tay』からマイクロソフトが学んだこと」CNET Japan 2019 年 7 月 29 日 <https://japan.cnet.com/article/35140462/>

＊29　なお、既にホロコースト否定発言等で AITuber がアカウント停止処分を受けた事案はあるが、これは第三者の攻撃ではないようである。Sayoko Narita「AI の VTuber『Neuro-sama』が Twitch から BAN 処分されたと開発者が報告。ホロコースト否定など危険発言連発系美少女ストリーマー【UPDATE】AUTOMATON（2023 年 1 月 12 日）<https://automaton-media.com/articles/newsjp/20230112-233413/>

言をするとは全く想像もしておらず、責任はないと主張するかもしれない。しかし、名誉毀損の不法行為は過失でも生じるところ、AIがそのような名誉毀損発言をするリスクは十分に想定される以上、それを回避するために通常必要とされる対応を行うことで、名誉毀損等AITuberが加害者となる状況を回避すべきであったのであり、当該適切な対応のための注意を尽くしていなかった以上過失があるとされる可能性が高いように思われる。逆にその時点で相当とされる水準のシステムプロンプト対応等を行っていたが、予想外の事態が生じたため問題のある発言をした、という場合には無過失の主張の余地があるように思われる。

◆**(4) AITuberが被害者になる場合**

　ア　**問題の所在**　　背後者甲の運用するAITuber乙に対して、もし乙の「中の人」が人間であれば、その名誉感情を侵害すると判断されるような投稿をすれば、これによって甲または乙に対する人格権侵害（名誉感情侵害）が成立するのだろうか。

　ここでは、AITuber乙そのものがただのAIであって、人格権等の権利義務の主体ではないことを再確認しておこう。だからこそ、乙に対する人格権侵害は理論的に生じ得ない。しかし、背後者甲が乙を運用しているという場合に、甲に対する人格権侵害にならないかが問題となる。

　この点は、**第３章**で既に説明しており、また、既に別稿でも述べているところであるが、結局のところ、乙に甲の人格が反映されていて、いわば乙が甲の「ハンドル名」のようなものだといえるのであれば、甲に対する人格権侵害を認めることができる可能性がある。[31]

　しかし、**第３章**でも触れているパーソン型・キャラクター型の分類（原田論文）でいうとAITuberはキャラクター型に近接する。そこで、あくまでも架空のキャ

＊30　なお、生成AIがシステムプロンプトによって一定の事項を一切話題にしないことが、言論の自由に悪影響を与えるという議論もあるものの、これは生成AIモデルの話であり、当該モデルを利用したAITuber等の個々のプロダクトとは異なる話と思われる。Jacob Mchangama & Jordi Calvet-Bademunt, *Report: Freedom of Expression in Generative AI – A Snapshot of Content Policies,* The Future of Free Speech（March 1, 2024）<https://futurefreespeech.org/report-freedom-of-expression-in-generative-ai-a-snapshot-of-content-policies/>

＊31　松尾・学習院35頁以下

ラクターを創作し、その架空のキャラクターが、設定に基づきAIを利用してコミュニケーションしているというだけであれば、アニメーションキャラクター等に対する人格権侵害を認めない（例えば、特定の声優が声を当てるアニメーションキャラクターに対する誹謗中傷があったことをもって直ちには当該声優に対する名誉毀損や名誉感情侵害を認めない）という一般的な考え方を適用する限り、甲に対する人格権侵害を認めることはできないだろう。

イ 作り込みの問題 この点は、上記(3)エのシステムプロンプト等の作り込みが関係する可能性がある。すなわち、AITuberの作成は、背後者にとって育成ゲーム的要素もあるといわれているところ、背後者として作り込みを行い、AITuberができるだけ意図するものに近い応答をできるよう様々な工夫を施している。そうすると、AITuber乙が様々な作り込みを凝らしたものであれば、そこに背後者甲の人格が反映されているとして、人格権侵害の可能性はあるのだろうか。

この点は、後述する5.とも関係するが、作り込みの方向性というものが問題となると思われる。すなわち、ここでいう作り込みというのが背後者甲の人格を反映し、いわば甲を再現する方向の作り込みであれば、いわば甲が自分の人格を反映した自身が「中の人」となるVTuberを運用しているところ、その運用においてAIの支援を得ているようなものであり、なおいわゆるパーソン型として、人格権侵害を認める方向で評価される可能性がある。

しかし、そこでいう作り込みが逆に架空のキャラクターを精緻化させる方向性であれば、まさにキャラクター型であって、少なくとも「人格権」侵害にはなりにくいだろう。

ウ 営業権侵害・業務妨害等の場合 上記は人格権侵害の検討であったところ、人格権以外であれば中に「人」がいるのか「AI」がいるかが関係がないとして上記と異なる結論となることがある。

例えば、甲がAITuber乙を利用した配信活動という業務を行い、「広告収入」「投げ銭」等で収益を得ているとしよう。その場合において、例えば第三者が、乙に対して大量のスパムコメントを送ることで正常なコメントを乙が拾えないようにしてAITuberとしての配信を妨害する等すれば、それは営業権侵害・

業務妨害として甲に対する不法行為や犯罪が成立し得るだろう。

　そういう意味では、人格権以外においては、上記アと異なり、まさに問題となる甲の権利に即した検討が必要である。

◆**(5) AIで音声を合成することについて**　なお、AIが発言内容を生成するだけではなく、AIで音声を合成することも可能となっている。具体的には、①発言内容を人間が作成して人間が読むだけではなく、②発言内容を人間が作成して、AIが読む、③発言内容をAIが生成して人間が読む、④発言内容をAIが生成して、AIが読む、の4パターンがある（下記**図表14-2**参照）。

【図表14-2】アバターの発言におけるAIの活用パターン

	内容人間作成	内容AI作成
人間読み上げ	①	③
AI読み上げ	②	④

出典：筆者作成

　②と④のような場合にはAIで音声を合成することができる。

　このような技術自体は確かに非常にイノベーティブな技術である。しかし、声優等はAIによる代替を懸念しており、日俳連は「生成系AI技術の活用に関する提言」の中で、人間の代替としてのAIによる表現をしてはならない等と主張している。[32]

　そして、このような時代に対応し、声に対する権利の確立が論じられている。この問題に関する代表的論文である「声の人格権に関する検討」（以下「声の人格権論文」という）[33]は、声の人格的利益に対する救済、権利が存在しない領域の補完、および、「声のパブリシティ権」の承認のためには声の人格権が観念されるべき等とした上で[34]、人の声も「個人の人格の象徴」として人格権の対象となるとし[35]、アバターから発せられる声の権利主体については権利主体を中の人

---

[32]　日本俳優連合「生成系AI技術の活用に関する提言」（2023年6月13日）<https://www.nippairen.com/about/post-14576.html>
[33]　荒岡草馬ほか「声の人格権に関する検討」情報ネットワーク・ローレビュー22巻（2023）<https://www.jstage.jst.go.jp/article/inlaw/22/0/22_220002/_pdf/-char/ja>
[34]　同上27-28頁
[35]　同上36-37頁

たる自然人とするよりもアバターとした方が適切な場合がある可能性があり、AITuber 時代にはアバターの声の人格権主体性について今後議論されるべきとする[*36]。声の人格権論文の行っている議論は興味深く、AITuber にも触れていることから大いに注目に値する。

ここで、声の人格権論文は「声の人格権」として、声に関する様々な人格的利益、例えば名誉感情的なものやプライバシー的なもの等を包含することを含意するとも理解され得る表現を用いている。しかし、声の人格権論文が「人の声が音声合成等によって無断で再現され、それが本人の意図しない形で使われる」ことを拒絶する権利を念頭に置いているとする（35 頁）ように、同論文は、実質的には肖像権とパラレルのものを声に対して与えるよう求めるもののように思われる[*37]。この点については、声の人格権論文自身が「声の肖像権」について触れている（28 頁脚注 19）ように、（内容ではなく）表現の問題として、声の人格的利益一般ではなく、肖像権とパラレルのものを議論の対象とすることがより分かりやすくなる表現とすることが望ましかったように思われる。

また、「声のパブリシティ権」を認めるためには声の人格権が観念されるべきだという点には異論があり得るだろう。すなわち、ピンク・レディー事件（最判平成 24 年 2 月 2 日民集 66 巻 2 号 89 頁）調査官解説は、声や、動物の図柄さえもそれが人物識別情報であれば、肖像「等」として、パブリシティ権の保護の対象となるとする[*38]（41 頁）。もちろん、動物の図柄であっても一定の場合にはそれが肖像権の対象となるという立場を採用し、だからこそパブリシティ権を認めるためには人格権が観念されるべきだ、という議論自体は全くあり得ないものではない[*39]。しかし、同調査官解説のより自然な読み方は、同解説は動物の図柄が肖像権の対象となるかではなく、当該図柄が人物識別情報かを問題とするものだ、というものではなかろうか。つまり、一般にそれが「その人のことだ」と分かる限り、元々肖像権等の形での人格権による保護の対象とならないもの

---

* *36　同上 41-42 頁
* *37　同上 28 頁は「本稿は『声の人格権』という新たな権利の名称を唱えることを主眼には置いていない」とする。
* *38　第 7 章参照。
* *39　ただし、肖像権に関する第 6 章参照。

(例：動物の図柄) であっても、パブリシティ権で保護されるという読み方が自然である。そして、だからこそ、一般に声が肖像権等の他の人格権によって保護されないにもかかわらず[*40]、ピンク・レディー事件調査官解説は「声」をパブリシティ権の保護対象としたのではなかろうか[*41]。

以上のような疑義はあるものの、声の人格権論文はAIで音声を合成することが広く行われるAITuber時代のアバター法に関する重要問題について非常に参考になる議論を喚起するものとして肯定的に評価すべき論文である[*42]。

5. AI アバターによる人間の再現？

最後に、将来はAIアバターによる人間の再現の可能性が出てくる。既に存在するAI美空ひばりやマツコロイドはなお一部不自然な部分が残り、ある程度本人を知っている人であれば、それが本物ではない、ということが容易に判明してしまうだろう（いわゆる「不気味の谷」現象）。しかし、将来はその再現度が高まり、例えば、10分程度話しただけでは本人が中で応答しているのか、それともAIが自律的に応答しているのか分からない、というような時代が来るかもしれない。この場合には、以下の各論点が問題となると思われる。

- なりすまし（第8章）の問題がより深刻な問題として出現する。
- 取引等において本人の意図しない活動をAIが行う場合において、当該AIの行った活動が本人に帰属するかという問題が深刻化する（第11章）。
- AIによってその程度までに人間が忠実に再現されているという場合、たまたま人間がアバターの中にいる場合に誹謗中傷されれば人格権侵害だ

[*40] AI時代の知的財産権検討会・前掲注7) において肖像権の保護が否定され、パブリシティ権での保護が模索されていることを参照。

[*41] なお、本書の立場は、動物の図柄にパブリシティ権を認めるピンク・レディー事件調査官解説と、顧客吸引力がある馬にパブリシティ権を認めないギャロップレーサー事件（最判平成16年2月13日民集58巻2号311頁）をより整合的に理解するためには、その芸能人等がパブリシティ権を有し、当該者の人物識別情報が顧客吸引力を持つならば、当該人物識別情報そのものについて人格権が認められるかを考えるまでもなく、直ちにパブリシティ権を認めるべきであるものの、いくら顧客吸引力を持っていても馬は人ではないから人格権の主体となれないので、パブリシティ権は認められないと整理することが望ましい、という観点からも支持されるだろう。

[*42] なお、その後、不競法改正で対応する予定となっているがその詳細は、松尾・生成AI第8章に譲る。

が、人間ではなくAIがたまたまアバターの中にいるというだけで人格権侵害ではなくなると考えてよいのかという問題が深刻化する。
・死後も引き続き自律的にAIがアバターを動かし続けた場合、そのようなアバターを起点とする法律問題が重要な問題となる。
・AIアバターを生成した後、本人が誰かに影響を受けて考えやコミュニケーションのやり方を変えたといった場合には、もしかすると本人よりもAIアバターの方が（変更前の本人を知っている人から）「本人らしい」と評価されるようになり、自分であるとは何かについて、そして人格や自律等についてさらなる検討が迫られるかもしれない。

これらの問題については、さらに検討を継続していきたい。

第15章
CAと労働法

1. はじめに

　CAのビジネス目的での利活用としては、メタバース上での取引や、アバターを活用したゲームサービスの提供、オンライン上の展示会・商談会等が想定されるだろう。これらに加えて、アバターを利用して労働をする、アバターワーク・VR出勤・CA労働も、重要なビジネス目的の利活用である。

　すなわち、メタバース上の擬似的な「オフィス」において、アバターで「出勤」することが既に可能となっている。例えば、オフィスの席をリアルに再現した上で、自分や同僚が物理的には自宅から「出勤」すると、まるでアバターがオフィスの机のところに座っているように見える。そして、ヘッドセットをかぶることで、仮想空間上の大画面で仕事をすることができる。

　VRゴーグルをかぶるだけで一瞬で出勤できるという通勤時間の節約や、アバターを利用するため、着替えや化粧等に時間をかける必要がないことという在宅勤務の利点と、同じ（バーチャル）スペースにおいて一緒に働くことによるコミュニケーションの促進という出社の利点が同時に実現できるという観点で魅力的である。

　ロボットやセンサー等が発達すれば、工場は産業用ロボットで製品を生産し、工場における管理者は、物理空間における工場の各所に付された多種多様なセンサーに基づき再現されたメタバース上の「バーチャル工場」において、1人で何台もの産業用ロボットを管理するような時代も到来するだろう。

　しかし、このようなCAを利用して出勤する時代においては、新たな労働法の問題が生じる。[*1]

　以下、採用（2.）、監視（3.）、業務におけるアバターの利用（4.）、労働時間

(5.)、国際テレワーク（6.）、ハラスメント（7.）、健康管理・労災防止（8.）、働き方の多様化と労働者性・非労働者の保護（9.）、懲戒・解雇（10.）、自主ガイドライン（11.）について、それぞれ検討しよう。

なお、例えば OriHime を利用した就労等、テレエグジスタンスロボットを利用した労働もまた、重要な問題であるが、本章はロボットについては触れない（よって、例えば、「アバターロボットを用いた働き方の導入ガイドライン2024」[*2] は、検討対象としない）。ロボットについては次章において簡単に検討することとする。

2．採用

既にメタバースを利用した採用や CA を利用した採用が実際に行われている。

例えば、あるハローワークが、メタバース上に若者向けのバーチャルハローワークを設置している[*3]。また、面接担当者も求職者もいずれもオンライン上で面接をする「バーチャル面接」等も実施されていて、音声変換ソフトも併せて利用することで、性別・年齢が分からず、外見の印象に左右されることがなくなるというメリットがあると指摘されている[*4]。

採用に関する CA を含むテクノロジーの利用は、労働法との関係では採用の自由が存在することからリスクが比較的少ないという点を指摘することができるだろう[*5]。しかし、情報法、とりわけ、個人情報の保護の観点からは、その適切な取扱いが必要なことはいうまでもない。その際には、個人情報保護法だ

[*1] このような、新たな問題に対応するため、「AI・メタバース関係の調査研究事業」では、有識者により構成される「AI・メタバースの HR 領域最前線調査 WG」が設置された。PwC コンサルティング合同会社「厚生労働省『AI・メタバース関係の調査研究事業』に係る『AI・メタバースの HR 領域最前線調査 WG』の開催について」（2024年6月13日）<https://www.pwc.com/jp/ja/news-room/ai-metaverse-wg2024.html>

[*2] 『アバターロボットを用いた働き方の導入ガイドライン2024』を公開しました」<https://cybernetic-being.org/activities/avatarrobot_workdesign_guideline_2024/>

[*3] バーチャルわかものハローワーク HP <https://jsite.mhlw.go.jp/osaka-hellowork/kanren/virtual wakamono.top.html>

[*4] 田中瑠子「アバターを活用した『バーチャル面接』で学生個人のスキルや人柄に注目！ お互いが "選び選ばれる" 関係性を目指す」（2023年1月13日）<https://shushokumirai.recruit.co.jp/column/20230113001/>

[*5] 菅野＝山川・労働法252頁以下参照。

けを見ていればよいのではなく、職安法の個人情報の保護に関する規定や、関連する下位規範、例えば「職業紹介事業者、求人者、労働者の募集を行う者、募集受託者、募集情報等提供事業を行う者、労働者供給事業者、労働者供給を受けようとする者等がその責務等に関して適切に対処するための指針」[*7]を踏まえた検討が必要なことが重要である。

　ここで、採用過程においてCAを利用することで、あえて、性別、年齢、外見等の本人に関する情報を隠すことは、まさに適性・能力と直接関係しない事項に基づく採用を避けるという公正な採用の基本方針[*8]に合致している。例えば、性別について言えば、公正な採用選考の観点から厚生労働省も履歴書の性別の記載欄を任意記載とした上で「応募者が記載を希望しない場合は、未記載とすることも可能」とし、「性別を確認する際は、理由を説明して応募者本人の十分な納得の上で行い、性別の回答を強要することのないよう、また、性別欄の記載内容や、未記載であることで採否を決めることはないよう」企業に依頼するとしている。[*9]このようにCAの利用は公正な採用選考の実現に資するため、より多くの企業が、性別・年齢・外見等ではなく適性・能力にフォーカスした採用を、CAを利用して行っていくべきである。

　なお、既にWebテストの「身代わり受験」が問題となっている。例えば、2023年には、関西電力の元社員が、Webテストを学生の代わりに受けたこと

＊6　例えば、職安法5条の5第1項「公共職業安定所、特定地方公共団体、職業紹介事業者及び求人者、労働者の募集を行う者及び募集受託者、特定募集情報等提供事業者並びに労働者供給事業者及び労働者供給を受けようとする者……は、それぞれ、その業務に関し、求職者、労働者になろうとする者又は供給される労働者の個人情報（以下この条において「求職者等の個人情報」という。）を収集し、保管し、又は使用するに当たつては、その業務の目的の達成に必要な範囲内で、厚生労働省令で定めるところにより、当該目的を明らかにして求職者等の個人情報を収集し、並びに当該収集の目的の範囲内でこれを保管し、及び使用しなければならない。ただし、本人の同意がある場合その他正当な事由がある場合は、この限りでない。」。

＊7　厚生労働省「職業紹介事業者、求人者、労働者の募集を行う者、募集受託者、募集情報等提供事業を行う者、労働者供給事業者、労働者供給を受けようとする者等がその責務等に関して適切に対処するための指針」（平成11年作成、令和4年最終改正）<https://www.mhlw.go.jp/content/001003997.pdf>〔第五〕7-9頁参照。

＊8　厚生労働省「公正な採用選考をめざして（令和4年度版）」<https://jsite.mhlw.go.jp/shimane-roudoukyoku/content/contents/001271827.pdf>

＊9　厚生労働省「求職者の皆さまへ　新たな履歴書の様式例の作成について」<https://jsite.mhlw.go.jp/shimane-roudoukyoku/content/contents/000874355.pdf>

が私電磁的記録不正作出・同供用罪（刑法161条の2）に該当するとして、懲役2年6月、執行猶予4年の有罪判決を受けている。[*10] CAを利用した採用の場合にも、同様に、同じCAの中に別の人が入って面接を受ける等のリスクがあり、求職者とアバターの中に入る人の本人確認（同一性確認）を徹底しないと、「このアバターはいい！」として採用したところ、面接時にアバターに入っていた「中の人」と違う人が働きに来る等の問題が生じてしまうだろう。

3．監視

◆(1) はじめに　メタバースにおいて働くことに対して従業員が抱える不安の代表的なものに、「監視されるのではないか」というものがある。例えば、メタバース労働に伴う、「職場での監視に関する従業員の最大の懸念は、リアルタイムで行われる位置情報追跡および画面監視」とされる。[*11]

確かに、CAを利用することで、オフィスで働く場合と比べ、少なくとも技術的には詳細な監視が可能となる。アイトラッキング、フェイストラッキング、手指のトラッキング等、様々な技術的な措置が可能となり、そのような技術的措置を利用した監視も同時に可能となる。この場合、どこまで監視すべきかについて、プライバシー等の法的な問題と、法的な問題を超えた問題の双方を検討していくべきである。[*12]

◆(2) プライバシー侵害をせずモニタリングを行うために

　ア　GPS監視がプライバシー侵害とされた事案　様々な情報技術による新しい監視が利用される中、一部は違法とされている。東起業事件では、会社が従業員に社用携帯を持たせ、そのGPS機能を利用して監視をしたという事案におけるプライバシー侵害の有無等が問題となった。[*13] すなわち、会社は、外回りを担当する従業員である原告を含む社員の業務上携帯電話をGPSナビシス

[*10]　「就活『替え玉』事件、関電元社員に有罪判決　東京地裁」日本経済新聞2023年3月28日 <https://www.nikkei.com/article/DGXZQOUE272RI0X20C23A3000000/>

[*11]　森歩美「メタバースで働くことに従業員は不安や疑念、理由は『会社からの監視』」マイナビニュース 2022年7月26日 <https://news.mynavi.jp/techplus/article/20220726-2408372/>

[*12]　松尾・HRテック191頁、山本龍彦＝大島義則編『人事データ保護法入門』（勁草書房、2023）60頁以下

[*13]　東京地判平成24年5月31日労判1056号19頁

テムに接続した。当初原告は居場所確認がプライバシーの侵害であるとして抵抗したものの、上司の強い指示もあって同意し、その後 GPS ナビシステムを利用した原告の居場所確認が行われた。原告は裁判において、そもそも GPS ナビシステムを導入したこと自体が違法であって、仮に導入自体が適法でも、就業時間外に GPS ナビシステムを利用して居場所を確認したことは違法だ、と主張した。

東京地方裁判所は、以下のように判示し、GPS ナビシステムの導入自体は適法だが、就業時間外に GPS ナビシステムを利用して居場所を確認したことを違法とした（強調筆者）。

> 本件ナビシステムの導入は、外回りの多い原告を含む 15 名の従業員について、その勤務状況を把握し、緊急連絡や事故時の対応のために当該従業員の居場所を確認することを目的とするものである旨主張しているところ、……原告以外の複数の従業員についても、本件ナビシステムが使用されていることがうかがわれることに照らせば、被告主張の上記目的が認められ、当該目的には、相応の合理性もあるということができる。
> そうすると、原告が労務提供が義務付けられる勤務時間帯及びその前後の時間帯において、被告が本件ナビシステムを使用して原告の勤務状況を確認することが違法であるということはできない。反面、早朝、深夜、休日、退職後のように、従業員に労務提供義務がない時間帯、期間において本件ナビシステムを利用して原告の居場所確認をすることは、特段の必要性のない限り、許されないというべきであるところ、……早朝、深夜、休日、退職後の時間帯、期間において原告の居場所確認をしており、その間の居場所確認の必要性を認めるに足りる的確な証拠はないから、……上記行為は、原告に対する監督権限を濫用するもので違法であって、不法行為を構成するというべきである。

すなわち、従業員の居場所を確認するという目的は合理的であるものの、当該目的を実現する上で必要なのは、原則として勤務時間における監視であるとした。そこで、GPS ナビシステムの導入や、就業時間における監視は適法とされたものの、この事案では現に早朝、深夜、休日、退職後にもおいて監視しており、これが違法とされた。[*14]

イ どのように適法にモニタリングを行うべきか 企業として、一定範囲で従業員の勤務状況を監視したいというニーズが存在することは事実であり、また、全ての監視が違法というわけではない。「個人情報の保護に関する法律についてのガイドライン」に関するQ&A5-7は以下のように定める。[*15]

> Q5-7 従業者に対する監督の一環として、個人データを取り扱う従業者を対象とするビデオやオンライン等による監視（モニタリング）を実施する際の留意点について教えてください。
> A5-7 個人データの取扱いに関する従業者の監督、その他安全管理措置の一環として従業者を対象とするビデオ及びオンラインによるモニタリングを実施する場合は、次のような点に留意することが考えられる。なお、モニタリングに関して、個人情報の取扱いに係る重要事項等を定めるときは、あらかじめ労働組合等に通知し必要に応じて協議を行うことが望ましく、また、その重要事項等を定めたときは、従業者に周知することが望ましいと考えられる。
> ・モニタリングの目的をあらかじめ特定した上で、社内規程等に定め、従業者に明示すること
> ・モニタリングの実施に関する責任者及びその権限を定めること
> ・あらかじめモニタリングの実施に関するルールを策定し、その内容を運用者に徹底すること
> ・モニタリングがあらかじめ定めたルールに従って適正に行われているか、確認を行うこと

すなわち、個人情報保護委員会も、（個人情報保護法の義務履行の一環として）一定の手続を行った上で、適法に監視をする余地があるとしている。

その手続としては、①社内規程等における目的・ルールの明示、②責任者、権限を定めること、③適正に監視をしているかの確認、および、④労働組合等との協議・周知等、が挙げられる。

---

*14 松尾・HRテック191-192頁参照。
*15 個人情報保護委員会『個人情報の保護に関する法律についてのガイドライン』に関するQ&A』（平成29年2月16日作成、令和6年3月1日更新）<https://www.ppc.go.jp/files/pdf/2403_APPI_QA.pdf>

また、具体的な事案における監視を行う正当な目的が何かとその正当な目的に見合う範囲・程度の監視かは問題となるだろう。例えば、現金を取り扱っている部署の担当者に対する現金の持ち出し等を防止するための監視については、それ以外の一般的業務の適正を確認するための監視よりも程度の高い対応が可能であろうし、また、例えば不正が発覚した場合等の緊急時の監視は平時よりも程度の高い対応が可能であろう。[*16]

◆**（3）適法かどうかを超えた労働意欲（モラール）を減退させないための対応**

　上記はあくまでも適法かどうかの話に過ぎない。ギリギリ適法かという話を超えて、そのメタバース上の労働環境が労働者にとって良い労働環境かという話も、実務上は非常に重要である。過度な監視は、労働者のモラール（労働意欲）減退につながりかねない。

　例えば、アイトラッキングを利用することで、技術的には個々の労働者が何を見ているかを全て詳細に監視し、「○時○分から○時○分まで私的利用をしていて仕事をしていなかった」等として「ノーワークノーペイ」の原則にもとづき、賃金を払わないことは、もしかすると技術的に可能で、かつ労働法的にも適法かもしれない。

　しかし、物理的にオフィスにいても、必ずしも常にその言動が細かく監視されるわけではなく、これまでも、その前提で従業員は行動していたのではないだろうか。もちろん、職務専念義務に反するような程度を越えたものは問題があるものの、例えば同僚と雑談をし、その中で信頼関係が育まれる等、純粋に上司から指示されたという意味での「業務」を超えた行為も一部では行われ、それも含めて労働時間として扱われていたのではないだろうか。

　この点は、もちろん、個々の会社の方針等にもよるが、筆者は、モラールという観点から、労働意欲を十分に引き出せるようにするため技術的には可能だがあえて監視をしないとか、監視の程度を下げるという対応は十二分に考えられると繰り返してきた。[*17]

◆**（4）メタバースの特性を踏まえた対応**　　メタバースでの労働は、ある種の

＊16　松尾剛行「テレワークにおけるプライバシーの法的課題」季刊労働法274号（2021年）28頁以下も参照。

リモートワークではあるものの、バーチャルなオフィスに社員が集まる状況を想定すると、「顔が見える」という側面がある。そうすると、顔が見えないリモートだからこそ行われている監視と同程度の監視が果たしてあるべき姿なのか、を考えるべきである。むしろリモートよりも監視を緩くした方が労働者がより安心して仕事ができ、また、管理する上司としても、(仮想空間ではあるものの)オフィスに集まって仕事をするので、監督しやすいという側面が存在する。とはいえ、メタバース上のオフィスで仕事をする同僚や部下については、その人が執務中であることや、顔の向き等は分かるものの、顔がアバターである以上、その詳細な表情等は分からないか、少なくとも物理空間よりは分かりにくいということになってもおかしくないだろう。このように、メタバースでの勤務は、リモートよりは監視の必要性は低くなるが、そのような表情等が分かりにくいという観点からは物理空間よりも監視の必要性が高まる、という点を踏まえ、「良い塩梅」となるよう検討すべきだろう。

4．業務におけるアバターの利用

◆(1) はじめに　様々な業務にアバターが利用されるようになっている。例えば、アバターを通じて接客を行うような状況はよく見られる。このような、企業における新技術の利用は、例えば、AIを利用した人事評価について企業と労組が和解し、人事評価の項目開示が合意された[18]ように、新たな課題を生じさせることがあり得るので、以下、CAの文脈で論じる。

◆(2) 教育・研修とアバター　アバターを利用して物理空間の現場をバーチャルに再現し、より教育研修の効果を上げるということが考えられる。たとえば、リアルな飲食店で接客をする前に、アバターで接客の練習をする、安全教育のため、よりビビッドな3D映像を利用する等である[19]。ただし、物理空間

---

[17] 松尾・HRテック260頁、大島義則ほか「Law of IoB: インターネット・オブ・ブレインズの法(第21回) 従業員の脳波情報(事例研究5後編) ディスカッション」法セ828号(2024) 64頁

[18] 「日本IBM、AIでの人事評価で項目開示　労使紛争和解」日本経済新聞2024年8月10日 <https://www.nikkei.com/article/DGXZQOTG0543T0V00C24A8000000/>

[19] 山田達司「企業内におけるメタバースの活用法」テレコム・フォーラム2023年9月号5-6頁 <https://www.jtua.or.jp/wp/wp-content/uploads/2023/08/tf202309_ict_metaverse2.pdf>

の現場とは相違がある以上、バーチャルとリアルの相違が十分に理解できるようにしなければ、十分に研修の実を挙げることができない。

　また、複数人で一緒にアバターを動かすことで、繊細な業務の感覚を学ぶということもあり得るだろう。実際には、田植えに精通した熟練の米農家と初心者が一緒にロボットアームを動かすことで、力の入れ具合等を共有し、熟練者の技能を体得できるようにする試みが存在する。[20]

◆(3) 配転の必要性　　物理的には在宅で、またはVRの機材等が整ったサテライトオフィスに出勤した上で、メタバース上で、またはメタバースから操作・接客することで全国の工場や営業所で働くことも可能である。そうすると、配転、とりわけ、居住地の移転を伴う転勤の必要性が下がるという側面はあるだろう。今後は、配転権行使の適法性が業務上の必要性と本人の職業上、生活上の不利益に鑑み判断される[21]にあたり、その「業務上の必要性」として〈メタバース上で働かせることで転居を要求することなく同じことが実現できたのではないか〉が問われる時代が来るかもしれない。

◆(4) アバターワークを求める権利　　(3)で述べたような流れを踏まえ、リモートワークを要求する権利[22]と同様に、アバターワークを要求する権利も論じられるようになる可能性がある。[23]

◆(5) 身だしなみ、アバターネーム　　身だしなみについては、企業秩序に関する権限との関係でヒゲや(性同一性障害等を理由とする)別性容姿での勤務等が問題となり、一定範囲の制限は可能であっても、従業員の人格や自由の観点から、使用者の自由裁量ではない。[24]この点、例えば、接客のために、店舗にモニタを設置し、従業員がアバターをまとってモニタ上で接客するアバター接客も

---

[20]　南澤孝太＝駒村圭吾「Cybernetic beingの世界」法セ814号（2022）76-77頁

[21]　菅野＝山川・労働法682頁以下

[22]　大木正俊「コロナを契機にテレワークをする権利について考える」早稲田ウィークリーニュース2020年12月4日 <https://www.waseda.jp/inst/weekly/news/2020/12/04/81157/>

[23]　ただし、日本ではリモートワークを要求する権利そのものが少なくとも現時点では法的権利として認められず、むしろ、各社の制度設計次第とされている。そこで、リモートワークを要求する権利が認められない中、アバターワークを要求する権利が認められるようになるとは考え難い。

[24]　菅野＝山川・労働法301-302頁、644-645頁および大阪地決令和2年7月20日労判1236号79頁［淀橋交通事件］等参照。

可能となっている。その場合に、どこまでの範囲をアバターを従業員が選択することができるようにすべきかや、逆に、どの範囲のアバターを従業員に強制できるかは悩ましいところである。例えば、従業員がその店舗の雰囲気にふさわしくないアバターを利用したいと主張した場合に、ヒゲの制限等と同様に考えるべきか等は悩ましい問題であろう。

また、最近はカスタマーハラスメント（カスハラ）[25]等を視野に入れた対応として、ビジネスネームを利用する企業も増加している。[26]今後は、容姿はアバター、名前もアバターネームで就労する人が、カスハラ等を受けにくくなり、安心して仕事ができるとして増加すると見込まれる。[27]

◆**(6) 技術コピー**　さらに、技術の継承のため、特定の技術者にアバターに入って作業をしてもらい、その様子を細かくトラッキングすることで、それをAIに再現させること等による技術のコピーが技術的に可能となりつつある。[28]

ある意味では、技術の継承が楽になることは企業にとって福音かもしれない。しかし、労働者としては、「自分の技術がコピーされたら、もはや自分は不要とされるのではないか」、等という不安を持つと思われるところ、そのような不安の解消が重要である。

5．労働時間

◆**(1) はじめに**　VR出勤の場合には、通常のタイムカードではなく、例えばそのワークプレースメタバースにログイン・ログアウトした時間に基づき労働時間を管理することが考えられる。しかし、例えば、ワークプレースメタバースをログアウトしたが仕事をしているというような場合もあり得るので、労働

---

[25]　例えば、厚生労働省「カスタマーハラスメント 対策企業マニュアル」（2022年2月）<https://www.mhlw.go.jp/content/11900000/000915233.pdf>

[26]　「京王バスの"ビジネスネーム導入"に反響『すべてのサービス業に取り入れて』 乗務員のプライバシー保護の観点」弁護士ドットコムニュース 2024年4月3日 <https://www.bengo4.com/c_18/n_17416/>

[27]　なお、基本的には本人の顔をそのままアバターに使うが、フィルターで笑顔に見せる等を行う試み等も増えていくだろう。

[28]　関・メタバース52頁以下参照。

時間管理に留意しないと、いわゆる「サービス残業」が生じてしまう。

◆**(2) 事業場外みなし労働時間制**　事業場外みなし労働時間制[*29]の適用について、近時、最判令和6年4月16日労判1309号5頁［協同組合グローブ事件］が興味深い判示をしている。

すなわち、この事案では、技能実習に関する訪問指導等を行っていた従業員について、会社が事業場外みなし労働時間制を適用していたところ、高裁（原審）は、業務時間を記載した業務日報が提出されていたこと等を踏まえ、事業場外みなし労働時間制の適用を否定した。最高裁は、以下のとおり判示して原審の判断を破棄し、差し戻した。

> 原審は、業務日報の正確性の担保に関する具体的な事情を十分に検討することなく、業務日報による報告のみを重視して、本件業務につき本件規定にいう「労働時間を算定し難いとき」に当たるとはいえないとしたものであり、このような原審の判断には、本件規定の解釈適用を誤った違法があるというべきである。

このような最高裁の判断は、日報等何らかの方法で労働時間を算定することができるとしても、その方法による算定の正確性が担保できないのであれば、なお事業場外みなし労働時間制を適用する余地があることを示唆している[*30]。

アバターを利用した労働における事業場外みなし労働時間制の利用可否は、まさに具体的状況に応じて、「アバターが仮想ワークプレースに存在する時間の記録」が実際の就業時間を正確に反映していることをどのように担保できるのか等を踏まえて判断されることになるが、少なくとも一般的なテレワークよ

[*29] 労基法38条の2第1項「労働者が労働時間の全部又は一部について事業場外で業務に従事した場合において、労働時間を算定し難いときは、所定労働時間労働したものとみなす。ただし、当該業務を遂行するためには通常所定労働時間を超えて労働することが必要となる場合においては、当該業務に関しては、厚生労働省令で定めるところにより、当該業務の遂行に通常必要とされる時間労働したものとみなす。」

[*30] この点については、製薬会社の営業担当者について貸与するスマートフォンで位置情報をONとして出勤・退勤時刻を打刻し、月1回承認ボタンを押す等するようになった時期からは「労働時間を算定しがたいとき」に該当しなくなったとした東京高判令和4年11月16日労判1288号81頁［セルトリオン・ヘルスケア・ジャパン事件］も参照。

りは、管理がしやすい（上記 3.・4. 参照）アバターワークの方が事業場外みなし労働時間制を使いにくくなることは間違いないだろう。

◆**(3) 労働時間がより濃厚になる可能性**　アバター社会においては、身体を移動させるといった制約がなくなることで、労働時間が同じ 8 時間（労働基準法 32 条 2 項）であって、より濃密なものとなる可能性がある。8 時間労働制の前提となる業務の繁閑やストレスの高低が異なってきているのであれば、例えばより短い時間を法定労働時間とすべきではないか、といった議論は出てくるだろう。

例えば、自宅やサテライトオフィスから、日本全国、場合によっては全世界の店舗で「ここで顧客が待っている」「あそこで顧客が待っている」とせわしなくアバター接客を繰り返すことは、ある意味では頻繁に出張を繰り返すのと同様かもしれない。[31] 実際、CA 労働は負荷が高いという調査結果も存在する。[32]

6．国際テレワーク

◆**(1) はじめに**　メタバースは、国際テレワークの問題をもたらす。[33] すなわち、物理的には A 国にいても、B 国の会社で働いたり、C 国にある店舗で接客することが可能となっている。

◆**(2) 準拠法**　労働契約については、通則法 12 条 1 項が最密関係地の強行法規適用[35]を定め、[34]同 2 項がここでいう最密関係地法として、労働を提供すべき地または（これを特定できない場合には）雇い入れた事業所の所在地法を推定[36]

---

[31] なお、出張と労働負荷については、例えば、厚生労働省「脳・心臓疾患の労災認定」<https://www.mhlw.go.jp/new-info/kobetu/roudou/gyousei/dl/2207252-1.pdf> 6 頁において「出張の多い業務」が負荷要因とされていることを参照。

[32] 「メタバースで 1 週間毎日 8 時間仕事をしたら、心と体にどんな影響があるか？」Metamo 2022 年 11 月 29 日 <https://mtmo.jp/news-quantifying-effects-working-vr-metaverse/>

[33] Valerio De Stefano ET AL., *The Metaverse is a labour issue*, Social Europe, Feb. 1, 2022 <https://www.socialeurope.eu/the-metaverse-is-a-labour-issue>

[34] 「労働契約の成立及び効力について第 7 条又は第 9 条の規定による選択又は変更により適用すべき法が当該労働契約に最も密接な関係がある地の法以外の法である場合であっても、労働者が当該労働契約に最も密接な関係がある地の法中の特定の強行規定を適用すべき旨の意思を使用者に対し表示したときは、当該労働契約の成立及び効力に関しその強行規定の定める事項については、その強行規定をも適用する。」

[35] 例えば、労働契約法 16 条の解雇権濫用規制が挙げられる。菅野＝山川・労働法 203 頁参照。

し、3項が当事者が準拠法を選択しない場合にも、2項と同じ地の法を最密関係地法として推定する。[*37][*38]

メタバースについて「当該労働契約において労務を提供すべき地」が存在するかは疑問がある。例えば、各国にサテライトオフィスがあり、そこに出勤してメタバース上のワークスペースで仕事をする場合、サテライトオフィス所在地を「労務を提供すべき地」と認定できるかもしれない。また、原則がある国のオフィスへの出社で、ただ、それができない場合に例外的に、そのオフィスを模したメタバースでの出社が可能という場合、そのような原則的なオフィスがある地がその他として認定されるかもしれない。いずれにせよ、そのような認定ができなければ、雇い入れた事務所所在地となるだろう。[*39]

◆ **(3) 管轄**　民事訴訟法3条の4第2項は「労働契約の存否その他の労働関係に関する事項について個々の労働者と事業主との間に生じた民事に関する紛争（以下「個別労働関係民事紛争」という。）に関する労働者からの事業主に対する訴えは、個別労働関係民事紛争に係る労働契約における労務の提供の地（その地が定まっていない場合にあっては、労働者を雇い入れた事業所の所在地）が日本国内にあるときは、日本の裁判所に提起することができる」とする。

この点は、「労働契約における労務の提供の地」および「労働者を雇い入れた事業所の所在地」の解釈次第であるが、この点は準拠法とも同様の具体的認定によるだろう。

なお、労働関係については民訴法3条の4第2項のみが適用されるのではなく、同項は、付加的管轄を定めるに過ぎない。そこで、原告となる労働者は、

---

* 36　「前項の規定の適用に当たっては、当該労働契約において労務を提供すべき地の法（その労務を提供すべき地を特定することができない場合にあっては、当該労働者を雇い入れた事業所の所在地の法。次項において同じ。）を当該労働契約に最も密接な関係がある地の法と推定する。」
* 37　「労働契約の成立及び効力について第7条の規定による選択がないときは、当該労働契約の成立及び効力については、第8条第2項の規定にかかわらず、当該労働契約において労務を提供すべき地の法を当該労働契約に最も密接な関係がある地の法と推定する。」
* 38　菅野＝山川・労働法202-203頁および東京地判令和5年3月27日労判1287号17頁［ケイ・エル・エム・ローヤルダッチエアーラインズ事件］参照。
* 39　なお、以上は民事的規律に関するものであるが、労働基準法は日本国内に存在する事業に適用され、労働組合法の不当労働行為禁止規定は、日本国内に所在する労使関係に適用されると解されている。菅野＝山川・労働法201頁、203頁。

例えば、同法3条の2や3条の3の定める管轄（被告の本拠地、義務履行地、被告の営業所所在地等）を根拠に、日本の裁判所に訴えを提起することもできる。[40]

7．ハラスメント

メタバース外と同様に、メタバース上のハラスメントによって労働者の就業環境が害されることがないよう、企業は、雇用管理上必要な措置を講じるべき義務を負う。[41]

ここで、アバターに「触れた」だけで、現実の人の身体に触れなければセクシャルハラスメントではないのではないか、といった問題もあるが、「アバターの身体を触る行為も、現実の人の身体に触れていなくても、性的行動であることに変わりはない」[42]と指摘されている。

むしろ、「行為者側は、対面の環境に比べて、セクハラに該当する行為を行う心理的抵抗が下がる可能性がある一方、被害者側は被害をリアルに感じる可能性」[43]が指摘されていることを踏まえ、そのようなCA労働特有のハラスメントリスクに対し使用者として適切に対応していくべきである。

8．健康管理・労災防止

◆(1) 健康管理　　健康管理一般については既に論じたことがあるので繰り返さないが[44]、「雇用管理分野における個人情報のうち健康情報を取り扱うに当たっての留意事項」[45]や「労働者の心身の状態に関する情報の適正な取扱いのために事業者が講ずべき措置に関する指針」[46]が公表されている。このうち、後

---

*40　秋山幹男ほか『コンメンタール民事訴訟法Ⅰ〔第3版〕』（日本評論社、2021）138頁

*41　セクシャルハラスメントに関する男女雇用機会均等法11条の措置義務、マタニティハラスメントに関する同法11条の2の措置義務、パワーハラスメントに関する労働政策総合推進法30条の2の措置義務等。菅野＝山川・労働法292頁以下、317頁以下、321頁参照。柴野相雄＝那須勇太「企業のためのメタバースビジネスインサイト：法の観点から見るメタバース ハラスメント編 Vol.1」（202年3月14日）<https://www.pwc.com/jp/ja/knowledge/column/metaverse/vol29.html> も参照。

*42　荒木昭子「アバターに対するハラスメントは成立するのか」ビジネス法務2023年5月号 <https://arakiplaw.com/wp/wp-content/uploads/2023/04/004-005-No.3-トレンドアイ.pdf>4-5頁

*43　同上

*44　山本＝大島編・前掲注12）92頁以下〔松尾剛行執筆部分〕参照。

*45　個人情報保護委員会「雇用管理分野における個人情報のうち健康情報を取り扱うに当たっての留意事項」<https://www.ppc.go.jp/files/pdf/koyoukanri_ryuuijikou2.pdf>

者は、令和4年以降改正されていないものの、前者は令和5年10月に改正されていることに留意が必要である。

そして、CAとの関係では、上記5.(3)のとおり、CAによる労働は負荷が高いことから、「情報機器作業における労働衛生管理のためのガイドライン[*47]」のVRゴーグル版等、CA労働による健康管理のためのガイドラインが公表されることが期待される。

◆(2) CAと労災防止　　また、いわゆるVR酔い等、適切にそのリスクに対して対応しなければ、労災が生じかねない。なお、VRで具体的に職場のヒヤリハットを体感してもらうことでより具体的にリスクを理解して労災を予防することもあり得る[*48]。

9. 働き方の多様化と労働者性、非労働者の保護

CA時代においては、障害がある人をはじめとして様々な人が働くことができ、また、多様な働き方が可能となる。その結果として労働者性が問題となることも増えるだろう。

労働者性については、特にギグワーカー等の観点で問題となっており、労働契約法（ほぼ労働基準法と同一）の労働者性と、労働組合法の労働者性の双方が問題となる[*49]。

より重要なのは、非労働者とされた場合の保護である[*50]。この点については、下請法的保護と労働法的保護を提供する、特定受託事業者に係る取引の適正化等に関する法律（フリーランス保護法）による保護が期待されるが、①フリーランス保護法の「特定受託事業者」や「業務委託」等の定義にあてはまらない

[*46] 厚生労働省「労働者の心身の状態に関する情報の適正な取扱いのために事業者が講ずべき措置に関する指針（平成30年9月7日作成、令和4年3月31日改正）」<https://www.mhlw.go.jp/content/000922318.pdf>

[*47] 厚生労働省「情報機器作業における労働衛生管理のためのガイドライン」（令和元年12月作成）<https://www.mhlw.go.jp/content/000580827.pdf>

[*48] 建設業労働災害防止協会「令和2年度ICTを活用した労働災害防止対策のあり方に関する検討委員会報告書」（令和3年3月）<https://www.kensaibou.or.jp/safe_tech/leaflet/files/R2_ICT.pdf>

[*49] 菅野＝山川・労働法204頁以下、937頁以下参照。

場合の保護や、②フリーランス保護法で明記されていない内容に関する保護について、CA 労働の文脈でさらに検討をすべきであろう。例えば、②について、フリーランス保護法はフリーランスの個人情報やプライバシー等の保護を明記していないが、CA として働く場合にはフリーランスについても監視（3.）がされやすいことから、この点の問題を検討すべきである。

10．懲戒・解雇

　ある特定のメタバースプラットフォームの利用が特定の企業における就労の前提となっている場合において、ある労働者が当該プラットフォーム上の私的活動中の利用規約違反を利用してアカウントが凍結されることがあり得る[51]。そうすると、そもそも「出勤」できなくなる。この場合には、例えば、「無断欠勤」として解雇事由になるのではないか。

　この点は、企業として、一定の代替措置を検討し、「欠勤」を回避するための配慮を行うべきであろう。ただし、従業員の行動が仮に就業時間外であったとしても、その結果として、業務に大幅な支障をきたすのであれば、それは、企業秩序に関係する非違行為として、懲戒処分を行うことも可能なように思われる[52]。

11．自主ガイドライン

　CA のような新しい技術の発展と、それに伴う適切なルール形成については、単に「法律」を利用すればよい、ということには限られない。

　筆者が関与した、ピープルアナリティクス＆HR テクノロジー協会「人事データ利活用原則」[53]においては、人事データの利活用という、労働分野において新技術が適用されることに伴う新たな挑戦につき、業界団体が自主ルールを提案

---

[50] 筆者は、特定の者が非労働者である前提でのプライバシー等の保護を論じたことがある。松尾剛行『雇用によらない働き方』の時代における個人情報管理とプライバシー保護―フリーランス、ギグワーカー、プラットフォーム労働従事者、フリーワーカー等」Law&Practice16 号（2022年）<https://www.lawandpractice.net/app/download/9352547076/141-166_松尾先生.pdf?t=1709347361>

[51] 松尾剛行「プラットフォームによるアカウント凍結等に対する私法上の救済について」情報法制研究10 号（2021）<https://www.jstage.jst.go.jp/article/alis/10/0/10_66/_article/-char/ja>

[52] 菅野＝山川・労働法665-666 頁も参照。

し、様々なステークホルダーの声を聞きながら、アップデートを行うという取り組みが行われている。

　このような自主ルールは、まさに実際に労働分野に新技術を適用している事業者が、その経験に基づきベストプラクティスをまとめ、それを透明性をもって公開等した上で、多数のステイクホルダーとの議論に供し、その結果を踏まえて改良することで、最善のルールを目指す試みである。もちろん、自主ルールさえあれば法律が不要ということではなく、ハードローとこのようなソフトローの間の適切な共存が試みられるべきであるものの、そのような限界が存在[*54]することを前提とした上で、労働法分野における新技術の新たな挑戦によりよく立ち向かう方法として参考になる。

　CAと労働法についても、本章が提起したような実務における悩ましい各問題に関する、問題解決のベストプラクティス等の、実務においてそのまま活用可能なガイドラインが公表されることが望ましい。

　ここで、「人事データ利活用原則」において、労使のいずれか一方が、一方的に人事データ利活用の恩恵を受け、他方がそれによって不利益を被るようなことではいけない、として、「データ利活用による効用最大化」という原則が打ち出されている。そして、CAの活用も、そのような観点からは全く同じである。すなわち、CAを活用することで、もし仮に労働者側が過大な負担を負う反面、使用者が大きな便益を得るような状況が生じれば、そもそもまともな労働者がCAを利用して労働したくなくなる状況となり、労働関係も含め、時間、場所、身体等にとらわれないアバター社会を構築するというムーンショット目標は達成されない。このことは、労働者側が一方的にアバター労働の利益を得て、使用者が大きな負担を負う場合も同様であろう。

　なお、このような自主ルールを一方的に発表して終わりではない。例えばピープルアナリティクス&HRテクノロジー協会は、人事データ保護士制度を設け、

＊53　一般社団法人ピープルアナリティクス&HRテクノロジー協会「人事データ利活用原則」（令和2年3月19日制定、令和4年4月30日改定）<https://peopleanalytics.or.jp/media/HRDataUtilizationPrinciples.pdf>

＊54　なお、生貝直人『情報社会と共同規制――インターネット政策の国際比較制度研究』（勁草書房、2011）も参照。

このようなベストプラクティスが実務で広まるよう試みている。*55

12. おわりに

　以上はあくまでも CA と労働法に関する「素描」に過ぎない。すなわち、CA の活用は広い範囲で試みられており、CA の新たな活用が新たな労働法上の問題を生じさせることは、容易に想定可能なところである。とりわけ、今後は具体的な CA 労働に関する法律問題が裁判例において争われ、裁判所による判断という形で、より明確な基準が示される可能性は高い。だからこそ、CA と労働については、さらなる実務上の実践を見据えながら、引き続き検討を継続し、別の形でもより詳細な研究を公表していきたい。本章が、そのような CA 時代に備えた、議論の「叩き台」を提供することができれば幸甚である。

＊55　一般社団法人ピープルアナリティクス&HR テクノロジー協会「人事データ保護士資格認定講座」
　　　<https://peopleanalytics.or.jp/hrdataprotectionexpert/>

終章
──アバター法（CA法）の成立可能性と残課題──

1．はじめに

〈CAと法〉に関し、これまで15章に渡って検討をしてきた。最後に終章として、「アバター法（CA法）」というものが果たして憲法、民法、刑法等に並ぶ独立の法領域として成立するのかという問題と、これまでの連載で検討できなかったいわば「残された課題」に関する萌芽的な考察を行うことで、本書の締めくくりとしたい。

2．アバター法は「馬の法」か

CA連載の各号および本書の各章を執筆した際に共通する問題意識として、「アバター法（CA法）は『馬の法』か？」というものがあった。ここで「馬の法」というのは、サイバー・スペース法（サイバー法）が「馬の法」であるかに関するローレンス・レッシグとイースターブルック判事の間の論争[*1]において論じられた問題のことを意味している。つまり、イースターブルック判事は馬の不法行為に関する問題が、単なる不法行為法の馬の事案への適用の問題に過ぎず、また、馬の契約に関する問題が単なる契約法の馬の事案への適用の問題に過ぎないとした上で、まさに「馬の法」という法分野が存在しないのと同様に、サイバー・スペース法という法分野は存在しないと主張した。

これに対し、レッシグは、サイバー・スペース法には固有の特徴があるとして、特にアーキテクチャ、とりわけコードの重要性を強調した。少なくとも日本では「情報法」という分野は既に確立した分野と評することができるだろう[*2]。

---

*1 Frank H. Easterbrook, *Cyberspace and the Law of the Horse*, 1996 U. CHI. LEGAL F. 207 (1996) ; Lawrence Lessig, *The Law of the Horse: What Cyberlaw Might Teach*, 113 HARV. L. REV. 501 (1999)

そして、本書における重要な問題意識の1つとして、アバターに関する法律問題というのは、まさにイースターブルック判事がサイバー・スペース法を評したように、例えば、アバターの名誉毀損（第3章参照）等の不法行為であれば、単なる不法行為法のアバターへの適用の問題、アバターに関する契約（第11章参照）の問題であれば単なる契約法のアバターへの適用等の問題に過ぎないのではないか、というものである。

　つまり、アバターに関する法律問題を研究したところで、既に確立している憲法、民法、刑法等の各法分野の既存の法解釈に影響を及ぼさず、単にその当てはめの例が新しく加わるというだけであって、新たな法領域たる「アバター法（CA法）」など存在しないのではないか、という問題意識である。

　ここで、上述のとおり、既に情報法が法分野として確立済みであることは指摘せざるを得ない。例えば、CAの活動範囲がアーキテクチャ、とりわけメタバースの創造者であるプラットフォームが定義するところのアーキテクチャやコード[*3]に制約されるという部分は、まさに情報法の取り扱うサイバースペースの特徴であり、このような特徴をより適切に捉えるというのが、情報法（サイバー・スペース法）が固有の法領域たる所以である。

　そうすると、メタバースにおけるアーキテクチャやコードによる制約という点を捉え、それをよりよく説明するための法分野が必要だ、という議論は、少なくとも既に情報法が存在する現時点において、（情報に加えて）新たにアバター法（CA法）を確立すべき理由にはならない。要するに、メタバースやアバターに関して生じる特徴の多くは、必ずしもアバターだから生じる特徴なのではなく、それがサイバースペースにおけるもの（またはリアルとサイバーが交錯する領域におけるもの）である限り、いずれにせよ生じ得る特徴である。そして、これら

---

*2　この点については「中央大学国際情報学部国際情報学科 カリキュラムマップ」<https://www.chuo-u.ac.jp/uploads/2023/12/academics_faculties_itl_guide_curriculum_06_t1.pdf?1733231263506>の「情報法」が情報法として論じられている主な分野を網羅していて参考になる。なお、成原慧ほか『情報法』（法律文化社、近刊）において、筆者も共著に参加して、情報法の体系的な素描を実現しようとしている。

*3　「メタバースのシステム構成は、メタバースの『自然法則』を作り出すことにより、仮想空間での利用者の活動を可能にしたり、制約する」とする成原慧「メタバースのアーキテクチャと法──世界創造のプラットフォームとそのガバナンス」Nextcom52号（2022）25頁を参照。

の特徴は、情報法において既に論じられている。

　だからこそ、現代においてアバター法（CA法）を法分野として確立する上では、メタバースがインターネット上に存在することから必然的に発生する、情報法において既に論じられている点のみを指摘し、これを論じるために新たな法領域が必要だと論じるだけでは全く説得性がない。

　だからこそ、そのような意味におけるアバター・メタバースのみで生じ得る、新たな固有の特徴は抽出することが可能なのかというのが、アバター法（CA法）が「馬の法」かという問題における、「リアル・クエスチョン」であるように思われる。

　以下では、この点に関連する、新保教授の見解、小塚教授の見解および成原准教授の見解を検討したい。

◆**（1）新保教授の見解**　　新保教授は2021年の段階では「CAを用いた諸課題の検討にあたって法的検討対象を明確化するため、CAに係る法的課題を便宜上『アバター法』と称して論じるに過ぎない、ゆえに、アバター法という新たな法分野の創設を試みるものではない」[*4]としていた。

　すなわち、当初新保教授は、ローレンス・レッシグとイースターブルック判事の間の論争で言うと、イースターブルック判事の立場に近い立場を志向していた、と評することができるだろう。

　その後、2022年になると、新保教授は、「〔CAの活動する空間が〕これまで所与の前提と考えてきた物理空間とは異なるがゆえに、実社会の法や倫理規範をそのまま適用できない場面が増えることが想定される。MV〔引用者注：メタバース〕と物理空間の双方で自分の分身である　CAで活動するにあたって遵守すべき社会規範や法的課題を扱う法分野として、『アバター法』の検討に着手する時が来たと考えている」[*5]とするようになった。

　これは、（イースターブルック判事に反論した）レッシグと類似した立場から、〈現

[*4]　新保史生「サイバネティック・アバターの存在証明—ロボット・AI・サイバーフィジカル社会に向けたアバター法の幕開け」人工知能36巻5号（2021）571頁 <https://www.jstage.jst.go.jp/article/jjsai/36/5/36_570/_article/-char/ja/>

[*5]　新保史生「サイバー・フィジカル社会の到来とアバター法」ビジネス法務2022年4月号6-7頁

実空間と異なるメタバースを含む活動範囲を有するCAに関する法は、既存の法分野の単なる応用にとどまるものではなく、そのような特殊な位置付けから、固有の問題が多く生じる以上、そのような固有の問題に通有する、アバター法の固有の特徴を析出できるのではないか、そしてもしそうであれば、「馬の法」ではない意味における、新たな法分野たる「アバター法（CA法）」を確立することも可能なのではないか〉という問題意識を示したものと理解される。

◆**(2) 小塚教授の見解**　既に第1章で述べたとおり、小塚教授は「仮想空間の法律問題に対する基本的な視点」[*6]の中で「仮想空間と現実世界の抵触に際しては、『現実世界の優位』という原則が妥当すると考えられる」とする。

要するに、アバターの世界において何らかの法律問題が生じた場合においては、原則としてまずは現実世界の法律としてどのようなものが存在するかが問題となり、その問題がアバターの問題であったとしても、まずはその現実世界の法律の要件充足の有無が検討されるべきであって、要件が充足していれば原則として効果が発生することになる、という考えである。

小塚教授は、現実世界で確立されている政策判断や価値判断は、仮想空間内の活動に関しても損なわれてはならず、他方で、仮想空間に対する影響を考慮して現実世界での行動が制約されることが少なくとも当面は想定しにくいことが、このような現実世界の優位原則の根拠とする。

このような見解を採用すると、現実世界の法とアバターに関する仮想空間の法を比較した場合において、仮想空間の法は現実世界の法に劣後するということになりかねない――いやむしろ、アバターに適用される法が何かというものを考える上では、単に現行法の解釈・適用だけを考えればいいのであって、仮想空間固有・アバター固有の法の問題など存在しないのだ、という理解にさえ至り得る。これは、イースターブルック判事のような、アバター法（CA法）を「馬の法」とする見解に親和的であるものと評することもできるだろう。

◆**(3) 成原准教授の見解**　成原准教授は、CAの法律問題の「根底には、

[*6] 小塚荘一郎「仮想空間の法律問題に対する基本的な視点――現実世界との『抵触法』的アプローチ」情報通信政策研究6巻1号（2022）75-87頁 <https://www.jstage.jst.go.jp/article/jicp/6/1/6_75/_article/-char/ja/>

現実世界と仮想世界の間で主体や客体のアイデンティティ（例えば、アバターと利用者とのアイデンティティ、現実の土地・建物とバーチャルな土地・建物とのアイデンティティ）をいかなる場合にどこまで認めるべきなのかという問題を見いだすことができる」[*7]とする。

◆**(4) 私見**　第3章においては、大阪地判令和4年8月31日判タ1501号202頁を含むVTuberの名誉毀損・名誉感情侵害事案を紹介した。この事案では、VTuberに対する「仕方ねぇよバカ女なんだから　母親がいないせいで精神が未熟なんだろ」という侮辱的投稿がVTuberの「中の人」の名誉感情を違法に侵害するものかが問題となった。そして、特に重要な問題として、VTuberの名前を利用したこのような侮辱的な投稿は、VTuberという架空のキャラクターを傷つけただけであって、物理空間の人間である「中の人」に対する侮辱にはならないのではないか、という同定可能性の問題があった。裁判所は、最終的には同定可能性を肯定して、名誉感情侵害を認めた。その際には、以下のとおり述べた。

> 「宝鐘マリン」としての言動に対する侮辱の矛先が、表面的には「宝鐘マリン」に向けられたものであったとしても、原告は、「宝鐘マリン」の名称を用いて、アバターの表象をいわば衣装のようにまとって、動画配信などの活動を行っているといえること、本件投稿は「宝鐘マリン」の名称で活動する者に向けられたものであると認められる。

これはあくまでも一例に過ぎないものの、アバターにおいては、甲というVTuberの「中の人」が乙である場合において、「乙はバカだ」と投稿すれば、それは当然のことながら乙に向けた投稿ということになる（同定可能性が肯定される）ものの、「甲はバカだ」と、乙という表現を一切使わない投稿であっても乙に向けた投稿として同定可能性が肯定されるかというような形でアイデンティティが問題となることが多い[*8]。

また、**第8章**では、いわゆるなりすましの問題を取り上げ、アバター時代に

[*7]　成原・前掲注3) 27頁
[*8]　なお、この点については松尾・学習院35頁以下も参照されたい。

おいては、少なくともある側面においては、他人になりすます事案が増加し得ること、つまり、アイデンティティが偽られる事案が増加する可能性があることを指摘した上で、だからこそ、アイデンティティ権等の問題が重要になることを指摘した。

　さらに、人格権以外であっても第11章においては契約問題を検討したところ、アバターを通じた契約の場合において誰と誰の間で契約が成立するのか、特に複数人が中に存在する、複数人共有アバターの場合において、その契約当事者の認定に関して大きな問題が生じ得るところ、この問題を認証によって一定程度解決することができる可能性はあるものの、それでもまだ課題は残ることを明らかにした。

　なお、第9章および第10章で指摘した知的財産権の問題は、必ずしもアイデンティティの問題と同一ではないものの、著作者人格権・実演家人格権の問題や、商標による出所表示機能等は、広い意味でのアイデンティティの問題と評することもできるかもしれない。

　これらはあくまでも一部を列挙したに過ぎない。CAの問題においては、様々な意味におけるアイデンティティの問題が溢れている。このような状況を踏まえ、個人的には、以下のように、成原准教授の見解をもとに、そこで問題となり得るアイデンティティの範囲を拡張した上で、そのような修正された成原准教授の見解に賛同したい。

　CAの世界では以下のような形で様々な同一性（アイデンティティ）が問題となり、このような同一性（アイデンティティ）問題に関する新たな挑戦をどのように法学として受け止めるべきかが重要な問題となる。

①「中の人」とアバターの同一性
②仮想世界1におけるアバターAと仮想世界2におけるアバターBの同一性
③物理空間における（例：テレエグジスタンスロボット）アバターと仮想世界におけるアバターの同一性
④「中の人」が複数のアバターを自己の分身として用いる場合のアイデンティティ

⑤複数の「中の人」が同一のアバターに関与する場合のアイデンティティ
⑥その他、将来的に無限に広がり得るCAの利用形態の拡張に伴う、新たな同一性の問題

　確かに、同一性（アイデンティティ）が問題となる事態は、SNS上でハンドルネーム等を使って交流する場合にも一定程度生じており、**第3章**では、このようなSNSの文脈等で既に形成されてきた議論を踏まえた考察を行った。とはいえ、複数の「中の人」が同一のアバターに関与する場面としてVTuberを挙げることができるところ、VTuberにおいて大量の誹謗中傷事件が生じている。そこで、どのような理論的根拠に基づき、誰に当該誹謗中傷の被害を帰属させるべきか、という問題が急務になっている[*9]。そして、上記のとおり、その問題は従来のSNSにおける「SNS上の匿名アカウントと『中の人』の同一性」といった単純な問題ではなく、多数の問題群へと発展している。また、上記のとおりこれは単なる人格権だけの問題ではなく、契約や知財等の他の分野にも広がりを持っている。

　だからこそ、同一性（アイデンティティ）問題に関する新たな挑戦をどのように法学として受け止めるべきかが重要な問題となり、この問題について今後、さらなる検討が必須である。

　そして、このような点を検討する営為の中で、もし、同一性（アイデンティティ）に関する（特に従来の情報法における議論と異なった）新たな議論が生まれるのであれば、まさにその部分について「馬の法」ではない、「アバター法（CA法）」を他とは異なる固有の法領域として新たに確立するだけの価値が生じ得ると考える。

　本書の段階では、そのような新たな議論を明確に提示するに至っておらず、その意味では、議論は未完成である。もっとも、本書の各章において、そのような将来の新たな議論の土壌となるような、様々な問題意識を示したつもりで

---

*9　松尾光舟＝斉藤邦史「アバターに対する法人格の付与」情報ネットワーク・ローレビュー22巻（2023）45-66頁 <https://www.jstage.jst.go.jp/article/inlaw/22/0/22_220001/_article/-char/ja/> および松尾・学習院参照。

ある。

　よって、本書をいわば「叩き台」として、今後さらに議論が盛んに行われるようになり、その結果として、「馬の法」ではない意味における「アバター法（CA法）」の議論が生まれるようになるのであれば、2023年以降集中して研究を重ね、そして、自分一人だけではなく、新保教授を含む多くの関係者と協力しあって本書のもととなったCA連載を継続してきたことに意義があったことになるだろう。

　読者諸氏におかれては、是非このような観点でご検討をいただきたい。かつ、筆者として、本章およびそれ以外の本書の各章が誤りを含まないとは全く考えていない。そこで、本書の議論において批判すべきことがあれば、忌憚なき批判を願いたいところである。

3．残課題

◆ (1) ロボットCA

　ア　はじめに　　CAが、「身代わりとしてのロボットや3D映像等を示すアバターに加えて、人の身体的能力、認知能力および知覚能力を拡張するICT技術やロボット技術を含む概念で、Society 5.0時代のサイバー・フィジカル空間で自由自在に活躍するもの」と定義されることは、**第1章**で述べたとおりである。すると、この定義上、「身代わりとしてのロボット」はCAに含まれる。実際にはOriHime等の認知能力および知覚能力を拡張するロボットも、CAに含まれる。

　イ　身代わりロボットの法律問題　　例えば国会における「出席」（憲法56条1項）[*10]については、「原則的には物理的な出席と解するべきではあるが、国の唯一の立法機関であり、かつ、全国民を代表する国権の最高機関としての機能を維持するため、いわゆる緊急事態が発生した場合等においてどうしても本会議の開催が必要と認められるときは、その機能に着目して、例外的にいわゆる『オンラインによる出席』も含まれると解釈することができる」とするのが衆議

＊10　「両議院は、各々その総議員の3分の1以上の出席がなければ、議事を開き議決することができない。」

院憲法審査会の大勢だったとされている。現在、出産前後の女性議員や、障害のある議員との関係での出席要件の緩和が検討されている。

　この点、なぜ出席を求めるかの理由が、実質的な討議を本会議場で行うべきであるからということであれば、そのような実質的討議を行える限り、本人が本会議場に存在する必要は必ずしもないかもしれない。しかし、完全にオンラインで参加するよりは、物理的には、本会議場に分身ロボットが鎮座し、その上で、本人が自宅や病院等からコントロールするということの方が、より物理的出席に近づくのではないか、という議論があり得る。

　「出席」以外にも、民事訴訟法の「出頭」概念、出入国管理及び難民認定法（同法1条）の「入国」概念、外国為替及び外国貿易法（外為法）の「居住」者概念等、様々な概念が問い直される。

　ウ　ロボットCAを利用した就労について　　分身ロボットを利用した就労の例として、OriHimeを利用した就労が挙げられる。OriHimeを利用することで、例えば、寝たきりの人がカフェで接客をするといったことも可能となる。

　OriHimeによる就労においては、障害者雇用に関するルールの不合理性が指摘される。すなわち、確かに一部、OriHimeを利用すればフルタイムで勤務できるという人も存在するものの、OriHimeにより新たに就労できるようになる人は、これまでは仕事をすることは不可能と思われていた寝たきりの人等であり、少なくとも最初からフルタイムでの勤務は難しいことも多い。この場合、障害者の雇用の促進等に関する法律上、障害者を雇用したとして雇用率の算定対象とならないことが問題となった。ここで、令和6年4月からは「週

＊11　衆議院憲法審査会「憲法第56条第1項の『出席』の概念について」（2022年3月3日）<https://www.shugiin.go.jp/internet/itdb_kenpou.nsf/html/kenpou/2080303haihusiryou.pdf/$File/2080303haihusiryou.pdf>

＊12　衆議院憲法審査会事務局『「国会におけるオンライン審議の導入』に関する資料」（2022年2月）<https://www.shugiin.go.jp/internet/itdb_kenpou.nsf/html/kenpou/shukenshi097.pdf/$File/shukenshi097.pdf>14-15頁

＊13　民事訴訟法192条1項（「証人が正当な理由なく出頭しないときは、裁判所は、決定で、これによって生じた訴訟費用の負担を命じ、かつ、10万円以下の過料に処する。」）

＊14　出入国管理及び難民認定法は、日本に入国し、または日本から出国する全ての人の出入国および日本に在留する全ての外国人の在留の公正な管理を図るとともに、難民の認定手続を整備することを目的とする。

所定労働時間10時間以上20時間未満で働く重度の身体・知的障害者、精神障害者の算定特例」（障害者の雇用の促進等に関する法律69条以下）が適用され、その結果として、週10時間以上働くことができる人の就労が推進されることになる。しかし、週10時間未満から働き始めたいという人もいるところ、その場合に同法が適用されないことは課題である。また、そもそもOriHimeを利用する場合、単なるテレワーク（労働法につき第15章参照）と異なり、ロボットの管理を現場で行う人が必要であるから、通常よりもそのハードルは高い。そこで、そのような部分をいかに適切に加味するかは立法論として課題となる。[15]

また、寝たきりの人等は重度訪問介護制度を利用していることが多いところ、このような人がOriHimeで新たに就労できるようになると、この重要な重度訪問介護制度を就労中に利用できない点が問題として指摘される。OriHimeの利用によって、確かに就労自体はできるかもしれないが、実際には就労中に多くの支援が必要である。[16]このような状況の就労者に対する一定の支援制度は存在するものの、[17]現行制度には大きな問題がある。

さらに、OriHimeに限らず、（第15章で述べた、アバターを利用して就労する権利に加え、）ロボットを利用して就労する権利が問題となるかもしれない。例えば私傷病で重傷を負った労働者が、休職後に復職を希望する際、実務では、例えば片山組事件（最判平成10年4月9日労判736号15頁）に倣って、「現に就業を命じられた特定の業務について労務の提供が十全にはできないとしても、その能力、経験、地位、当該企業の規模、業種、当該企業における労働者の配置・異動の実情及び難易等に照らして、当該労働者が配置される現実的可能性があると認められる他の業務について労務の提供をすることができ、かつ、その提供を申し出ているならば、なお債務の本旨に従った履行の提供がある」という考え方から、他の業務として何が配置される現実的可能性があるかを検討

---

*15　つくば市株式会社オリィ研究所「分身ロボットに係る障碍者雇用率の算定の特例」（2023年6月23日）<https://www.chisou.go.jp/tiiki/kokusentoc_wg/r5/pdf/20230623_shiryou_s_1_1.pdf>
*16　厚生労働省「厚生労働省 令和元年度障害者総合福祉推進事業 重度障害者の在宅就業に関する調査研究 報告書」<https://www.mhlw.go.jp/content/12200000/000654254.pdf>
*17　厚生労働省「重度障害者等に対する通勤や職場等における支援について」<https://www.mhlw.go.jp/content/001073876.pdf>

してきた。ロボット就労が一般化すると、例えば、「自分はロボットなしでは就労できないが、当該企業においてロボット就労を行う業務は配置される現実的可能性がある業務であり、それであれば就労可能」という主張が出てくるかもしれない。このような主張をどう受け止めるかについて現時点から検討を開始すべきである。

エ　能力拡張ロボット（サイボーグ）の法律問題　CA は、例えば、6 本目の指[*18]や、第三の腕[*19]等の人の身体的能力、認知能力および知覚能力を拡張するロボット技術を含む概念である。ピーター・スコットモーガン博士が、全身の筋肉が徐々に動かなくなる難病に罹患して余命宣告を受けたことを機に、身体を次々と機械に置き換えたことは有名である[*20]。このような能力拡張ロボットは、従来サイボーグとして論じられており、このような問題についても CA の問題として正面から検討する必要がある[*21]。

◆ **(2) ユーザー死後の CA**

ア　はじめに　CA のユーザーが死亡した後はどのような問題が生じるだろうか。例えば、ユーザーが自分自身の肖像をアバターとしてメタバースで活動していたが、その死後に同じ肖像をアバターとする者が現れるといった場合が 1 つの類型として考えられる。

もう 1 つの類型としては、AITuber（第 14 章）のような自律型 CA を前提に、そのような自律型の CA については、背後者死後も勝手にコミュニケーションを継続し得るが、そのことをどう考えるかという問題意識がある。

イ　死後の権利義務　まず、死亡によって相続人に権利義務が移転する。例えば、ユーザーがアバターの 3D モデルを作成することで著作権を得ていれ

---

* 18　草下健夫「体は機械で拡張できる!?『第 6 の指』独立に動かすことに成功　電通大」Science Portal（2022 年 3 月 15 日）<https://scienceportal.jst.go.jp/gateway/clip/20220315_g01/>
* 19　早稲田大学【「特集 Feature」Vol.16-2 人の機能を拡張せよ！人間支援ロボットテクノロジー 2 回目配信】身体装着型ロボット『第 3 の腕』（2017 年 7 月 26 日）<https://www.waseda.jp/top/news/52266>
* 20　稲見昌彦「64 歳で逝去『人類初サイボーグ』が世界に遺した物」東洋経済 Online2022 年 7 月 6 日 <https://toyokeizai.net/articles/-/601582>
* 21　小名木明宏「科学技術時代と刑法のあり方──サイボーグ刑法の提唱」北法 63 巻 5 号（2013）521 頁、小名木明宏「人体と機械の融合に伴う法律問題についての研究──科学技術と刑法の調和」北法 70 巻 5 号（2020）1-16 頁参照。

ば、その著作権が相続人に引き継がれることになる。

　しかし、一身専属権はそのような相続による承継の対象とならない（民法896条但書）。ここで一般に人格権は一身専属権であるとされる。[*22]

　もっとも、パブリシティ権等を中心に、死後の人格権の解釈論による保護が論じられている。[*23]

　よって、この問題は、これらのCA以外に関する議論をもとに、さらに検討すべき問題であると考える。

　ウ　自律型CAの問題　　自律型CAであれば、背後者の死後もメタバース上で活動を続ける可能性がある。そこで、典型的にはメタバースプラットフォームと本人の間で本人死後の扱いについてどのような契約をするかや、実際の死亡の場合にその契約をどう実現するかが問題となる。[*24]なお、Facebookが「追悼アカウント」機能を有しているように、[*25]ユーザが死亡したからといってアカウントを直ちに閉じなければならないものではない。SNS上で自動で会話するいわゆるbotが作成者の死後も会話を続けるのと同じように、そのユーザーが死亡したことが明示された上で自律型CAと他のユーザーの間でなおコミュニケーションが続く可能性がある。

◆**(3)　宗教**　　宗教については、刑法において、メタバース上の宗教施設が教会等として保護されるかについては既に第11章で検討したところである。

　法人等による寄附の不当な勧誘の防止等に関する法律の寄附規制については、特にメタバース上における寄付勧誘活動であれば、例えば、「当該寄附の勧誘を行う法人等を特定するに足りる事項を明らかにするとともに、寄附される財産の使途について誤認させるおそれがないようにする」（3条3号）等が重

---

*22　谷口知平＝久貴忠彦『新版注釈民法（27）相続（2）相続の効果―896条〜959条〔補訂版〕』（有斐閣、2013）57頁参照。

*23　斉藤・法的保護249頁および栗原佑介「デジタルアーカイブ化されるオープン型コンテンツの権利処理において残存あるいは生成されるパブリシティ権の限界」情報処理学会論文誌56巻3号（2015）1099頁 <https://ipsj.ixsq.nii.ac.jp/ej/?action= repository_action_common_download&item_id=141428&item_no=1&attribute_id=1&file_no=1> 参照。

*24　中川裕志「本人死後のサイバネティック・アバターに関する考察」日本ロボット学会誌41巻1号（2023）<https://www.jstage.jst.go.jp/article/jrsj/41/1/41_41_9/_pdf/-char/ja> 9-13頁

*25　<https://www.facebook.com/help/150486848354038>

要となるだろう。なお、同法4条は消費者契約法4条3項に類似することから、第13章を参照のこと。

◆**(4) 政治**　メタバース上の政治活動については、特定の選挙について、特定の候補者の当選を目的として、投票を得、または得させるために直接または間接に必要かつ有利な行為等である「選挙運動」[*26]は、選挙の公示または告示日から選挙期日の前日までしかできず、立候補届出前に選挙運動をする事前運動は禁止されている（公職選挙法129条）。

しかし、これに対し、「政治上の主義若しくは施策を推進し、支持し、若しくはこれに反対し、又は公職の候補者を支持し、若しくはこれに反対することを目的として行う直接間接の一切の行為」から「選挙運動にあたる行為」を除いたものとされる政治活動は原則として自由である[*27]。

そこで、何がメタバース上の選挙運動か、何がそれに至らない政治活動かが別途問題となるだろう。

◆**(5) その他の問題**　その他、認証（第11章）の問題は重要な問題である。CA認証に対し、本人を偽装して認証をすりぬける行為等の民事・刑事の問題、CA認証機関がなりすましにより誤った認証をした場合の責任の問題、CA認証シールの偽造に関する法律問題等が考えられる。

このような残課題についても引き続き取り組んでいきたい。

＊26　最決昭和38年10月22日刑集17巻9号1755頁
＊27　関口慶太ほか『こんなときどうする？ 選挙運動150問150答〔第2版〕』（ミネルヴァ書房、2024）2-3頁

おわりに

　サイバネティック・アバター（CA）の法律問題を可能な限り具体的に明らかにし、もって、VTuber 等の様々なアバターが安心して活躍することができる安全な仮想空間を構築することに間接的に貢献しようとする本書は、大変多くの方のご支援を頂戴することで、刊行に至った。

　まず、公益財団法人電気通信普及財団（Telecommunications Advancement Foundation）の助成を受けた。CA 連載をもとにした本書刊行という企画を全面的にご支援いただいたことは、本書の刊行において重要な役割を果たしており、大変感謝している。

　次に、本研究は JST ムーンショット型研究開発事業、JPMJMS2215 の支援を受けたものである。第 1 章で述べたとおり、慶應義塾大学の新保史生教授は、上記ムーンショット研究開発における「アバターを安全かつ信頼して利用できる社会の実現」という研究開発プロジェクトを立ち上げて研究開発を遂行されて、社会で CA を安全かつ安心して利用するための CA 安全・安心確保基盤の実現を目指して包括的な ELSI 研究（E^3LSI 研究）に着手しているところ、筆者も、同プロジェクトに従事し、慶應義塾大学特任准教授として、CA と法、とりわけ、CA 社会において出現し得る諸問題が現行法理論および実務上どのように評価され、それがどのような課題を生むのかについて、理論と実務を架橋する研究を進めており、これが CA 連載および本書のもとになった。本書を作成する過程では慶應義塾大学新保史生教授および情報通信総合研究所栗原佑介主任研究員および同酒井基樹弁護士に貴重な助言を頂戴したこと、加えて CA 連載において、同社 World Trend Report 編集部の丁寧なご校閲を頂いたこと、そして何よりも、書籍という形での出版にご同意いただいたことに感謝の意を表する。

　加えて、本書の研究の深化にあたっては、松尾剛行「仮名・匿名で活動する主体に関する名誉権等の人格権法上の保護：サイバネティック・アバター時代を背景として」（学習院法務研究 18 号（2024）35 頁）および同原稿作成のため

の学習院法務研究所における研究発表が重要な役割を果たした。学習院大学関係者の皆様にも感謝の意を表する（なお、筆者は 2024 年 4 月より学習院大学特別客員教授として AI・アバター時代に向けたキャリア教育を行っている）。

最後に弘文堂の登健太郎様には、お忙しいところ、『生成 AI の法律実務』（弘文堂、2025 刊行予定）と同時に本書の編集をしていただき、大変感謝している。

なお、本書の誤りはひとえに筆者一人の責任である。

2024 年 11 月

松尾　剛行

事項索引

【あ】
アイデンティティ…112, 235-236
アイデンティティ権…5, 11, 66, 108-111, 235
アイトラッキング…215, 218
アカウント凍結…21, 168, 169, 172, 227
アーキテクチャ…72, 73, 101, 112, 172, 173, 230, 231
悪徳業者…179
アバターネーム…147, 149, 152, 220, 221
アバター法…2, 196, 210, 230-233, 236, 237
アバターワークを求める権利…220
安全装置…157

【い】
医師法…160
意匠権…17, 128-130, 132, 133
イラスト化…11, 78, 81-83, 85
医療法…160, 162
インフラ化…142
引用…101, 121

【う】
web3…3, 4, 28, 178
宴のあと…10, 65-67, 71, 105
打ち消し表示…191-193
写り込み…15
馬の法…230, 232, 233, 230, 237

【え】
映画の著作物…16, 121, 122
営業誹謗…137
営業秘密…18, 103, 136, 137
AI…21-23, 53, 59, 60, 82, 84, 85, 118, 143, 145, 196-208, 210, 211, 219, 221
AITuber…196, 197, 199-202, 205-207, 209, 210, 240

【え】
エージェント…142
エコシステム…112, 167, 178, 199
遠隔健康医療相談…161
遠隔操作…24, 157

【お】
応用美術…15
オープンメタバース…71
お砂糖…10, 68, 183
OriHime…213, 237-239
オンライン受診勧奨…161
オンライン診療…160-162

【か】
解釈論…4, 18, 72, 73, 101, 110, 111, 131, 142, 178, 191, 241
画像意匠…130-133
仮想オブジェクト…130-132, 134
価値中立…20, 173
仮名アバター…148
監視…212, 215-219, 227
間接侵害…17, 132, 133

【き】
ギグワーカー…226
偽計業務妨害…24, 157
器物損壊罪…24, 156
キャラクター…5-7, 12, 16, 30-33, 39, 87, 90, 92, 93, 121, 127, 143, 174, 206, 207, 234
キャラクター型…6, 22, 31, 143, 206, 207
共同実演…17, 124, 125
共同不法行為…155
共犯…24, 157
業務上過失致死傷罪…157
業務におけるアバターの利用…212, 219
緊急避難…156, 157
GINKOFinancial事件…21, 159
金商法（金融商品取引法）…159

【け】
金融規制…21, 159

【け】
刑事手続…158
形態模倣…19, 138-139
芸能人…13, 22, 31, 91-98, 100, 120, 143, 210
景表法…21, 93, 162, 163, 191, 193, 195
景品規制…163, 192
刑法…24, 103, 156-158, 215, 230, 231, 241
契約構成…169, 170
健康管理・労災防止…225
懸賞…163
顕名…149, 152
権利処理…15, 19, 74

【こ】
考案…139
行為能力…142
広告規制…162, 191
公衆送信…15, 120, 127
公正な論評の法理…29, 38, 202-205
公然わいせつ罪…158
構造審査…73, 75
構造論…65, 66, 72, 73
国際テレワーク…213, 223
国際ロマンス詐欺…194
個人情報保護法…14, 49, 51-53, 62-64, 213, 217
個人的使用…134
コンプガチャ…163

【さ】
最終確認画面…187-190
サイバネティック・アバター…2, 116, 212, 230
採用…212-215
詐欺…19, 24, 157, 172, 194
錯誤…149, 151, 190

サブアカウント…171
サルベージ条項…185
産業用ロボット…212

【し】
CA→サイバネティック・アバター
CA 公証…112
CA 認証…112, 144, 148, 154, 242
C2C…178
GUI…17, 132
J-PlatPat…136
死角…24, 157
自己情報コントロール権…65, 71, 78
自己のイメージコントロール…72
私事性…67
自主ガイドライン…213, 227
姿態…76, 77, 81, 82, 85, 88, 94, 104
実演…16, 17, 31, 36, 37, 44, 124-126, 144
実演家人格権…5, 17, 126, 144, 235
実名アバター…148
実用新案権…139
私的使用…15, 120, 127
自動執行…146, 147
氏名権…5, 11, 66, 97, 107
氏名表示権…45, 123
氏名を含む商標…135
社会的評価…7, 29, 38-40, 42-44, 46, 103, 105, 170, 171, 201, 202
集団訴訟…195
受忍限度…67, 69, 79-82, 84, 87, 88, 91
上演権…123
肖像権…5, 11, 66, 76-91, 95, 97, 100, 105, 106, 108, 119, 209, 210
肖像権に近接した人格的利益…85, 86
消費者 DPF 法…194
消費者契約法…21, 145, 168, 171, 180, 182, 184-186, 195, 242
消費者裁判手続特例法（消費者の財産的被害等の集団的な回復のための民事の裁判手続の特

例に関する法律）…195
商標権…17, 18, 128, 133-136, 193
商標的使用…134-136
商品等表示…18, 137
情プラ法（特定電気通信による情報流通で発生する権利侵害等対処法）…166
職務著作…17, 118, 126, 144
署名代理…149, 152
侵害主体…20, 173
人格…7, 10, 11, 33, 78, 84-88, 94, 103, 107-111, 142, 143, 169, 206-208, 211, 220
人格権…5, 11, 12, 14, 17, 28, 30, 76, 77, 81, 84, 85, 89, 94, 100, 102, 103, 107, 111, 119, 125-127, 144, 154, 169, 196, 206-211, 235, 236, 241
人格権構成…169-171
信義則…19, 167, 172
真実性の抗弁…29
人事データ利活用原則…227, 228

【す】
推知情報…54
スクリーンショット撮影…19, 74
ステルスマーケティング…162
ストレス…223
スマートコントラクト…4, 146
スマホ法…194
3D 化…98, 119, 121, 197

【せ】
制限規定…120, 121, 127
製造物責任法…23, 155, 194
正当防衛…24, 156

【そ】
操作画像…129, 130, 132, 133
総付景品…163
ソフトロー…153, 228

【た】
DAO…4
ダークパターン…187
代理…28, 142, 149, 152, 168
代理人…142, 149, 150

だべり…122

【ち】
知財（知的財産）…14, 17, 116, 126, 156, 198, 235, 236
ChatGPT…196
懲戒・解雇…213, 227
著作権…15, 17, 20, 22, 39, 82, 101, 116-121, 123, 126, 128, 157, 173, 179, 198, 199, 240-241
著作者人格権…17, 123, 127, 144, 235

【つ】
通称名…11, 107, 108
通信販売…53, 187-189, 191
通則法…169, 170, 223

【て】
出会い系サイト規制法…21, 164
定型約款…20, 168, 170, 171
Tay 事件…205
データの量が多いことが正義（more data）…58
データポータビリティ…21, 51, 168
適合性原則…21, 159
デジタル消尽…15
デジタルツイン…116, 117, 121, 162
デジタルプラットフォーム透明化法…166
デフォルト…75, 106, 174, 175
デフォルメ…82, 88
手指のトラッキング…215
テレエグジスタンスロボット…213
電気通信事業法…21, 163-165
電磁的記録不正作出・供用…157
伝播性の法理…6

【と】
同定可能性…7-9, 29-33, 35, 36, 40, 44, 46, 76, 94, 170, 234
特商法（特定商取引に関する法律）…53, 145, 187, 188, 190
独占禁止法…21, 165
特許…19, 48, 139
賭博…24, 157
取引 DPF 消費者保護法（取引デ

ジタルプラットフォームを利用する消費者の利益の保護に関する法律）…52, 147, 166, 194

【な】

中の人…5-9, 11, 12, 14, 22, 24, 29, 30-33, 44, 58, 65-68, 76, 86, 87, 90, 91, 93-95, 98, 99, 106, 111, 120, 123, 143, 146-149, 151-153, 155, 156, 197, 199, 200, 206-208, 234-236

ナッジ…174

なりすまし…10, 11, 23, 24, 66, 77, 83, 93, 95-97, 100-113, 137, 147, 148, 155, 157, 173, 210, 234, 242

なりすまし対策…23, 112, 148, 173

【ね】

ネガティブプロンプト…205

【の】

乗っ取り…24, 51, 157

【は】

パーソン型…6, 22, 30, 31, 143, 206, 207

バーチャル面接…213

ハードロー…228

配転…220

バスケット条項…187

働き方の多様化と労働者性・非労働者の保護…213, 226

発明…139

バブル…20, 174, 175

ハラスメント…20, 158, 174, 175, 213, 221, 225

ハラスメント対策…173

パロディ…76, 84, 93

犯収法…21, 159

【ひ】

B2C…178, 186

非営利上演…126

非享受利用…15

非公知性…67-70

美術の著作物…116, 120, 121, 123

秘匿性…24, 67-69, 105

誹謗中傷…5, 6, 8, 9, 29, 31, 40, 44-46, 48, 173, 207, 210, 236

誹謗中傷対策…173

表示画像…130, 132, 133

【ふ】

VR ゴーグル…52-54, 62, 133, 187, 212, 226

VR 酔い…23, 155, 226

VTuber…6, 8, 9, 11, 12, 18, 22, 28, 29, 31-46, 48, 65, 67, 68, 86, 93-99, 106, 108, 120, 121-125, 135-137, 139, 142, 143, 145, 154, 155, 162, 163, 168, 202, 207, 234, 236

風営法…164

フェイストラッキング…49, 215

不気味の谷…210

不競法（不正競争防止法）…18, 100, 128, 136-138, 210

複数人関与アバター…7, 154

複製…17, 39, 101, 120, 125, 127

覆面レスラー…86, 88, 93, 106

不招請勧誘…159

付随義務…167

不正アクセス…24, 156, 157

物品類似…131

不同意性交等罪…158

不同意等わいせつ罪…158

舞踏の著作物…123

不法行為…23, 29, 36, 67, 77-79, 109, 137, 154, 155, 157, 169, 171, 184, 185, 204-206, 208, 216, 230, 231

プライバシー…5-7, 9, 10, 45, 65-79, 89, 97, 100, 105, 181, 195, 209, 215, 216, 227

プライバシーバイデザイン…75

プライバシーバイデフォルト…75

プラットフォーム…19-21, 24, 28, 49-52, 61, 73, 74, 112, 113, 116-119, 127, 133, 146, 147, 149, 154-157, 159, 164-175, 180, 184, 194, 195, 227, 231, 241

フリーランス保護法…226, 227

プロ責法（プロバイダ責任制限法）…45, 166

ブロックチェーン…4

プロファイリング…50, 197

【へ】

ヘルスケア…160

【ほ】

ボイスチェンジャー…72, 111

暴行罪…158

幇助…133, 157

法人格…12, 143

法定労働時間…223

訪問販売…190, 191

ポリゴン数…88, 117

翻案…84, 120, 121

本質的特徴…119, 120, 199

【ま】

マネジメント契約…143

【み】

未成年…22, 142

身だしなみ…220

民事訴訟法…24, 169, 224, 238

民事保全…168

民事保全法…169

【む】

ムーンショット…2, 3, 112, 144, 148, 178, 228

無断欠勤…227

【め】

名誉感情侵害…5, 8, 28, 29, 31-35, 39, 41, 42, 44, 46, 86, 87, 94, 103, 104, 206, 207, 234

名誉毀損…6-8, 24, 28, 29, 31, 32, 38-44, 46, 76, 103-105, 108, 112, 137, 144, 157, 169, 196, 201, 202, 204-207, 231, 234

名誉権…5, 7-9, 33, 66, 78, 79, 103, 126

迷惑行為…48, 112

【も】
モーションキャプチャー…16, 32, 49, 50, 124-126
モーショントラック…74
モデレーション…19, 74, 165
物のパブリシティ権…12, 90

【ゆ】
UGC…127
有利誤認…162, 192
優良誤認…162, 192

【よ】
要配慮個人情報…50, 53, 54, 59-61
容ぼう…76-83, 85, 87, 88, 98, 105, 106

【ら】
ランダム型販売…163

【り】
立法論…4, 12, 21, 24, 90, 121, 131, 158, 169, 179, 194, 239
利用規約…19, 20, 23, 57, 62, 73, 74, 103, 112, 113, 147, 148, 154, 158, 166, 169-172, 227
利用者認証…112

【る】
類似性…86, 129, 130, 132-135

【れ】
礼拝所および墳墓に関する罪…158

【ろ】
労働時間…212, 218, 221-223, 239
ロボット…2-4, 9, 12, 24, 87, 92, 98, 102, 106, 127, 152, 153, 156-158, 178, 179, 181, 187, 194, 196, 212, 213, 235, 237-240
ロボットを利用して就労する権利…239

【わ】
わいせつ物陳列罪…158

判例索引

【～昭和64年】
最判昭和31年7月20日…7, 126
最決昭和38年10月22日…242
東京地判昭和39年9月28日…10, 65
最大判昭和44年12月24日…77
最判昭和48年10月9日…154
最判昭和63年2月16日…107

【平成元～10年】
東京地判平成2年3月14日…69
東京地判平成3年9月27日…78
東京地判平成4年9月24日…202
東京高判平成5年9月31日…202
東京地判平成5年11月19日…107, 108
東京地判平成6年1月31日…88
最判平成6年2月8日…67
東京地判平成9年12月22日…70

【平成11～20年】
最判平成10年4月9日…239
東京地判平成12年6月29日…18
東京高判平成13年2月15日…69
東京地判平成13年9月5日…88
最判平成14年9月24日…70
最判平成15年3月14日…6, 67, 170
東京高判平成15年7月31日…79
最判平成15年9月12日…71
最判平成16年2月13日…12, 90, 210
最判平成16年7月15日…204
東京地判平成17年9月27日…80
大阪高判平成17年10月25日…66
知財高判平成17年10月31日…131
最判平成17年11月10日…77, 78, 80, 82
最判平成18年1月20日…11, 107

東京地判平成18年3月31日…85
東京地判平成18年4月21日…104
東京地判平成19年4月18日…131
最判平成20年3月6日…73
名古屋地判平成20年3月28日…19, 172, 173
大阪地判平成20年6月26日…70
名古屋高判平成20年11月11日…172

【平成21～31年】
最判平成22年4月13日…34
最判平成23年1月18日…173
最判平成23年1月20日…173
知財高判平成23年3月28日…136
最決平成23年12月19日…20, 24, 157, 173
最判平成24年2月2日…12, 77, 89, 209
東京地判平成24年5月31日…215
大阪地判平成24年7月17日…70
東京地判平成24年9月6日…5
東京地判平成25年5月17日…122
大阪地判平成25年6月20日…122
東京地判平成25年7月19日…105
東京地判平成26年7月17日…70
知財高判平成26年8月28日…124
最大判平成27年12月16日…107, 108
大阪地判平成28年2月8日…108
知財高判平成29年1月24日…131
最決平成29年1月31日…20, 174

大阪地判平成29年8月30日…12, 109
最判平成29年10月23日…71
東京高判平成30年6月13日…11, 107, 108
東京地決平成31年1月17日…110
東京地判平成31年3月20日…109

【令和元年～】
東京地判令和元年11月8日…155
東京地判令和2年6月17日…155
東京地判令和2年6月26日…106
大阪地決令和2年7月20日…220
最判令和2年7月21日…123
最判令和2年10月9日…68
東京高判令和2年11月5日…171
東京地判令和2年12月22日（D1-Law29063032）…9, 65, 67
東京地判令和2年12月22日（D1-Law29063051）…45
東京地判令和3年1月18日…155
東京地判令和3年4月26日…32, 37
東京地判令和3年6月8日…9, 36, 45, 65, 67
東京地判令和3年8月4日…110
東京地判令和3年9月8日…35
東京地判令和3年9月9日…18, 45, 137
東京地判令和3年10月8日…155
東京地判令和3年10月21日…45
東京地判令和3年11月30日…42
東京地判令和3年12月17日…32, 35, 38
東京地判令和4年2月15日…42
東京地判令和4年3月18日…40
大阪地判令和4年3月31日…41-43
東京地判令和4年4月7日…41

東京地判令和 4 年 7 月 1 日…31, 34, 43
東京地判令和 4 年 6 月 16 日…21
最決令和 4 年 6 月 24 日…20, 174
東京地判令和 4 年 7 月 19 日…40
東京地判令和 4 年 8 月 18 日…44
大阪地判令和 4 年 8 月 31 日…8, 29, 33, 86, 94, 234
最判令和 4 年 10 月 24 日…20, 173
東京地判令和 4 年 10 月 28 日…38, 39
東京高判令和 4 年 11 月 16 日…222
東京地判令和 4 年 11 月 29 日…38

東京地判令和 4 年 12 月 8 日…22, 100, 156
東京地判令和 4 年 12 月 14 日（LEX/DB25608239）…7, 16, 33, 122
東京地判令和 4 年 12 月 14 日（Westlaw2022WLJPCA12148009）…40
知財高判令和 4 年 12 月 26 日…22, 156
東京地判令和 5 年 1 月 31 日…40
知財高判令和 5 年 3 月 9 日…39
最判令和 5 年 3 月 9 日…73
東京地判令和 5 年 3 月 27 日…224
東京地判令和 5 年 5 月 24 日…43

東京地判令和 5 年 5 月 25 日…33, 37
大阪地判令和 5 年 9 月 25 日…45, 120
神戸地判令和 6 年 1 月 11 日…158
東京地判令和 6 年 1 月 18 日…37, 45, 123
東京高判令和 6 年 3 月 13 日…38
知財高判令和 6 年 3 月 27 日…45
最判令和 6 年 4 月 16 日…222
最判令和 6 年 7 月 16 日…28
知財高判令和 6 年 9 月 25 日…119

【著者】

松尾 剛行（まつお・たかゆき）

　東京大学法学部卒業、ハーバード大学ロースクール修了（法学修士）、北京大学法学院博士課程修了（法学博士）、弁護士（第一東京弁護士会）、ニューヨーク州弁護士。現在、桃尾・松尾・難波法律事務所パートナー、AI・契約レビューテクノロジー協会代表理事。ITストラテジスト試験、情報セキュリティスペシャリスト試験、プロジェクトマネージャ試験合格。学習院大学特別客員教授、慶應義塾大学特任准教授のほか、中央大学非常勤講師、一橋大学客員研究員なども務める。

　『クラウド情報管理の法律実務〔第2版〕』（弘文堂・2023年）、『ChatGPTと法律実務』（弘文堂・2023年）、『法学部生のためのキャリアエデュケーション』（有斐閣・2024年）、『キャリアプランニングのための企業法務弁護士入門』（有斐閣・2023年）、『キャリアデザインのための企業法務入門』（有斐閣・2022年）、『中国のデジタル戦略と法』（共編著、弘文堂・2022年）、『AI・HRテック対応　人事労務情報管理の法律実務』（弘文堂・2019年）など著作多数。

サイバネティック・アバターの法律問題
──VTuber時代の安心・安全な仮想空間(メタバース)にむけて

2024（令和6年）12月30日　初版1刷発行

著　者	松尾　剛行	
発行者	鯉渕　友南	
発行所	株式会社 弘文堂	101-0062　東京都千代田区神田駿河台1の7 TEL 03(3294)4801　振替 00120-6-53909 https://www.koubundou.co.jp
装　丁	宇佐美純子	
印刷・製本	株式会社ブックグラフィカ	

©2024 Takayuki Matsuo. Printed in Japan

JCOPY 〈(社)出版者著作権管理機構　委託出版物〉

本書の無断複写は著作権法上での例外を除き禁じられています。複写される場合は、そのつど事前に、(社)出版者著作権管理機構（電話 03-5244-5088、FAX 03-5244-5089、e-mail : info@jcopy.or.jp）の許諾を得てください。

また本書を代行業者等の第三者に依頼してスキャンやデジタル化することは、たとえ個人や家庭内での利用であっても一切認められておりません。

ISBN978-4-335-36014-5